직장에서 **주목받는**

프레젠테이션 능력자

당신의 직장생활을 바꿔줄 실전 비즈니스 **프레젠테이션 스킬!**

직장에서 주목받는

프레젠테이션 능력자

Brilliant Presentation!

"연설하지 마라, 설득하라"

당신은 '누구'에게 프레젠테이션을 하는가?
비즈니스 프레젠테이션은 일반 청중을 대상으로 하는
프레젠테이션과는 분명히 달라야 한다.

잘못된 프레젠테이션에서 찾는 반드시 이기는 노하우!
당신의 직장생활을 바꿔줄
실전 비즈니스 프레젠테이션 스킬을 제시한다.

무한경쟁시대!

우리가 살고 있는 시대의 한 측면을 그대로 반영하는 단어이며, 누구도 어떤 논리로도 거부할 수 없는 명제일 것이다. 경쟁이라는 것을 다른 면에서 생각해보면, 결국 '선택'이라는 단어와 맥락을 같이 한다고 본다. 우리는 일상생활의 모든 일, 그리고 매 순간 선택의 기로에 선다. 어떤 제품이든, 서비스이든, 사람이든 간에 결국 선택을 받는 것과 받지 못하는 것이 존재하며, 선택받은 것들은 경쟁에서 우위를 차지하게 된다.

여러분이 살아왔고 앞으로도 살아갈, 아니 헤쳐 나아가야 할 사회생활, 특히 직장생활을 하다 보면 결국 승패는 나누어지기 마련이다. 그 승패 또한 선택을 받았는가와 못 받았는가에 큰 영향을 받는다.

16년 동안 회사생활을 하면서 일 잘하는 사람과 못하는 사람의 특징을 나름대로 분류할 수 있게 되었다. 일을 잘하는 사람은 결코 일만 잘하지 않았다. 그들은 열정, 능력 이상의 그 무엇인가를 가지고 있었고, 기회를 탐색하고 활용하는 관점을 가지고 있었다.

"그렇다면 그 관점은 어디에서 올까?"

파고들어 보면 결국 그들은 자신의 생각을 만천하에 알릴 수 있는 기회를 놓치지 않고 자신의 생각과 능력, 그리고 의욕과 열정을 바탕으로 상대가 그 누구든 간에 설득할 수 있는 능력을 가지고 있었다.

반면에 아무리 능력이 뛰어나도 자신의 의견을 피력하지 못하고 상대를 설득하지 못한 사람, 그리고 그럴 수 있는 공식적인 자리를 가질 기회를 얻어도 전혀 활용하지 못한 사람은 결국 선택받지 못하고 경쟁에서 쓸쓸히 뒷모습을 보이기 마련이었다.

고흐 VS 피카소

고흐와 피카소는 미술계의 거장으로서 오늘날 많은 사람들에게 인지되고 회자되는 인물들이다. 이 두 사람의 미술적 재능은 두말할 나위 없이 대단한 수준이지만, 두 사람이 살아온 실제 생활과 재력은 극과 극이다.

고흐는 자기가 그린 그림에 대한 설명과 내용의 표현에 대해 심각하리만큼 폐쇄적이었기 때문에, 그가 그렸던 그림들은 살아생전 빛을 보지 못했다. 후대에 높은 가격으로 판매되기는 했지만 그의 일생은 가난함의 연속이었다. 반대로, 피카소는 자신의 작품과 그림세계에 대한 설명과 표현을 상당히 즐기면서 살았기 때문에 살아생전에 굉장한 부(재산이 약 2억 5천만 달러)를 누렸다.

이처럼 가진 능력이 비슷해도, 이를 잘 표현하고 설명하며 자신의 생각을 주장할 수 있는 능력이 있느냐 없느냐에 따라 삶이 완전히 바뀔 수 있다. 분명한 것은 훌륭한 프레젠테이션은 자신의 생각과 아이디어, 의지와 열정을 증폭시켜 주는 역할을 한다는 것이다. 따라서 비즈니스 경쟁사회에서 가장 중요한 역량으로 꼽히는 창의력과 기획력은 프레젠테이션이라는 기본 바탕이 없는 상태에서는 절대 작동하지 않는다.

'스킬(Skill)', 프레젠테이션!

아이디어와 업적이 아무리 뛰어나도 전달하는 방법이 뛰어나지 않으면 제대로 빛나기 어렵다. 하지만 반대로 아이디어, 업적이 평범하더라도 이를 잘 설명하고 전달하는 방법이 뛰어나면 상대방을 설득하거나 이를 빛낼 수 있는 기회가 늘어나게 된다.

흔히 '공든 탑이 무너질까?' 라고 하지만 이제는 단순히 공만 들이면 탑은 무너진다. 대놓고 말할 수 있는 자리에서 티를 내지 못하면, 선택받을 수 없는 시대인 것이다. 대놓고 티 낼 수 있는 스킬(Skill)! 그게 바로 프레젠테이션이다.

그리고 하나 더, '스킬(Skill)'이라는 것은 타고난 영역이 아닌, 육성 가능한 영역이라는 것을 꼭 기억하자. 지금은 좋지 않더라도, 올바른 연습과 과감한 실전을 통해서 당신의 프레젠테이션 스킬은 분명 나아질 수 있다.

이 책의 특징

프레젠테이션에서 발표자는 크게 다음의 4가지 유형으로 나눌 수 있다.

1 실패를 했는데, 무엇을 잘못한 것인지 모르는 발표자	**2** 실패를 했는데, 무엇을 잘못한 것인지 알고 있는 발표자
3 성공을 했는데, 무엇 때문에 성공한 것인지 모르는 발표자	**4** 성공을 했는데, 무엇 때문에 성공한 것인지 알고 있는 발표자

이 책은 단순히 프레젠테이션의 일반적인 이론을 소개하는 도서가 아니다. 누구나 할 수 있는 진부한 이야기나 실전에 별로 도움 되지 않는 이야기는 과감히 걷어내고, 직장생활 또는 사회생활에서 실제로 일어나는 잘못된 프레젠테이션의 주요 유형과 원인, 그리고 이를 해결할 수 있는 방법과 노하우를 중심으로 정리한 책이다.

각 장별로 제시되는 사례들은 여러분들이 충분히 겪었음직한 '프레젠테이션에서의 실수'일 것이며, 만약에 아직 겪지 않았다면, 단언컨대 일부는 앞으로 겪게 될 수 있다. 이러한 실수들에 대해서 너무 거부하거나 두려워하지 말자. 왜 그런 실수가 일어나게 되었는지 또는 그런 실수를 왜 피해야 하는지를 이해하게 되면 이 책을 읽는 데에 들인 시간만큼의 가치는 충분히 얻을 것이라고 본다.

그렇게 되면 여러분은 '실패를 했는데 무엇을 잘못한 것인지 모르는 발표자'를 벗어나게 될 것이고, '성공을 했는데 무엇 때문에 성공한 것인지 알고 있는 발표자'로 진화하고 발전할 것이다.

당신의 직장생활을 바꿔줄
'비즈니스 프레젠테이션 지침서'가 되길 바라며..

항상 나를 믿고 지지해주시는 사랑하는 양가 부모님,
나의 동반자인 아내와 마지막으로
나의 희망인 두 아들 지혁이와 은혁이에게
이 책을 바칩니다.

Contents

Part 01 *Mr. Big. 그는 누구인가?*

01 Mr. Big이 당신의 프레젠테이션에 출현하다 … 4
02 Mr. Big과 프레젠테이션의 상관관계 … 7
03 Mr. Big을 이길 수 있는 꾀를 내다 … 14

Part 02 기승전결이 아닌 결승전!_구성편

04 내가 뭘 듣고 싶어 하는지 몰라? … 18
05 그래서 지금 뭐 하자는 거야? 왜? … 31
06 그 안으로 결정해야 하는 이유 딱 3가지만 말해봐! … 42
07 참 밋밋하구만! … 59
08 제발 나를 설득해봐. 느낌이 안 오잖아! … 78
09 어라! 시작한 거야? 어라! 끝난 거야? … 91
10 구성편에서 얻은 교훈 … 111

Part 03 쉽게, 간결하게, 명확하게_슬라이드편

- 11 저걸 보라고 만든 거야? 당신도 안 보잖아. 118
- 12 참 빽빽하기도 해라, 거 좀 시원하게 못 만들어? 141
- 13 당신도 저거 보면 뭔가 불편하지 않아? 172
- 14 저 유치찬란한 색깔 봐라, 조잡하잖아. 188
- 15 뭘 이렇게 배배 꽈서 어렵게 썼어? 203
- 16 슬라이드편에서 얻은 교훈 214

Part 04 *Mr. Big*을 몰입시키는 프레젠테이션_실행편

- 17 연습 안 했어? 222
- 18 그렇게 할 거면 차라리 보고서를 가져오지 그래? 246
- 19 동작 그만! 258
- 20 계속 웅얼웅얼댈래? 266
- 21 난 그냥 허수아비 청중이 아니란 말이야! 276
- 22 실행편에서 얻은 교훈 292

본문 안에 나오는 Mr. Big은 어느 조직(직장)에서나 쉽게 찾아볼 수 있는 인물로 잘못된 점이나 불편한 점을 거침없이 지적하고 질타하는 최종 의사결정권자나 회사의 고위 임원 혹은 대표이사를 통칭한다.

모든 프레젠테이션에는 반드시 설득해야만 하는 누군가가 있다. 그가 바로 Mr. Big이다!

그를 통해야만 당신의 생각과 아이디어가 선택되어 빛을 발할 수 있다.

PART 1

Mr. Big, 그는 누구인가?

01
Mr. Big이 당신의 프레젠테이션에 출현하다

당신을 포함해서 6명은 "중국진출전략수립 프로젝트"로 3개월 전부터 지금까지 밤낮없이 달려왔다. 이 프로젝트의 결과물로 회사가 새롭게 거듭날 수 있는 발판을 마련하기 위해 사력을 다해야 한다는 최고 경영진의 지시가 있었고, 이 때문에 회사 차원에서의 전폭적인 비용 지원과 관심, 그리고 모든 사원들의 이목이 집중되어왔다.

그리고 항상 이 프로젝트의 중심에 서서, 여러 가지 관련 자료 수집에서부터 전반적인 중국 진출의 방향 설정, 그리고 세부적인 실행계획 수립 작업까지 주도적으로 참여해왔던 당신이, 2주 후에 진행될 프레젠테이션에서 결과 발표를 맡기로 오늘 아침 회의에서 결정되었다.

발표자의 역할이 달갑지 않았고 그동안 프레젠테이션을 많이 해본 편이 아니어서 큰 부담감을 느끼기는 했지만, 스스로가 생각해봐도 프로젝트 참여자 중에서 프레젠테이션의 발표자로서 가장 적합한 인물은 '나'라는 생각이 들었다. 프로젝트 구성원들은 프레젠테이션의 발표를 맡은 당신에게 너무 부담은 갖지 말라며 이러한 이야기를 해주었다.

"어차피 30분 정도만 잘 버티면 되는 거야. 큰 부담 갖지 말고, 설렁설렁 대충 준비해. 실수만 하지 말라구."

"발표 자료도 지금까지 우리가 분석한 자료들 짜깁기하면 될 것 같으니까 자료 준비하는 데 너무 시간 쓰지 말고, 프로젝트를 마무리하는 데에 더 힘을 쓰자구."

"프레젠테이션에 참석하는 사람들 모두 다 우리가 아는 사람들인데……. 뭐, 부담 없이 우리 프로젝트의 결과물에 대해 잘 요약해서 설명만 잘하면 되잖아."

'하긴 30분 동안 뭔 일이야 있을까? 그냥 대충하지 뭐'라고 생각하니 부담감은 사라지고 마음이 조금은 편해졌다. 2주 후에 진행될 중국사업 진출 전략에 대한 프레젠테이션을 본격적으로 준비하는 당신. 그래서

늘 하던 방식으로
설명하고 싶은 내용을 <u>내가 편한 순서로 내용을 구성하려</u> 했고

늘 하던 방식으로
세부내용 중심으로 <u>프레젠테이션 슬라이드를 만들려</u> 했고

늘 하던 방식으로
무대 위에 오른 상태의 <u>당신 몸, 마음, 입, 귀가 시키는 대로, 상황에 따라서 그때그때 잘 대응하면 된다는 생각으로 프레젠테이션을 진행하려</u> 했다.

그런데 오늘 아침 사무실의 문을 열고 들어온 프로젝트 동료로부터 뜨끔한 소식을 듣게 된다. 매사에 치밀하고, 깐깐하고, 까다롭고, 돌려서 말하지 않고, 듣는 사람의 면전에다가 독설을 퍼붓기로 유명한 Mr. Big이 당신의 프레젠테이션에 참석을 한다는 비보였다. 당신은 뭔가 알지 못할 위기감을 느낀다. 과연 지금까지 내가 해온 방식대로 프레젠테이션을 해도 괜찮을까?

Mr. Big! 그는 당신의 프레젠테이션에서 제일 중요한 인물이며, 반드시 설득해야만 하는 존재이다. 그를 설득하지 못하면 지금까지 준비해온 모든 노력이 허사가 되어 하늘에서 공중분해가 된다.

지금까지의 우리 노력이 물거품이 된다? 그런 일이 일어나게 할 수는 없다. 최근 들어 당신은 주말에도 제대로 편히 쉬지 못하고 출근해서 일을 했으며, 지난 3개월간 야근을 밥 먹듯이 했고, 아침에는 무거운 몸을 겨우겨우 일으켜 출근해서 하루 종일 전쟁같은 시간을 보내고서도 집에 일찍 들어가지도 못 했다. 지독한 감기에 걸렸을 때에도 회사에 기어 나와서 밤늦게까지 일했다. 더구나, 세상에서 내가 제일 사랑하는 우리 아이 자는 얼굴밖에 볼 수 없었다. 같이 놀아준 건 언제인지 아득하기만 하다.

당신과 팀원들이 얼마나 오랜 시간을 공들여서 준비해 왔는데 그 짧은 30분간의 시간 속에 일어나게 될 결과만을 가지고 이 모든 것을 허공으로 날릴 수는 없다.

무슨 일이 있어도 반드시 Mr. Big을 설득해야 한다!

02
Mr. Big과 프레젠테이션의 상관관계

이제 얼마 남지 않은 프레젠테이션을 반드시 성공시키기 위한 심각한 고민이 시작되었다.

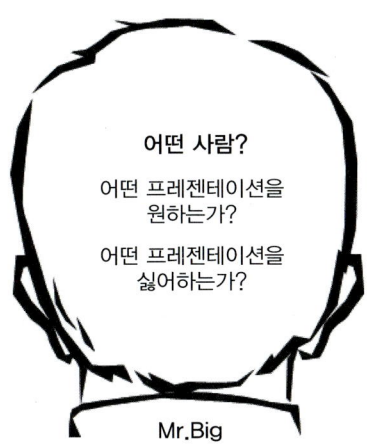

"프레젠테이션에 참석하는 *Mr. Big*을 반드시 설득해야 한다. 그렇다면 *Mr. Big*은 어떤 프레젠테이션에서 광분했고, 어떤 프레젠테이션을 칭찬했을까? 그걸 알아내야 나의 프레젠테이션이 무언가 다르게 보일 수 있으며, 그를 설득할 수 있다!"

정확한 답을 얻기 위해서는 먼저 "Mr. Big! 그는 어떤 사람인가?"에 대한 답을 먼저 알아야 했다. 단순하게 그가 어떤 프레젠테이션을 칭찬했고, 어떤 프레젠테이션을 싫어했는지를 알아내기 이전에 그는 어떤 생활을 하고 있고, 어떤 생각을 가지고 있는지 그리고 그러한 특징들이 프레젠테이션과는 어떠한 관계를 가지고 있는지를 이해하는 것이 먼저라고 생각했다.

'Mr. Big의 일상'과 프레젠테이션과의 관계

Mr. Big! 그는 늘 항상 바쁘다

Mr. Big은 회사에서 보내는 시간의 대부분을 자신이 관할하고 지휘하는 부서에서 진행되고 있는 각 업무상황에 대한 보고를 받는 데 쓰고 있었다. 또한 업무보고를 받지 않는 시간에는 앞으로 새롭게 추진해야 하는 사업전략을 수립하는 자리, 전략 실행시 예상되는 위험요인에 대한 대응방안을 수립하는 회의 등에 참석하는 데 많은 시간을 쓰고 있었다. 이처럼 Mr. Big이 출근해서 퇴근할 때까지 보내는 시간의 절반 이상이 직·간접적인 프레젠테이션에 참석하는 것이었다.

자신이 추진하고 있는 사업이 변화무쌍한 시장의 움직임에 효율적으로 대응할 수 있도록 그는 하루하루 전쟁을 치렀고, 이러한 전쟁은 늘 회의와 보고회, 프레젠테이션의 현장에서 치러졌다.

이와 관련하여 예전에 비즈니스 관련 잡지를 읽다가 관심 있게 봤던 자료가 생각나서 다시 한 번 들춰보았다.

"경영진들은 하루 평균 약 8건의 직·간접적인 프레젠테이션에 참석하고, 여기에 하루 일과의 약 70%의 시간을 투자한다. 그런데 문제는 그들이 참석한 프레젠테이션의 효율성과 효과성에 대해서 높지 않은 점수를 주고 있다는 것이다. 그들은 자신이 참석한 프레젠테이션 중 약 40%가 전혀 생산적이지 못하며 자신의 소중한 시간을 투자한 만큼 값어치를 얻지 못했다고 생각한다."

 이를 통해 당신은

Mr. Big이 시간의 적절한 사용에 무척 민감하다는 것을 알게 되었으며, 따라서 프레젠테이션은 최대한 짧고(Short), 간결(Simple)하며 빠르게(Speedy)해야 한다는 것을 알게 되었다. 그리고 제한된 시간을 효과적으로 활용하기 위해서는 두서없이 여러 가지를 설명하는 방식보다는 초반에 결론부터 먼저 말해서 그의 이목을 집중시켜야 한다는 영감을 얻었다.

Mr. Big! 그는 늘 결정을 하고, 그 결과에 책임을 져야 한다

Mr. Big! 그는 언제나 실적으로 말해야 했다. 그의 자리는 항상 그에게 실적을 원하고 있었고, 어떠한 어려운 상황이 있었다 하더라도 핑계에 불과했다. 그가 쏟았던 노력과 열정들은 모두 실적에 근거하여 평가될 수밖에 없었다. 또한 그는 자신의 관할하에 진행되는 모든 업무의 최종 결정권자이므로, 그 결정에 대한 책임을 져야 했다. 일이 잘못되면 결국 책임을 지게 되는 것은 늘 자신이었으므로 Mr.Big은 항상 '결정에 대한 책임'이라는 스트레스가 그의 어깨를 짓누를 수밖에 없었다.

그래서 그는 웬만한 내용으로는 쉽게 설득되지 않았다. 누구나 생각할 수 있는 단순한 논리와 일상적이고 당연한 사실로는 결코 설득당하지 않았고, 시간이 점점 흐를수록 설득당하는 것을 거부하는 체질로 바뀌었다. 따라서 강하고 확실한 논리와 근거자료들로 충분히 무장하지 않은 채로 그에게 결정을 요구하고 책임지도록 부추길수록 그는 오히려 독설을 퍼부었고 번번이 퇴짜를 놓았다.

 이를 통해 당신은

Mr. Big의 감정에 호소하지 말고, 그 누구도 꼼짝 못하는 설득의 전략을 구사해야 한다는 것을 알았다. 예전에 해왔던 대로, 그저 "열심히 했습니다.", "고생 많이 했습니다.", "잘할 수 있습니다.", "잘 봐주십시오.", "믿어주십시오."라는 안일한 자세를 버리고 정신을 바짝 차리고 철저한 사실과 논리에 근거하여 자신만의 독특한 의견으로 무장해야 한다는 것을 느꼈다.

Mr. Big! 그는 적절한 유머와 위트, 시원하고 잘 구성된 시각자료에 목말라한다

앞서 말했던 것처럼 Mr. Big은 정말 많은 시간을 프레젠테이션 참석에 할애하고 있기 때문에 지금까지 수많은 프레젠테이션을 지겹도록 경험해 왔다. 그가 가지고 있는 사회경험의 약 30% 정도는 프레젠테이션에 청중으로서 참석하거나 아니면 본인이 직접 준비하고 발표자로 활동했다고 해도 과언이 아니다.

그는 진부하고 일반적인 프레젠테이션을 너무나 많이 경험해 왔기 때문에 지금도 식상한 프레젠테이션을 보면 무척 화를 낸다. 그는 항상 새로운 접근과 새로운 전략을 원했으며 새로운 사실이 아니더라도 정말 자신을 설득시킬 수 있고 자신의 마음을 움직이게 할 수 있는 그 무엇을 필요로 했다.

다른 한편으로 그는 늘 새로운 정보에 노출되어 있다. 일반적인 직장인은 하루에 약 2,500개의 정보를 얻게 되며 이러한 정보를 매일매일 두뇌 속에 기억하고 저장한다고 하는데, Mr. Big은 이보다 많은 수의 정보들이 저장되었을 것이다. 당신의 프레젠테이션에서 다루게 될 메시지는 Mr. Big의 머릿속에서 약 2,500 여 개의 다른 정보들과 치열하게 경쟁해야 하며, 그 메시지는 다른 정보들을 제치고 가장 우선적으로 Mr. Big 머릿속에서 중심을 차지해야 한다.

 이를 통해 당신은

Mr. Big의 마음을 강하게 사로잡기 위해서는 여러 가지를 설명하려는 욕심을 버리고, 단 하나의 주제만을 가지고 최대한 집중해야만 겨우 성공할까 말까 하다는 것을 알았다. 또한 식상한 내용전개 방식이나 지루한 사실의 나열을 최대한 피해야 하는 동시에 그의 머리와 가슴을 온통 뒤흔들 수 있고 기억에 오래 남을 수 있도록 새롭고 신선하게 접근해야 한다는 것을 알게 되었다.

'Mr. Big의 안목/시각'과 프레젠테이션과의 관계

Mr. Big은 상황을 파악하고 올바른 결정을 해내야 하는 '비전문가'이다

Mr. Big이 정말 답답하게 느낄 때가 바로 아래의 마음가짐을 가진 실무자가 진행하는 프레젠테이션을 바라보고 있을 때이다.

"실무자는 저니까 당신보다 제가 더 잘 알고 있습니다. 그냥 제가 하는 말만 대충 들으시면 됩니다. 제가 다 알아서 할 수 있으니까요. 이 분야는 제가 전문가니까, 이제부터 마음껏 뽐내보겠습니다. 어려운 단어가 나와도 참으시고, 어려운 내용이더라도 '저 사람이 전문가니까 저런 말을 하겠거니' 하면서 저의 전문성을 칭찬해주십시오."

Mr. Big은 그 자리에 그냥 올라간 게 아니라 기나긴 조직생활, 사회생활을 통해 산전수전을 다 겪으면서 그 위치까지 올라간 것이기 때문에 그는 하나의 요소만으로도 전체를 볼 수 있는 안목을 갖게 되었다. 즉, 업무의 큰 그림을 이해하게 되면 전문가가 아니더라도 방향과 전략을 결정할 수 있는 능력을 보유하게 된 것이 된다.

하지만, 지나치게 전문적인 용어가 남발되고 생소한 단어와 실무자들의 은어(일명 'Jargon'이라 부른다)가 튀어 나오는 프레젠테이션을 볼 때 그는 어떤 생각을 가지게 될까?

"정말 무능력자의 프레젠테이션이군. 난 저런 어려운 말에 관심 없어"

라는 생각만 하게 한다.

 이를 통해 당신은

현상의 문제분석과 해결도 중요하지만 Mr. Big이 최대한 쉽게 이해할 수 있는 용어를 사용하고 지나치게 복잡한 맥락과 논리가 있지는 않은지를 지속적으로 검토해야겠다는 생각을 했다.
"최대한 쉽게 하자. 그리고 Mr. Big이 편안하게 들을 수 있는 수준인지를 끝까지 체크하자."

Mr. Big은 문제가 있다면 그 해결법을 꼭 들어야 직성이 풀린다

그에게 비즈니스란 늘 크고 작은 문제를 해결하는 과정이기 때문에 그는 문제를 '어렵고 골치 아픈 존재', '피하고 싶은 존재'라고만 생각하지 않으며, 오히려 '도전해서 풀어내야 하는 하나의 숙제나 과제' 정도로 여기고 있다.

왜 그럴까? 수많은 업무경험 속에서 '문제는 독자적으로 존재하지 않는다'는 신념이 머릿속에 '꽉' 박혀 있기 때문이다. 그는 모든 문제에는 항상 원인이 있고, 그 원인을 해결할 수 있는 방법도 함께 있다고 믿기 때문에, 그에게 '문제'라는 단어는 '도전'이라는 단어와 다르지 않다.

그래서 다른 사람의 입을 통해 문제 상황이라는 말을 듣게 되면, 으레 해결방법/개선방안이 같이 따라올 것이라고 기대한다. 그런 그에게 문제만을 이야기하는 것은 철모르고 능력 없는 신입사원이 지껄이는 단순한 불평으로만 느껴질 뿐이며 그 순간, 그는 본능적으로 이런 생각을 한다.

"그래서 나보고 어쩌라고? 내가 해결하라고? 그럼 당신은 뭐 하는 사람인데? 그 문제를 해결해야 하는 실무자는 당신 아니야?"

그는 항상 문제와 원인과 개선방안, 해결방안을 함께 이야기하는 것을 원했으며, 그게 바로 실무자의 책임이자 권리라고 생각했다. 그리고 당연히 그래야 한다고 생각해왔다.

 이를 통해 당신은

전체적인 방향과 전략도 중요하지만, 세부적인 실행계획도 빠져서는 안 된다는 것을 알았다. 또한, 추진되는 과정에서 예상되는 문제점뿐만 아니라 그 문제점을 해결하기 위한 방법까지도 같이 제시해야 한다는 것도 알게 되었다.

03
Mr. Big을 이길 수 있는 꾀를 내다

지금까지 당신은 Mr. Big이란 인물에 대해 알아보았다.

> Mr. Big! 그는 이런 사람이었다.
> - 자신이 투자한 시간에 대한 보상을 원하는 사람
> - 책임과 결정에 대한 스트레스로 쉽게 설득되지 않는 사람
> - 일상적인 프레젠테이션보다는 획기적인 것을 원하는 사람
> - 단편적인 내용을 넘어서, 이면에 있는 근원을 보려는 사람
> - 실무전문성이 높지는 않아도 똑똑하고 영민한 사람
> - 문제는 반드시 해결되어야 직성이 풀리는 사람

Mr. Big을 어느 정도 파악한 당신, 그의 일상생활을 파악하고 업무 상황을 이해하고 나니 그가 당연히 그러한 모습을 가질 수밖에 없었다는 것도 알게 되었다.

이제 슬슬 Mr. Big에 대해서 가지고 있었던 막연한 두려움이 조금씩 사라지기 시작했으며, 한번 겨뤄볼 만한 상대로 보이기도 한다.

하지만 당장 2주 후에 있을 프레젠테이션, 그리고 기필코 성공해야만 하는 프레젠테이션을 어떻게 하면 좀 더 잘 할 수 있을까를 고민할수록 아직은 부족한 점이 많았다. 그리고 다시 생각해 보았다. 얼마 남지 않은 준비시간을 효율적으로 사용하기 위해서는 이제부터 어떤 것을 해야 할까?

당신은 좀 더 효율적인 방법을 찾기 시작했고 그 고민 속에서 나름대로의 아이디어를 얻었다. 앞으로 남은 시간 동안 "어떻게 하면 프레젠테이션을 잘할 수 있을까"를 고민하는 것은 그 내용이 너무 방대하여 감(感)이 잘 오지 않았기 때문에 차라리 "어떻게 하면 Mr. Big의 독설을 피할 수 있을까"를 고민하는 것이 더 나을 것 같았다.

"어차피 그가 싫어하는 프레젠테이션을 하지 않는 것만으로도 일정 수준 이상의 좋은 프레젠테이션을 했다는 거 아니겠어?"

그래서 당신은 이제 본격적으로 Mr. Big이 프레젠테이션에 참석하여 어떤 독설로 발표자를 지적했는지를 수소문해서 알아보기 시작했으며, 도대체 프레젠테이션에서 무엇이 잘못되었길래 그런 독설을 했었는지를 알아보고 그것만큼은 피하기로 했다.

- 어떤 프레젠테이션의 내용 구성에서 Mr. Big이 인상을 찌푸렸는지
- 어떤 슬라이드 화면에서 Mr. Big이 화를 냈는지
- 어떤 발표자의 모습에서 그가 고개를 갸우뚱 했는지

중심으로 말이다.

같은 내용이라 하더라도 어떻게 풀어 가는지에 따라 설득력에는 엄청난 차이가 있다. Mr. Big이 선호하는 프레젠테이션의 내용구성을 알아보자.

프레젠테이션의 내용구성이 마음에 들지 않았을 때 그의 입에서는 이러한 독설이 나왔었다.

"내가 뭘 듣고 싶어 하는지 몰라?"
"그래서 지금 뭐 하자는 거야? 왜?"
"그 안(案)으로 결정해야 하는 이유, 딱 3가지만 말해봐."
"참, 밋밋하구만."
"제발 나를 좀 설득해봐."
"어라! 끝난 거야?"

처음에 그가 했던 말만을 들었을 때는 "발표자도 사람인데, 너무 심하게 발표자를 몰아세우는 거 아니야?"라고 생각했었지만 정황을 알아보니 모조리 이해가 되었다. 그의 지적은 분명 이유가 있었다.

그래서 당신은 "이제부터 내가 프레젠테이션을 할 때에는 반드시 저러지 말아야지."라고 생각하며, 그러한 상황을 만들지 않기 위한 노력을 하기 시작한다. Mr. Big의 독설이 나왔던 상황을 정리하고, 어떻게 하면 그 독설을 피할 수 있는지를 자세히 알아보는 과정을 통해 당신은 피가 되고 살이 되는 교훈을 얻을 수 있었다.

PART 2

기승전결이 아닌 결승전! (구성편)

04
내가 뭘 듣고 싶어 하는지 몰라?

— Mr. Big의 마음을 읽어라!

"그동안 저희 프로젝트 팀 내에서는 어떻게 하면 우리 회사가 최소한의 비용으로 중국에 진출할 수 있을까를 가장 우선적으로 고민해 봤습니다. 아시다시피, 최근 우리 회사의 자금 사정이 원활치 않아, 가급적이면 보수적인 투자 속에서 사업을 추진함이 옳다고 판단했습니다.

본격적인 사업추진전략에 대한 소개에 앞서 내부의 노력에 대해서도 잠시 말씀을 드리면, 우리 프로젝트 팀의 최고 목표는 '우리부터 최소한의 경비를 사용해야 한다는 것'이었습니다. 그래서 시급한 출장이 있어도, 비행기편을 이용하지 않고, 배를 이용하여 과도한 경비사용을 줄였습니다. 그리고 가급적 현지 출장을 최대한 자제하고 대신 인터넷에 돌아다니는 자료에 의존해서 시장 조사를 마쳤습니다. 또한 프로젝트 사무실에 들어오는 에어컨을 완전히 꺼버려서 전기세 또한 아꼈습니다. 좀 더워서 다들 지치긴 했지만… 그리고 야근할 때에도 저녁은 열흘 내내 김밥으로 때우가면서 열심히 땀 흘려 일했습니다. 이리하여 원래 계획했던 프로젝트 경비의 10%만을 사용하는 쾌거를 이룩했습니다."

"뭐야? 내가 언제 비용가지고 뭐라고 한 적 있어? 일에 앞뒤가 있고, 중요한 순서가 있는 건데…. 지금 뭐가 중요한지 전혀 모르는 거야? 단돈 몇 푼 아낀다고 이렇게 중요한 일을 건성건성하는 거야? 지금 발표하는 게 중국진출 전략수립 결과야 아니면 당신네들이 비용 절감한 내용이야? 내가 이 자리에 참석해서 들어야 하는 게, 고작 당신들 밥 굶은 얘기 들어야 하는 거야? 내가 뭘 듣고 싶어 하는지 그렇게 모르겠어?"

지피지기면 백전백승이다 (상대를 읽지 못하면 뭘 해도 진다)

위대한 투수는 단지 공의 제구력이 뛰어나고 빠른 공을 잘 던지는 데에서 그치지 않는다고 한다. 자신의 개인기 외에도 자신이 요리해야 하는 각 타자들의 강점과 약점을 보는 눈을 가지는 것은 기본이고, 상대팀 전체의 분위기나 사기 및 최근의 전략과 성적을 분석하며, 더 나아가서는 경기 당일의 풍속, 풍향, 온도 또한 고려하면서 마운드에 오른다고 한다.

작게 보면 타석에 오른 타자의 최근 성적과 어떤 유형의 공에 홈런을 쳤었고 어떤 유형의 공에 삼진을 당했는지를 이미 알고 있을 때, 크게 보면 현재 상대팀의 상황이 번트의 전략을 쓸 상황인지 안타 내지 홈런을 노리는 전략을 써야 할 상황인지를 알고 있을 때, 과감하게 공을 던질 수 있고 그래야 경기에서의 주도권을 갖게 된다. 단순히 자신만 잘하면 되는 것이 아니라, 상대방에 관련된 모든 것을 알고 있을 때 비로소 이기는 전략과 전술을 구상할 수 있다.

이처럼 자신의 능력이 아무리 뛰어나고, 아무리 많은 준비와 연습을 했다 하더라도 마주보게 될 적에 대해 자세히 모르고 싸움에 임한다면 이기는 전술을 구사할 수가 없고, 단순히 열심히만 하는 성실의 전략만을 구사할 뿐이다. 상대방의 마음과 욕구를 읽을 수 있어야 이기는 전략과 전술을 구사할 수 있고 자신의 전략과 전술을 더욱 과감하게 펼쳐볼 수 있는 배포가 생기는 반면, 상대방을 읽을 수가 없는 경우 이기는 전략과 전술을 구사할 수 없으며, 천수답(天水畓)으로 게임의 형국이 기운다.

프레젠테이션에서 무슨 내용을 어떤 방식과 순서로 구성해야 하는지를 고민하는 단계에서 반드시 잊지 말아야 하는 필수 원칙이 바로, "Mr. Big은 무엇을 원하고 있는지, 그는 어떤 상황인지를 명확히 알고서 시작해야 한다"는 것이다.

다시 한 번 말하지만 Mr. Big의 속마음을 읽어야 이기는 전략과 전술이 나온다.

콜라 주세요 → "없어요" VS "사이다는 있는데요"

어떤 사람이 A편의점에 들어가서 정말 애타는 목소리로 "시~원한 콜라 하나 주세요"라고 말했다. A편의점의 주인은 냉장고를 보더니 마침 콜라가 떨어졌다는 사실을 알고 바로 "없는데요"라고 말했으며, 콜라를 찾던 손님은 그 말을 듣자마자 아무런 말없이 바로 편의점을 나가버렸다. 그리고는 맞은편에 있는 B편의점으로 들어서서 똑같은 이야기를 했다. 근데 마침 B편의점에도 콜라가 없는 상황이었고, B편의점 주인도 냉장고에 콜라가 다 떨어졌다는 사실을 알고 이렇게 말한다. "지금 콜라는 없고, 사이다는 있는데, 어떠세요?" 손님은 B편의점 주인의 제안을 흔쾌히 받아들이고서 "네, 시~원한 걸로 하나 주세요." 하며 그의 지갑을 열었다.

　A편의점 주인과 B편의점 주인의 차이는 무엇일까? A편의점의 주인은 손님의 요구사항을 표면적으로 이해해서 단순히 콜라만을 팔 수 있는 대상으로 생각했지만, B편의점의 주인은 손님이 제시한 요구사항의 본질을 이해해 콜라를 요구한 그 이면에 존재하는 목적이 '갈증'이라는 것을 인지한 후 갈증을 해소해 줄 수 있는 다른 제안을 할 수 있었던 것이다.

　이처럼 프레젠테이션의 본질이나 목적을 파악할 때는 단순하게 표면적이고 일시적인 것이 아닌 Mr. Big이 진정 원하는 것이 무엇인지를 파악하는 것이 훌륭한 접근 방법이다. Mr. Big은 단순히 지금의 표면적 문제를 일시적으로 해결하는 접근이 아닌, 근본적인 대응책과 거시적인 관점에서의 개선방향을 당신에게 원하고 있다. 단순하게 매출의 상승을 원하는 것보다 매출 상승으로 인한 사업의 확대와 단순하게 손실의 최소화를 원하는 것보다는 이익구조의 개선을 원할 것이다. 프레젠테이션에서 칭찬을 듣고 싶다면 그의 머릿속과 마음속으로 들어가야 한다. "그가 진짜 원하는 게 뭘까?, 알고 싶은 게 뭘까?, 가려운 게 뭘까?"

성공을 부르는 프레젠테이션의 일차함수 Y=ax+b

Y=ax+b의 법칙

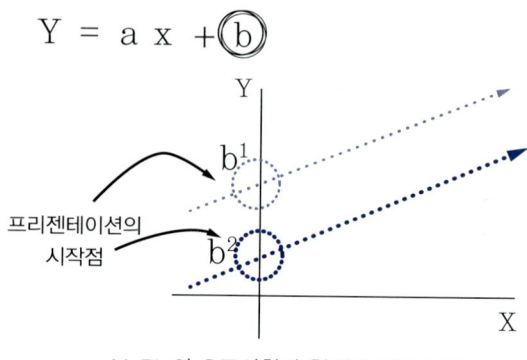

Mr.Big의 요구사항과 현재의 지식수준

> Mr. Big이 바라는 '요구사항과 현재의 지식수준(b)'을 바탕으로 '명확한 강조점과 구성전략(a)'을 이끌어 내야 한다. 이를 근간으로 프레젠테이션이 가진 '단 하나의 목적(x)'을 추구했을 때 '원하는 프레젠테이션의 결과(Y)'가 나오게 된다.

모든 프레젠테이션에는 이러한 불변의 1차 함수가 작용하게 되는데, 이 함수의 구성요소를 각각 따져보면 프레젠테이션이 가지고 있는 전반적인 특성과 올바른 접근 전략을 한 번에 볼 수 있다.

먼저, Mr. Big의 요구사항과 현재의 지식수준(b)이다. 일반적으로 이러한 '(b)'를 수학적 용어로는 'Y절편'이라고 하는데 일차함수를 통해서 그려지는 직선이 Y축을 관통하게 되는 지점을 말하며, 이 Y절편을 통해서 직선이 어느 높이에서 움직이는지가 결정된다. 이처럼 Mr. Big의 요구사항과 현재의 지식수준은 프레젠테이션이 시작되고 관통하게 되는 정확한 지점이자 시작점을 정해준다.

Mr. Big의 요구사항과 현재의 지식수준(b)이 낮으면 낮은 상태에 맞춘 프레젠테이션이 설계되고 진행되어야 하며, 요구사항과 현재의 지식수준(b)이 비교적 높은 상태라면 그 수준에 맞춰서 프레젠테이션이 설계되고 진행되어야 한다.

예를 들면, Mr. Big의 요구사항과 지식수준(b)이 낮은 상태인데도 불구하고 어려운 용어와 어려운 접근을 계속하게 되면, Mr. Big은 도통 무슨 소리인지를 알아듣지 못하며, "좀 쉽게 설명해봐, 당신이 그렇게 잘났어?"라는 말을 하게 된다. 마치 지나가는 초등학생한테 전세계를 뒤흔들고 있는 금융위기의 근본적인 원인과 대응방안이 무엇인지를 물어보는 꼴이다.

Mr. Big의 요구사항과 현재의 지식수준(b)은 하나의 사실이자 현상이기 때문에 당신은 이를 구태여 조정하려 하거나 외면하지 말고, 있는 그대로 받아들이는 자세가 필요하며 최대한 수용해야만 올바른 구성 전략을 세울 수 있다.

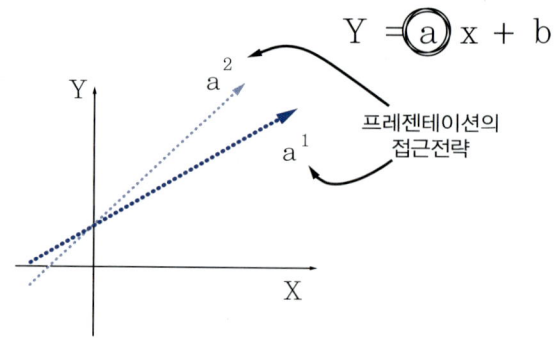

명확한 스토리 구성과 강조점(Appeal Point)

두 번째로는 프레젠테이션의 명확한 목적을 지향하는 스토리 구성과 강조할 포인트이다. 일차함수에서 a가 가지는 의미는 '기울기'인데 Y절편, 즉 프레젠테이션의 시작점이 동일하다 하더라도 이 기울기가 다르면 일차함수가 그리게 될 직선의 각도가 완전히 달라진다.

프레젠테이션을 급격하게 상승세를 타며 재빠르게 진행할 것인가? 또는 서서히 차근차근 진행할 것인가? 아니면, 무엇부터 설명할 것인가? 어디에 집중할 것인가?에 대한 전략이 이러한 기울기에 해당한다고 볼 수 있다.

프레젠테이션을 준비할 때 스토리 구성과 강조할 포인트를 제대로 설정하게 되면 프레젠테이션의 결과는 긍정적인 탄력을 받게 될 수 있다. 이것이 바로 프레젠테이션 목적(X)에 탄력과 생기를 불어넣는 요소이며, 제대로 된 스토리 구성과 강조할 포인트는 프레젠테이션의 결과를 일순간 뒤집을 수 있는 마법과 같은 힘을 발휘하게 된다.

Y=ax+b!

당신은 프레젠테이션을 준비하는 동안 계속해서 이 일차 함수를 따지고 또 따져야 한다. 그리고 이 일차함수를 항상 가까이 두고, 계속해서 반영하고 보완한다면 성공적인 프레젠테이션에 점점 더 가까이 가게 될 것이다.

> "사람들의 마음을 움직여서 생각을 바꾸거나 행동을 불러일으키려면 파토스(Pathos), 즉 상대의 정서에 관심을 가져야 한다."
>
> – 아리스토텔레스

Mr. Big! 그는 당신과 다르다 (동상이몽 同床異夢)

상황에 따라, 다루는 주제에 따라 프레젠테이션의 접근방식이 다양하게 맞춰져야 한다는 것은 더 이상 설명할 필요 없는 당연한 사실이다.

일반적인 청중을 대상으로 하는 프레젠테이션에서는 청중의 전반적인 성향을 분석하는 것이 중요하다. 하지만 의사결정권자인 Mr. Big이 참석하는 프레젠테이션이나 발표에서는 다르다. 무엇보다도 Mr. Big이 선호하는 보고 스타일을 파악해 그에 적합한 내용으로 프레젠테이션을 구성하는 것이 중요하다.

자신이 말하고자 하는 내용이 아무리 매력적이고 뛰어난 내용이라 하더라도 그 내용이 의도하는 그대로 Mr. Big에게 전달되지 않으면 아무런 소용이 없다.

일반적으로 실무자들은 자신이 그동안 고민하고 준비한 사항들을 차근차근 모두 설명하고자 하는 욕심에 사로잡히게 된다. 많은 시간과 공을 들여서 연구하고 분석해왔기 때문에, 준비한 내용을 최대한 많이 말해야 한다는 강박관념, 즉 다른 말로 표현하면 '본전생각'을 하게 되는 유혹에 빠진다.

하지만, Mr. Big은 업무에 대한 생각이나 업무를 바라보는 관점이 실무자와는 많이 다르다. 좋은 발표자는 이야기를 할 때 자기가 말하고 싶은 것에 20%, 상대가 듣고 싶은 것에 80%의 시간을 쓴다.

실무자와 Mr. Big의 차이

1. 실무자는 부분에 충실하려 하지만, Mr. Big은 전체와 개략을 중시한다.
   실무자에게는 자신이 발표나 보고하는 각각의 항목 하나하나가 소중하고 중요하게 느껴진다. 열 손가락 깨물어서 안 아픈 손가락이 없는 것처럼 모든 항목들이 의미 있고 서로간의 연결성이 높게만 느껴지기 때문에 내용이 좀 많아 보인다 하더라도 줄이거나 버리는 것을 주저하기 마련이다.

   하지만 Mr. Big은 전체적인 방향과 큰 그림, 그 속에서의 흐름과 논리 등을 먼저 보기 때문에 프레젠테이션에서 다루는 세세한 정보나 항목들은 전체적인 방향과 흐름 내에 있는 하나의 요소로 생각할 뿐, 세세한 내용들은 중요하게 보이지 않는다. 실무자는 시간의 순서, 연결의 순서로 이야기를 꾸려가지만 Mr. Big은 핵심내용이 먼저 나타나기를 원한다.
   실무자는 처음부터 차근차근 설명해야만 Mr. Big이 충분히 이해할 수 있다고 생각하여 하나씩 하나씩 순서대로 이야기를 풀어가려 하지만 그 순간부터 프레젠테이션이 아닌 '소설'로 바뀌어 버린다.

Mr. Big이 원하는 흐름은 다르다. Mr. Big은 아무리 많은 사건과 사실이 순서대로 진행되어 일어났다 하더라도 중요한 3가지 정도만을 듣고 싶어 하며 그들의 머릿속에는 늘 "모두 중요하다는 것은 아무것도 중요하지 않다는 것과 같다"는 생각이 자리 잡고 있다.

실무자는 배경, 필요성, 문제점 등을 부각시키려고 하지만 Mr. Big은 결론, 해결, 효과, 효율에 관심을 기울인다. Mr. Big은 배경을 간단히 언급하고, 핵심상황 및 문제요인, 해결방안들을 주로 다루기를 바라는 동시에, 이리저리 돌려서 말하는 것을 제일 싫어하며, 결론 중에서도 해결하기 위한 진정한 이유와 명분, 구체적 전략과 실행가능성에 가장 관심이 많다.

2. 실무자는 양으로 승부하려 하지만 Mr. Big은 짧고 단순한 것을 좋아한다.
실무자들은 '보고나 발표에서 양은 일단 많은 것이 미덕이며 최선을 다했다는 척도'로 생각하는 경우가 많아서 자신이 노력한 양과 발표의 양을 비례하게 하려고 생각한다. 그러면서, Mr. Big 앞에 서기 전에 이런 말을 듣기를 기대한다. "우와! 이렇게나 많이 준비를 했나? 정말 고생이 많았군! 그래 수고했어"

하지만 Mr. Big의 입에서는 실무자의 기대와 전혀 다른 말이 나온다. "됐고! 그래서 어쩌라고?" Mr. Big은 사안의 중요성과 발표의 양을 비례하여 생각하기 때문에 필요 이상으로 많은 양의 보고나 발표 자료에 정색을 한다. 일반적으로 보고나 발표는 약 20분 전후가 가장 적절하며, 분량은 슬라이드로 치면 본 내용을 담고 있는 슬라이드 10~15장이 가장 적절하다. 정해진 시간 안에 다뤄야 하는 내용이 많다고 생각된다면 아깝더라도 과감하게 버릴 줄 알아야 한다.

3. 실무자는 전문용어를 사용하려 하지만, Mr. Big은 누구나 이해할 수 있는 쉬운 용어를 좋아한다.

실무자들은 자신이 사용하고 있는 용어들이 너무나 익숙하고 자연스럽기 때문에 누구나 이해할 수 있는 수준이라고 착각을 한다. 하지만 당연히 알고 있을 거라고 생각하는 단어들도 받아들이는 사람의 입장에서는 생소하고 헷갈릴 수 있다는 것을 고려해야 한다.

그리고 실무를 넘어서 관리자의 역할을 수행하고 있는 Mr. Big은, 실무에 깊게 관여를 하지 않아도 되기 때문에 실무자들만이 사용하는 용어들에 대해서는 깊이 알지 못하는 경우도 많다. 따라서 단어를 사용하는 경우에도 Mr. Big이 바로 이해할 수 있는 단어인지를 고민하면서 선택해야 한다. 만약 이해하기 어려울 수도 있다고 생각이 든다면 반드시 그 의미를 풀어 설명해줘야 한다. Mr. Big은 무식할 권리가 있다는 것을 명심해라.

눈먼 최선은 최악을 낳는다

이솝 우화에 다음과 같은 이야기가 있다.

학이 여우를 집에 초대해서 자신이 늘 음식을 담아서 먹던 주둥이가 얇고 긴 호리병에 우유를 정성껏 담아주었다. 부리가 길고 뾰족한 학은 호리병에 담은 우유를 맛있게 먹을 수 있었지만, 뭉툭한 주둥이를 가지고 있는 여우에게는 호리병에 담긴 우유는 그야말로 그림의 떡이었다. 여우는 먹으려고 노력을 해봤지만, 결국 한 방울의 우유도 먹지 못하고 배를 굶고 집으로 돌아갔다. '여우의 입 모양'에 대해서 전혀 생각하지 못한 학은 자신의 정성어린 대접을 거절하는 여우가 밉기만 하며, 반대로 여우는 학이 자신을 일부러 골탕을 먹이는 거라고 생각을 하며 자신의 처지를 몰라주는 학이 원망스러웠다.

얼마 후 이번에는 여우가 학을 집으로 초대하였는데, 여우는 자신이 늘 먹던 평평한 접시에 우유를 담아서 학에게 맛있게 먹으라고 주었다. 부리가 긴 학 역시 한 방울의 우유도 먹지 못하고 배를 굶고 집으로 돌아간다. 여우는 자신이 베푼 호의를 외면한 학이 더 싫어졌고, 학은 예전의 여우가 느꼈던 것처럼 자신의 상황을 몰라주는 여우를 원망하게 되었다. 결국 학과 여우는 크게 싸우게 되었고, 서로 등을 돌리고 원수처럼 서로를 싫어하게 되었다. 서로가 무엇을 잘못한지를 모르고 말이다.

이 우화에서 얻는 교훈은 아무리 좋은 생각과 마음으로 상대방에게 호의를 베풀어 주려해도, 상대방이 처한 상황을 충분히 이해하고 반영하지 않으면 자신이 베푸는 호의가 오히려 상대방을 곤경에 빠뜨릴 수도 있다는 것이다.

"눈 먼 최선은 최악을 낳는다"는 사실을 기억하라. 최선을 다해도 정확한 목표와 상황에 부합한 상태에서 최선을 다해야지, 아무것도 도움되지 않는 무분별한 최선의 노력은 오히려 최악의 결과를 가지고 올 수도 있다.

무턱대고 열심히 하면 성공할 수 있는 시대는 이미 20년 전에 끝났다. 고객을 무시한, 그 중에서도 주 고객인 Mr. Big을 무시한 프레젠테이션은 절대 성공할 수 없다. 상대방의 상황에 항상 눈을 뜨고 있는 현명한 최선의 노력만이 최선의 결과를 이끌어 낸다.

프레젠테이션에서 Mr. Big의 요구사항을 정확히 파악하고 그가 이 주제에 대해서 얼마나 알고 있는지를 파악하는 것이 프레젠테이션 전략의 첫 출발점임을 잊지 말자!

> "사람들에게 연설하려 할 때 나는 그들이 듣고 싶어 하는 것이 무엇인가를 생각하는 데 3분의 2의 시간을 썼고, 내가 말하고 싶은 내용을 생각하는 데 3분의 1의 시간을 사용했다."
>
> – 에이브러햄 링컨

05
그래서 지금 뭐 하자는 거야? 왜?
– 우선, 결론부터 알려라!

"아시는 바와 같이 국제유가가 배럴당 130달러를 육박하며 원자재 가격 또한 연속 45일 동안 상승하고 있습니다. Brides의 경제성장률이 예상했던 수준에 미치지 못하고 있으며 미국의 증시가 널뛰듯이 춤을 추고 있어서 정확한 시장의 성장성을 예측하기 어려운 실정입니다. 현재 우리 회사의 매출 및 손익은 계획 대비 달성율이 70% 정도에 그치고 있어, 자금의 회전측면에서 위험요인이 존재하고 있습니다. 또한 전략기획팀의 시장조사 보고서에서는 우리가 새롭게 뛰어들 예정인 A-Project의 사업성이 높지 않은 것으로 판단된다고 합니다. 그리고 중국의 상해지사에서 보내온 의견서를 분석한 결과에도 ~ (중략)"

"잠깐, 그래서 뭐 어쩌자는 거야? 결론부터 먼저 말해봐."

"네. 결론은 지금 추진하고 있는 A-Project를 중단해야 한다는 말씀입니다."

"거봐, 그거부터 먼저 얘기했으면, 내가 상황을 이해하기 훨씬 편하잖아. 뭐가 그렇게 주절주절 장황해? 결론부터 말해 좀. 결론을 숨기지 말고 과감하게 먼저 말하란 말이야! 결론부터 먼저 말하고 그 이유를 이야기하면, 결론의 정당성이 확보되는 거고 결론을 나중에 말하면, 앞에 들었던 이야기들이 모두 변명처럼 느껴지는 거야, 알아?"

Mr. Big은 언제나 바쁘다. 시간이 그의 재산이자 자원이기 때문에 자신이 중요하지 않다고 느끼는 것에는 바로 싫증을 낼 수밖에 없다.

그에게 시간은 돈이며 새로운 성과를 만들어 낼 수 있는 기회이기 때문에 당신의 프레젠테이션에 투자한 시간만큼의 가치가 돌아오지 못할 상황이라면 자신의 재산과 기회비용을 빼앗긴 것에 당연히 분노하게 된다. 그래서 시간을 투자할 가치가 없다고 판단되는 자리에 어쩔 수 없이 앉아있어야 하는 상황에서 심한 스트레스를 느끼기 마련이다.

그렇다면 그가 참석하는 프레젠테이션을 준비하는 당신은 어떻게 해야 할까?

프레젠테이션은 단거리 달리기! 처음부터 전속력으로 뛰어라!

만약에 100m 달리기에 임하는 페이스(호흡 조절, 속도 조절, 체력안배의 방식) 그대로 마라톤에서 뛰게 되면 그 주자는 어떻게 될까?

아마 얼마 못 가서 그 자리에 헐떡이면서 주저앉아 버릴 것이고, 아예 결승선의 반에 반도 못 가게 될 것이다.

반대로, 마라톤에 임하는 페이스로 100m 달리기에서 뛰게 되면 그 주자는 어떻게 될까? 결승선까지는 당연히 갈 수 있겠지만 다른 주자들의 뒷모습만을 바라보면서 뛰게 될 것이고 시작부터 이미 좋은 성적은 이미 물 건너간 상태이다.

프레젠테이션은 유한한 시간 속에서 겨뤄야 하는 경쟁적 의사전달이기 때문에 장거리 달리기보다는 단거리 달리기와 훨씬 더 유사하다고 볼 수 있다. 반면에 프레젠테이션과 유사한 형태의 '강의'는 상대적으로 많은 시간 동안 여러 가지 커뮤니케이션 방식을 동원할 수 있으며 순간순간 상황에 맞도록 내용의 완급 조절 및 강약 조절을 할 수 있기 때문에 장거리 달리기인 마라톤에 비유할 수 있다.

단거리 달리기, 특히 100m 달리기 같은 경우에는 처음 출발에 이미 1~3등이 가려진다고 해도 과언이 아닐 만큼, 가장 중요한 것이 바로 '출발시점'이다. 프레젠테이션도 100m 달리기와 마찬가지로 출발과 동시에 Mr. Big의 이해도와 공감대를 최대한 빨리 이끌어 내는 것이 가장 유리한 성공전략이라고 볼 수 있다. 결론부터 먼저 이야기 하면서 프레젠테이션을 시작하는 것이 발표자에게 훨씬 유리하다.

여기서 오해하지 말아야 할 것은 '결론부터 말하라는 것'은 결론이 프레젠테이션의 서두에만 나오고, 중반부터는 나오지 않는다는 말이 아니고 '결론은 처음부터 계속 나온다'는 것을 말하는 것이다. 이러한 의미를 살리고 있는 구성 방식이 바로 결승전(結承轉) 방식이다.

예전에 중고등학교 시절 국어 시간에 배웠던 단어 중 '기승전결(起承轉結)'이라는 문장 구성 방식을 예를 들어보면, '기승전결(起承轉結)'은 우리 선조들이 시문을 짓는 형식의 한 가지로서, 글의 첫머리를 '일어날 기(起)', 그 뜻을 이어받아 쓰는 것을 '이을 승(承)', 뜻을 한번 부연시키는 것을 '구를 전(轉)', 전체를 맺는 것을 '맺을 결(結)'이라 하여, 이러한 순서대로 전체 이야기를 풀어가는 구성방식을 말한다. 사건이 발생될 상황을 먼저 제시하고, 그 상황과 갈등 속에서 사건이 발생되며 사건이 점차 진전되고 확대되며 나중에는 사건이 해결되는 것이 대표적인 기승전결 방식의 줄거리 구성이다.

프레젠테이션에서는 서서히 이야기의 흐름이 일어나는 '기(起)'를 과감히 버려야 한다. 그리고 그 자리에 전체적인 결론인 '결(結)'을 위치시키는 방식인 '결승전(結承轉)'의 이야기 흐름 방식을 취하는 것이 좋다. 한자의 의미로 풀어 본다면 프레젠테이션의 결론을 먼저 제시(結)하고 그 결론을 이어가는 이야기들을 지속적으로 제시(承)하며 결론의 의미를 계속 부연(轉)시키는 방식의 구성이다. 단어 그대로 봐도, 마지막 승부를 거는 게임이기 때문에 신중을 기해야 하는 의미도 있다.

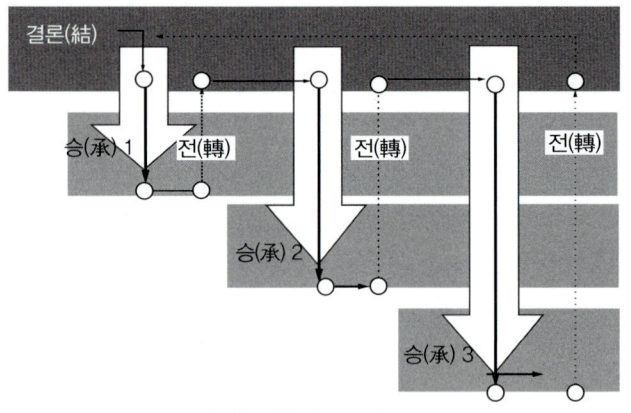

결승전(結承轉)방식의 내용구성

위 그림에서처럼 결론이 처음부터 나오고, 중반부에 진행되는 각 단계별로 결론을 지원하는 3가지의 소주제가 연결되어 각 소주제가 나올 때마다 최초에 제시되었던 결론을 지속적으로 짚어주면서 진행되는 구성이 바로 '결승전(結承轉)' 방식의 프레젠테이션 구성이다.

시작과 동시에 결론이 등장하고, 진행되는 매 순간 결론이 지원 사격을 받고 있으며, 프레젠테이션을 마치는 그 순간에도 결론이 계속 부각되며 끝나는 방식이다.

이는 결론으로 시작해서 결론으로 끝나는 구성으로 프레젠테이션이 진행되는 매 순간 이 결론을 향하여 모든 것이 연결되어 있게 되며 마지막이 처음이 되고, 처음이 마지막이 된다. 프레젠테이션 구성에서 꼭 기억해야 하는 말이다.

"마지막이 처음이다, 처음이 마지막이다."

결승전 방식의 프레젠테이션의 구성 흐름
1. 먼저 당신이 무엇을 말할 것인지를 이야기한다.
2. 그 다음에 내용을 말한다.
3. 마지막으로 당신이 무엇을 말했었는지 이야기한다

스릴과 서스펜스는 환영! 하지만 반전은 NG!

'스릴, 서스펜스'라는 단어는 TV에서 진행되는 영화 해설 프로그램이나 인터넷 검색 사이트 등에서 영화와 관련된 소감이나 평가를 할 때 많이 나오는 용어인데, 스릴과 서스펜스를 우리말로 하면 '박진감, 긴장감'으로 해석할 수 있다. 영화의 이야기가 끝날 것 같으면서 쉽게 끝나지 않고 또 다시 이어지는, 그리고 영화가 진행되는 2시간 내내 손에 땀을 쥐게 만들면서 관중들이 한시도 눈을 뗄 수 없도록 만드는 영화의 스토리 흐름을 표현할 때 이러한 단어를 많이 쓴다.

프레젠테이션에서 이 두 가지의 단어 '스릴'과 '서스펜스'는 매우 중요하고 필수적인 요소임은 분명하다. 프레젠테이션이 진행되고 있는 매 순간마다 정확한 논리구성을 바탕으로 한 신선한 정보를 접하게 된다면, 그리고 지속적인 유머와 위트가 가미된 적절한 구성전략을 느낄 수 있다면, Mr. Big은 스릴과 서스펜스를 느끼면서 프레젠테이션에 최대한 몰입하고 집중할 수 있게 된다.

하지만 여기에 '반전'이라는 불청객이 들어가게 되면 이야기는 달라지는데 '반전'으로 유명한 대표적인 영화인 '식스센스'와 '유주얼 서스펙트'를 보면 영화의 마지막에 마치 뒤통수를 세게 얻어맞은 것과 같은 큰 충격을 받게 된다. 이러한 반전 영화는 관객들을 "아니…. 어떻게 이럴 수가! 거의 2시간 가까이 봐왔던 영화의 줄거리를 송두리째 뒤엎어 버렸군!"하는 생각이 들도록 만들었으며 이러한 극적인 반전이라는 전략으로 엄청난 흥행을 거두었다.

영화에서는 '반전'이 좋은 구성전략으로 통하지만 프레젠테이션에서 생뚱맞은 반전은 반드시 피해야 할 함정이다. 프레젠테이션에 참석하여 한참동안 내용을 들으면서 자신의 생각을 정리하고, 여러 가지로 복잡한 다른 업무와의 연결관계도 같이 생각하면서 한참 몰입해 있는데 마지막에 전혀 예측하지 못했던 결론으로 끝나게 된다면 Mr. Big은 어떤 느낌이 들까?

영화에서의 반전은 큰 충격을 주면서 재미를 더해 주고 카타르시스를 느끼게 해주지만 프레젠테이션에서의 반전은 오로지 Mr. Big을 분노하게 만든다.

발표자가 가진 나름대로의 논리적 구성이 있었다 하더라도, Mr. Big에게 그 논리가 의도한 만큼 전달되지 못했을 경우에는 마지막에 발표자가 제시한 결론이 지금까지 전달한 모든 이야기들을 송두리째 흔드는 반전이 될 수 있으며 막판 뒤집기로 느껴질 수 있다.

이러한 폐해를 막기 위해서라도 결론부터 먼저 제시한 후 이를 뒷받침할 의견을 제시하는 것이 프레젠테이션의 구성에서 보다 더 유리하고 안전한 접근이라고 볼 수 있다. 처음부터 제시된 결론이 Mr. Big의 마음속으로 들어가서 자리를 잡게 되면 이는 강한 자석의 역할을 해주기 때문에 후속되는 부연 설명들을 그 결론으로 끌어 당겨주는 역할을 할 수 있게 된다.

Mr. Big에게 당신의 의견, 논리에 대한 깊은 인상을 심어주고 싶다면 결론부터 정확히 알려야 한다. 서서히 오랜 시간에 걸쳐 접근해서는, 생각한 만큼 그의 마음속에 깊게 자리 잡지 못하게 되므로 돌풍처럼 몰아쳐서 Mr. Big의 마음을 사로잡아야 한다.

결론부터 말하라!

배경이나 사유를 먼저 듣게 되면 결론에 대한 기대감이 커지기보다는 결론에 대한 모호함이 증폭될 수 있다. 그리고 긍정적이고 좋은 사안보다, 듣는 사람의 얼굴을 붉히게 만드는 부정적 사안에 대해서 보고, 발표할 때 이러한 현상이 나타날 확률이 더 높다.

본 단락의 초반의 사례제시에서 Mr. Big은 이런 이야기를 했다.

"결론부터 먼저 말하고 나서 그 이유를 이야기하면 결론의 정당성이 확보되는 것이고, 반대로 결론을 나중에 말하면 앞에 들었던 이야기들이 모두 변명처럼 느껴지는 거야, 알아?"

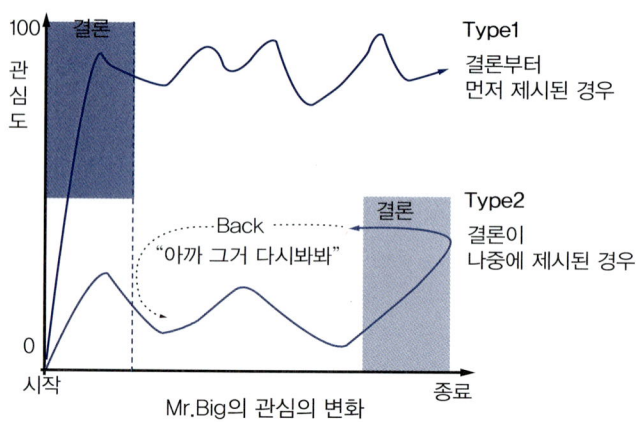

Mr.Big의 관심의 변화

위 그림은 '부정적인 사안'에 대하여 보고 또는 발표를 진행할 때 이를 받아들이는 Mr. Big의 관심변화를 나타낸 그래프이다.

Type 1과 같이 결론을 먼저 이야기한 후에, 왜 그러한 결론이 나왔는지 그러면 어떻게 해야 하는지를 설명하면 Mr. Big의 입장에서는 사안이 긍정적이거나, 부정적인 것을 떠나서 해결을 위한 접근에 더욱 신경을 쓰며 이야기를 듣게 된다. 하지만 Type 2와 같이 결론을 먼저 제시하지 않고 일단 상황과 배경에 대해서만 언급하면서 진행되는 보고나 발표의 경우에는 상황이 다르다. Mr. Big의 관심도 또한 상대적으로 높지 않은 편이며 끝날 시간에 임박하여 부정적인 결론이 제시되는 순간, Mr. Big은 앞서 나왔던 이야기들을 다시 떠올리면서 자신이 들었던 상황, 배경, 이야기들을 실무자의 변명으로 치부해 버릴 수도 있다.

그리하여, 부정적인 결론을 듣게 되는 순간 앞에서 쏟아놓은 변명을 하나하나 따져 묻기 위해서 "아까 그거 다시 봐봐"라는 멘트를 던지게 되고 이로써 프레젠테이션의 분위기는 점점 험악하게 변하게 된다.

실제로 미국의 Southern California 대학의 J. E. Sparks가 인류 역사상에 존재하는 모든 문학작품 중 일명 고전들을 분석한 연구결과에 따르면 "아리스토텔레스부터 현대 작가까지의 모든 고전들이 접근한 구성방식을 분석해 보았더니 모두가 하나같이 핵심 메시지를 먼저 제시하고, 이를 소주제, 세부주제로 뒷받침하고 있었다"는 결론을 내렸다고 한다.

미국의 대통령이었던 레이건도 결론부터 제시한 후 "그래서 어떻게"라는 흐름으로 연결된 보고서 구성 형식을 선호했고, 이러한 형태가 아니면 아예 보고를 받지도 않았다고 한다. 그는 결론부터 시작해서 그 결론의 이유로 연결되는 보고 형태를 가장 최고의 효과적인 의사전달 방식이라고 주장했으며, 그의 비서관들에게 늘 이 방식으로만 보고하라고 했다고 한다.

프레젠테이션을 구성하는가? 그리고 당신의 프레젠테이션에 Mr. Big이 참석하는가? 이제 답은 하나다. 우선 결론부터 알려라!

> 현실 세계의 승리자는 전문성뿐만 아니라 설명, 설득에도 능숙한 사람이다.

Mr. Big의 입맛에 딱 들어맞는 보고/발표의 구성 형식

Mr. Big은 인내심이 많지 않기 때문에 웬만한 배짱과 든든한 재력이 없이는 그를 시험하지 말아야 한다. 그 결과로 돌아오는 것은 오로지 복수뿐이다. Mr. Big이 가장 싫어하는 것이 바로 '장황함'과 '중언부언', '주절주절'이 혼합되어 변죽만을 두드리며 핵심의 외곽에서 빙빙 맴도는 프레젠테이션이기 때문에 그는 결론부터 말해주길 희망한다.

어떤 사람은 며칠 동안 밤을 새고 사안을 분석하여 프레젠테이션을 준비하고 발표해도 Mr. Big에게 눈물이 쏙 빠지게 깨지지만, 어떤 사람은 Mr. Big과 함께 엘리베이터를 13층에서 1층까지 같이 타고 내려오는 1분도 안 되는 그 짧은 순간에 결재를 받고 수고했다는 칭찬까지 받고 나온다.

그 비결은 무엇일까? 비결은 단 하나! 그의 머릿속에 들어가 보는 것이다. 그의 머릿속에 들어가서 그가 무엇을 요구하고 있고, 무엇부터 듣고 싶어 하는지를 알아보면 Mr. Big의 입맛에 딱 들어맞는 보고를 할 수가 있게 된다. Mr. Big이 프레젠테이션 자리에 참석한 순간부터 그의 머릿속에서 떠오르게 될 궁금함을 그의 입장에서 생각해 보고, 이에 대한 답변을 하는 순서로 프레젠테이션을 전개하면 그 프레젠테이션은 90% 이상의 성공확률을 갖게 된다.

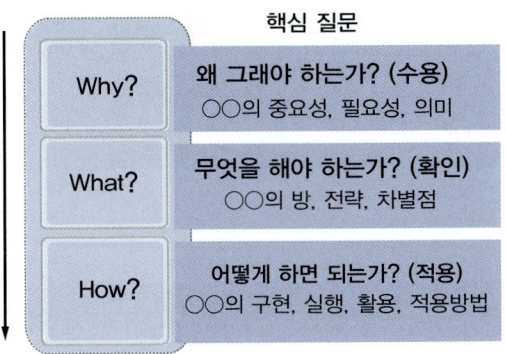

　Mr. Big은 머릿속으로 발표자인 당신에게 앞의 그림과 같은 순서로 질문을 던지게 될 것이다. 어떤 결론이 나왔는지 그리고 왜 그러한 결론이 나왔는지, 그렇다면 결론에 어떤 방법과 실행이 뒤따르는지에 대한 순서로 듣고 싶어 한다.

　누군가가 나의 가려운 곳을 먼저 긁어주면 고맙고 흐뭇하게 느껴지는 것처럼 질문이 나오기 전에 먼저 질문의 답을 던져 주는 것이 진정 훌륭하고 맘에 쏙 드는 프레젠테이션이 아닐까? 훌륭한 프레젠테이션으로 성공하고 싶다면 결론부터 먼저 제시해라.

06
그 안으로 결정해야 하는 이유
딱 3가지만 말해봐!

– 선택과 집중, 3의 전략

"저는 오늘 새로운 매출증대를 위한 돌파구를 위해서 중국으로 진출해야 한다는 말씀을 드리고자 합니다. 제가 그 동안 분석해온 시장조사 내용과 현재 우리 회사의 사업구성 현황을 비교해 보았을 때, 약 7가지의 확실한 이점이 있습니다. 이제부터 그 분석 내용을 낱낱이 소개해 보도록 하겠습니다. 첫 번째로는 중국의 시장개방이 점점 가속화되고 있다는 점입니다. 중국에 투자된 외국자본은 기하급수적으로 늘어나고 있으며…

두 번째로는 우리 회사가 생산하는 제품의 제조원가가 경쟁사에 비해 높다는 점입니다. 당사의 ㅇㅇ제품은 인건비가 가장 많이 드는 생산구조를 가지고 있어…. 세 번째로는….″

"잠깐…. 지금 당신이 말한 7가지 이유를 다 이야기할거야? 지금 장난하나? 무슨 럭키 세븐이야? 7개를 다 말하게. 7가지가 중요하다는 건 아무 것도 중요하지 않다는 말인데….

음~ 전부 다 말고 당신이 가장 중요하다고 생각하는 3가지만 골라서 설명해 봐. 자네는 중요한 것만 추려서 보고해야 하는 의무가 있고, 난 중요한 것 중심으로만 들어볼 권리가 있는 사람이야! 전략의 다른 말이 뭔지 알아? '선택과 집중'이야. 지금 자네의 발표에는 전혀 전략이 없다는 거네. 그렇지?"

전부 중요하다는 말은 아무것도 중요하지 않다는 것과 같다

"내가 이걸 어떻게 준비한 건데 최대한 많은 것을 설명해서 내가 정말 준비를 많이 했다는 것을 보여줘야지"

프레젠테이션에서 이야기의 전개를 구성함에 있어 누구나 이런 유혹에 빠지기 쉽다. 그러나 이는 프레젠테이션의 고객을 전혀 생각하지 않는 단순한 발표자의 이기적인 욕심일 뿐이다. 훌륭한 프레젠테이션을 하고 싶다면 이러한 생각을 아예 처음부터 없애고 시작해야 한다.
Mr. Big이 제일 싫어하는 프레젠테이션의 유형 중 하나가 바로 집중되어 있지 않고 요점이 희미하게 묻혀서 흘러가는 내용이다.

인류 역사상 비즈니스가 일어나는 모든 곳에서 '전략'이라는 단어가 늘 중요하게 부각되고 있는데 경쟁에서 우위를 차지하고, 경쟁사를 압도하며 성공할 수 있는 요소로서 반드시 필요한 것이 전략이다. 프레젠테이션에서도 마찬가지로 '전략'이 반드시 필요하다.

전략은 군사용어로 전술보다 상위의 개념이며 전쟁을 성공적으로 이끌어 나가는 방법이나 책략을 뜻한다. 한정된 자원으로 전쟁에서 승리하기 위해서는 반드시 '전략'이 필요하며, 이기기 위한 자원의 '선택과 집중'이 전략의 모든 것이라고 해도 과언이 아니다. 프레젠테이션도 이와 마찬가지로 발표자가 가지고 있는 한정된 자원을 최대한 잘 활용해야만 성공할 수 있는 또 다른 형태의 전쟁이기 때문에 전략이라는 '선택과 집중'을 중심으로 한 접근이 필수적인 성공요소라고 할 수 있다.

프레젠테이션의 요체는 초점을 좁히는 것이다. 프레젠테이션에서 전달할 주제를 명확히 선택하고 이 주제에 최대한 집중함으로써 보다 강력한 전달력을 발휘할 수 있는 반면, 만사를 다 뒤쫓다가는 어느 하나도 제대로 전달할 수 없다.

마케팅 분야에서 유명한 책인 '마케팅 불변의 법칙(Al Ries &Jack Trout)'에서는 초점의 법칙(The Law of Focus)인 "더 많은 것이 더 적다. 반대로 더 적은 것이 더 많은 것이다"라는 말이 있는데, 이 역시 마케팅에서 성공하려면 고객에게 강조할 포인트를 설정하고, 그 포인트에만 집중해야 성공할 수 있다는 의미를 가지고 있다.

프레젠테이션의 영역에서 이 말을 풀어 본다면 프레젠테이션에 많은 내용을 담으려 할수록 그 중에 Mr. Big의 머릿속에 자리 잡게 될 유효한 메시지는 적어지게 되며, 의미 있고 중요한 내용 중심으로 줄여 놓은 메시지만을 담고 있으면 그 중에 유효하고 강력한 메시지의 비중은 높아질 것이라는 해석이 가능하다.

여러 가지 내용을 흘러넘치게 많이 담아서 Mr. Big의 마음에 들고 싶은가? Mr. Big이 먹는 밥상에 반찬을 최대한 많이 차려서 당신의 성실함을 자랑하고 싶은가? 그러면 오히려 그는 당신이 차린 밥상의 수많은 반찬들 중 일부만 먹게 되거나, 아예 아무것도 먹지 않을 수도 있다. "필요하지 않기 때문에 버리는 것이 아니라, 필요하기 때문에 버리는 것"이라는 사실을 반드시 인지하고 있는 용기 있는 발표자가 되어, 많이 담으려는 유혹을 물리쳐야 한다.

프레젠테이션의 구성에서 '있어야 할 것'은 가장 중요한 핵심과 이를 지원하는 가장 강력한 소주제 몇 개 정도이며 '없어야 할 것'은 불필요한 부연설명, 혹시나 해서 넣어 놓은 자료, 우선순위 밖에 있는 소주제들이다. 있어야 할 것은 다 있고, 없어야 할 것은 아예 다루지 않는 것이 가장 좋은 프레젠테이션의 구성이라고 할 수 있다.

> 오목렌즈로는 종이를 태울 수 없다. 볼록렌즈를 통해서 모든 에너지를 한 곳에 집중해야만, 결국 연기가 피어오르게 되며 뜨거운 불이 일어난다.

예고편의 힘을 믿어라!(핵심메시지 반복의 힘)

중요하지 않으면, 아깝더라도 버려야 한다.

극장에 가서 영화의 본편이 시작되기 전에 관객들의 마음을 설레게 하는 선물이 바로 예고편이다. 예고편을 보다 보면 어떤 영화든지 "우와~ 재밌겠다, 나중에 꼭 봐야지."하는 생각이 저절로 드는 마법같은 힘을 가지고 있다. 하지만, 예고편에 끌려서 선택했던 영화들이 모두 재미있었을까? 절대 아니다.

이처럼 예고편은 어떤 영화라도 정말 재미있고 매력적으로 느끼게 해서, 꼭 한번 보고 싶게 만든다. 어떻게 해서 예고편은 어떤 영화도 재미있게 느끼도록 그리고 꼭 보고 싶도록 하는 힘을 가지고 있을까? 짧게 핵심만 추려서 담은 내용을 보여주기 때문에 그렇다.

재미없고 별 볼 일 없는 영화들도 웅장한 액션 장면 등 재미있는 부분만 발췌해 자극적인 장면만을 모아서 다시 편집하고 적절한 흐름에 맞춰 넣어 보면 그럴싸하게 보이면서, 무언가 있어 보이는 듯한 느낌을 줄 수 있다. 이처럼 간결하게 핵심만 담아내면 재미없고 지루한 내용들도 보다 강렬한 흡입력을 가질 수 있게 된다.

프레젠테이션에서도 발표자가 가지고 있는 생각과 견해, 아이디어가 Mr. Big에게 강한 인상과 기억으로 남기 위해서는 정말 단순하고 간결한 하나의 내용만을 가지고서 승부해야 한다.

프레젠테이션을 준비할 때 하늘이 갈라지고, 땅이 흔들려도 "이거 하나만은 꼭!"이라는 핵심주제를 먼저 정해야 하며, 프레젠테이션에 동원되는 모든 자원은 그 하나만을 위해 달리고 또 달려야 한다. 약 20여 분 정도의 프레젠테이션에서 여러 가지를 소개하고 알려주려는 것은 발표자의 허황된 욕심이자 청중을 이겨 먹으려는 오만이며 상대방에게 상처를 주는 이기심이다.

아무것도 겨냥하지 않으면 아무것도 명중시킬 수 없다

만약 야구에서 여러 명의 투수가 여러 개의 공을 한 명의 포수에게 동시에 던진다고 가정해보면, 단 하나의 공만 포수의 글러브에 들어가고 나머지는 모두 땅에 떨어지거나 포수의 몸에 맞아 상처를 준다. 아무리 많은 공을 던져도 결국 포수의 글러브에 들어가는 것은 포수가 쉽게 잡을 수 있는 하나의 공이다.

더 이상 버릴 수 없을 때까지 버려라. 그러면 짧아진다. 핵심을 모르면 주절주절 말이 길어지고, 시간이 길어질 수밖에 없으며 길어진다기보다는 지루하게 늘어진다는 말이 보다 적절한 표현일 것 같다.

프레젠테이션을 통해 다루고자 하는 내용이 많으면 분명 분산되는 모양을 보이고 전체적으로 보면 내용들 간에 앞뒤가 서로 맞지 않게 될 확률이 높아진다. 따라서 전달하려는 내용이 많으면 많을수록 Mr. Big은 나열된 내용들에 대해 논리를 공격하며 파고 들으려 하며 Mr. Big 스스로도 내용에 대한 의구심('아까 얘기했던 논리와는 다른 것 같은데')이 생긴다. 많은 것을 던지면 많은 것을 잃을 확률이 높아지고, 소소한 것에 중요한 것이 섞여 중요한 것이 일명 도매급으로 묶여서 사라지게 될 확률이 높아진다.

기억력에 대한 연구에 커다란 업적을 남긴 독일의 심리학자 H.어빙하우스(Ebbinghaus)는 인간의 기억을 지배하고 있는 특성을 조사해 기억과 망각에 대한 '망각곡선'을 만들어 냈다. 아래에 보이는 망각곡선은 무의미한 것에 대한 기억은 시간이 지남에 따라 급속도(1시간 이내에 60% 이상)로 기억에서 지워진다는 것을 보여준다.

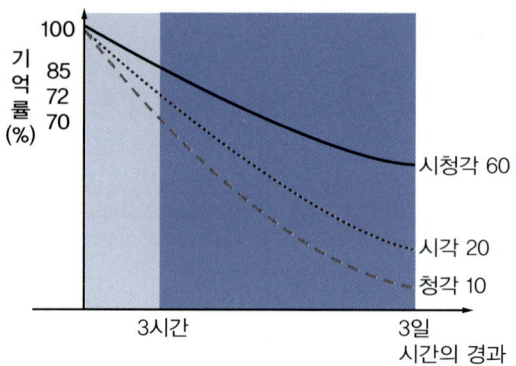

하지만 핵심 내용만을 일정 횟수로 반복해서 각인시켜주면 기억이 오래 유지된다. 여기서 '반복'이란 단순한 설명의 반복이 아닌, 핵심내용을 지원해주는 사실과 현상, 주장을 노출시켜주는 것을 말한다.

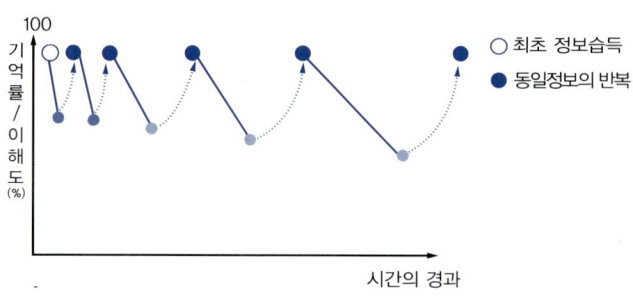

의도적 반복을 통한 이해도 증대

잊지 말자! 프레젠테이션에서 핵심이 아니면 무의미하며 무의미한 것은 한 시간 내로 잊혀진다. 간결해야 강력하며, 단순해야 쉽게 이해가 가고 몰입이 쉬워지게 되는 반면 복잡하고 길면, Mr. Big의 마음은 그 자리를 떠날 것이다.

> **TIP** 프레젠테이션 구성의 기본원칙 'KISS'
> 'Keep it Simple and Short(Stupid)'
> (바보도 이해할 수 있도록) 쉽고 간결하게 구성하라.

한 놈만 패고, 때린 데만 또 때린다

"모든 것에서 이길 수는 없다. 이겨야 할 곳을 찾아내 집중해야 한다"

영화 '주유소 습격사건'에서 나오는 등장인물 중에서 영화를 본 사람이면 누구나 기억하고 있는 인물이 바로 '무대뽀'라는 역할인데, 이 친구는 어떠한 싸움에 임할 때에도 자신만이 가지고 있는 필승전략이 딱 하나가 있다. 사방이 상대편 적으로 둘러 싸여있어도, 자신은 지지 않고 이길 수 있다고 호언장담하면서 말한다.

"다 필요 없어… 난 딱 한 놈만 패, 제일 만만한 놈 잡아서 딱 그 놈만 패."

17대 1의 싸움에서도 상대방을 이길 수 있는 전략은 17명을 골고루 상대하는 것이 아닌 딱 하나의 집중할 곳을 골라서, 모든 힘을 쏟는 것이다. 그러면 어느새 '17대 1'이 아닌 '1대 1'의 상황으로 대결구도가 바뀌게 된다. 이렇게 집중하는 전략, 이겨야 할 곳을 알고 모든 열정과 에너지를 집중하는 전략이 프레젠테이션에서도 필요하다. 핵심 메시지를 선정한 후에 딱 그것만 공략하는 단순 간결한 설명이 지속된다면 Mr. Big의 마음은 열리게 된다.

송곳 이론에 비교를 해보면 망치와 송곳, 이 두 개의 연장은 용도 자체가 다른데 망치는 충격을 주는 용도이지만 송곳은 뚫는 용도로 쓰인다. Mr. Big은 많은 정보와 여러 가지의 주장에 노출되면서 자기도 모르게 발표자의 이야기에 논리적인 방패를 준비하려는 습성이 있다. 따라서 이 방패에 충격을 주는 것에만 그치는 것이 아니라 그가 가진 방패를 결국 뚫어내야 한다. 망치는 송곳에 비해 상대적으로 면적이 넓기 때문에 모든 에너지를 쏟아 넣어도 충격 도구로만 작용하게 되지만 송곳은 집중되고 좁은 면적으로 많은 힘을 들이지 않아도 뚫을 수 있는 힘을 가질 수 있게 된다.

이처럼 프레젠테이션이 많은 메시지를 담고 있으면, Mr. Big은 일시적인 충격을 받게 되지만 단 하나의 강한 핵심 메시지(Killer Message)를 담고 있는 프레젠테이션을 하면, Mr. Big의 마음과 인식의 벽(방패)을 뚫어내고 관통할 수 있는 확률이 높아진다.

다시 한 번 말하지만 모든 것에서 이길 수는 없다. 이겨야 할 곳을 찾아내 발표자가 동원할 수 있는 모든 에너지와 자원을 집중해야 한다.

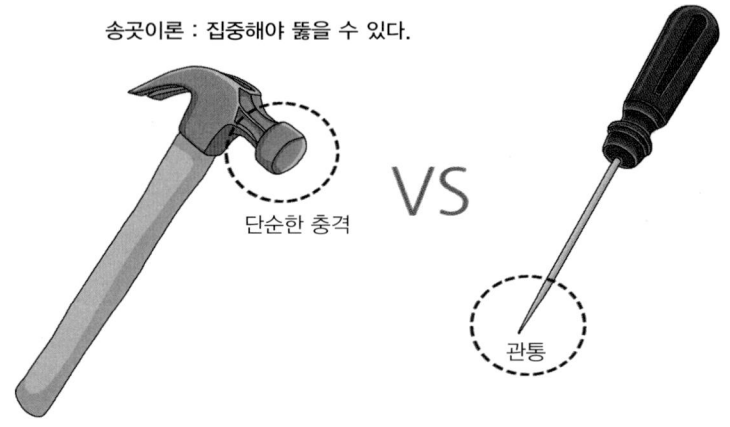

송곳이론 : 집중해야 뚫을 수 있다.

밀러의 매직 넘버 '7' 그리고 '3'의 법칙

인지공학(기억, 인식, 학습 등 인간의 심리적 및 지적 활동을 컴퓨터의 모델에 의해서 해명하려고 하는 학문 분야)의 이론에 의하면 사람이 한 번에 쉽게 받아들일 수 있는 정보의 개수는 7개 정도이며 이를 매직넘버라고 한다. 이러한 원칙은 쇼핑몰의 웹사이트 구축 시에도 적용되어, 한 화면에서 동시에 제시하는 메뉴가 7개의 영역범위를 초과하게 되면 사이트를 검색하고 있는 고객이 한 번에 쉽게 인식할 수 있는 범위를 벗어나게 되어 머릿속으로 인식하는 정보의 혼란을 느끼게 되고, 의도했던 메뉴의 기능을 충분히 활용하지 못하게 된다고 한다.

프레젠테이션의 내용을 구성할 때에도 이러한 매직 넘버의 개념을 생각해야 한다. Mr. Big이 참석한 프레젠테이션에서 한 번에 소화할 수 있는 정보나 논점의 종류는 최대 5개 정도라고 보면 된다(프레젠테이션에 참석하는 사람들 또한 5개 이하 정도의 중요한 점만을 '기억'한다고 하는 연구결과도 있다).

전체적인 스토리를 구성할 경우에도 기본 논점 3개 정도를 기본으로 배치하고 필요하다면 앞뒤로 추가 논점을 배치하는 구성 전략이 Mr. Big의 이해도를 최대한 높일 수가 있다. 또한 각각의 슬라이드를 구성할 때에도 마찬가지로, 한 화면에서 5개 이상의 정보를 제시하는 것은 이해도를 떨어뜨릴 수 있다.

> "중요한 일이 세 가지 이상이라는 것은 중요한 일이 하나도 없다는 말과 같다."
> – Good to Great 저자, 짐 콜린스

'3'이라는 숫자의 마력

'3'이라는 숫자는 어떤 의미를 가지고 있을까? 세상에서 가장 안정된 도형으로 삼각형을 꼽는 이유는 세 개의 꼭짓점에서 나오는 힘의 분배가 가장 잘 이루어지는 형태를 가지고 있기 때문이다. 또한 사람들의 마음 속에서도 삼각형이 가진 3개의 꼭짓점이 가장 편안한 느낌을 준다고 한다. 이처럼 '3'은 가장 단순하면서도 가장 안정적인 숫자이다.

또한 EBS에서 방영한 〈세상을 움직이는 3의 법칙〉에 나온 심리실험의 예를 들어 설명해 보자. 사람들이 지나다니는 시내의 거리에서 한 명이 그 자리에 서서 하늘을 바라보고 있을 때 이를 보며 지나가는 사람중 그 누구도 아무런 신경을 쓰지 않는다. 두 명이 동시에 하늘을 바라보고 있을 때에도 별 다른 반응을 보이지 않는다. 하지만 세 명이 동시에 하늘을 바라보고 있을 때부터는 지나가던 사람들이 같이 그 자리에 서서 "무슨 일이 있나?" 하며 같이 하늘을 바라보고 두리번거리기 시작한다. 1명이나 2명일 때보다 3명이 같이 움직이기 시작했을 때, 파급 효과의 시작점이 된다.

이처럼 전체를 움직이는 힘은 '3'에서 나오기 시작하며 '3'에서 시작할 때 그 효력이 급속하게 커지게 되므로, 프레젠테이션에서 다룰 메시지를 구성할 때에도 '3개의 메시지'가 파급력을 가장 정점으로 끌어올리는 역할을 하게 된다. 하지만 4개 이상의 메시지를 담았을 때부터는 그 파급력에 대한 효율성이 점차적으로 줄어들 수 있다는 것도 고려하여야 한다. 예를 들어, 당신의 프레젠테이션에서 어떤 사안에 대해 해결 방안을 제시할 때

단 하나의 방안만을 제시한 경우에는?

Mr. Big은 '고민을 하지 않았군, 뭔가 더 있을 것 같은데 말이야'라는 생각이 들 확률이 높다. 그리고 나중에 다시 보자고 하면서 직접적인 의사결정을 다음으로 미룰 수도 있다.

두 개의 방안을 제시하면?

둘 중에 하나라면 '모 아니면 도' 같은 극단적인 선택상황에 놓인 것 같은 스트레스를 받게 된다.

"A가 아니면 B인데, 내가 만약 A를 선택했을 때, 그 결정이 잘못된 것이라면 어떻게 해야 할까? 그 결정에 대한 책임은 나에게 고스란히 넘어올 것 같은데…"

세 개의 방안을 제시하면?

먼저 선택의 재미를 느끼게 되며, 각 대안들이 가지고 있는 장단점에 대한 평가를 시작한다. 그리고 그중에 가장 적합하고 유효하다고 생각되는 방안을 선정하려는 노력을 하게 된다.

그렇다면 해결방안은 많으면 많을수록 좋은 것일까? 4개 이상의 방안이 제시되기 시작하면 Mr. Big에게는 오히려 선택에 대한 거부감이 생기기 시작할 수 있다. 이를 전문용어로 '결정마비' 현상이라고 하는데 너무 많은 선택후보가 있으면 선택을 주저하게 되는 심리상태이다.

"해결할 방안이 너무 많다는 것은 실무자가 사전에 여러 가지 요인들을 고려하지 않고 생각나는 아무거나 제시한 거 아니야?"

"실무진 차원에서 해야 하는 1차적인 검토(Filtering)가 전혀 안 된 거 아니야?"

"이거 저거 다 중요하다고 들이대면 나 보고 어쩌라는 거지?"

하는 생각을 하게 된다.

이처럼 프레젠테이션에서 해결방안을 제시할 때 3가지의 방안을 제시하는 경우 그 중 하나가 채택될 확률이 가장 높다. 중요한 핵심 메시지를 설명할 때에도 이를 강조하는 소주제의 메시지를 3개로 구성했을 때 핵심 메시지가 가장 신뢰받을 수 있으며 가장 강력한 지원을 얻게 된다.

3개라는 개념은 인간의 심리 속에서 많지도 않고 적지도 않은 가장 적절한 개수로서 받아들여져 부담 없이 습득할 수 있게 만들고, 더 나아가서는 부담 없이 결정하게 만드는 마법과 같은 힘을 가지고 있다.

프레젠테이션의 전문가들은 이러한 3의 법칙을 믿기 때문에 프레젠테이션의 내용을 구성할 때에 '3-3-3 구성법'을 사용할 것을 권장한다. 한 가지의 핵심 메시지(Killer Message)를 뒷받침해주는 3가지의 소주제를 선정하고, 3가지의 소주제들 또한 3가지의 요점(Point)으로 증명해주는 방식, 그리고 각각의 소주제들을 설명하는 슬라이드 한 장마다 담고 있는 내용들 또한 3가지 정도에 국한시키는 구성 방식이 가장 간결하고 단순하며 효과적으로 내용을 담을 수 있는 프레젠테이션의 그릇이 된다는 것이다.

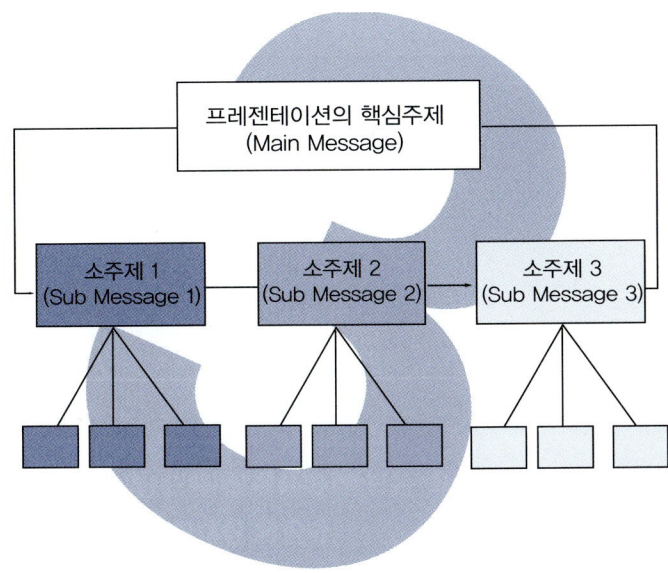

3-3-3의 전개법칙

3이라는 숫자는 설득에 있어 가장 강력한 숫자이기 때문에 사람의 마음에 영향을 미치려면 이 '3'이라는 숫자를 이해해야 한다.

> **TIP 오컴의 면도날 (Ockham's razor)**
>
> "실체들은 필요 이상으로 부풀려져서는 안 된다."
> 우리의 뇌는 복잡한 것을 싫어해서 상상할 수 있는 모든 가능성 중에 가장 단순한 해석 방법을 선택하는데, 이것을 우리는 '오컴의 법칙'이라고 한다. 어렵게 설명하는 방식과 쉽게 설명하는 방식이 있다고 하면 쉽게 설명할 수 있는 방식이 옳은 해답이다. 설명은 단순할수록 뛰어나기 때문에 상대편에게 직감적으로 이해가 되도록 설명해야 한다.

지속적으로 하나의 메시지를 강조하는 대표적인 연설

나는 꿈이 있습니다.
우리는 현재와 미래의 어려움에 당면하고 있지만 그래도 나는 꿈이 있습니다.
그것은 미국의 꿈에 깊이 뿌리박고 있는 꿈입니다.

나는 언젠가 이 나라가 일어나 그 신념의 참 뜻과 함께 할 것이라는 꿈을 알고 있습니다.
우리는 이 진실이 자명해지리라고 믿습니다.
모든 인간은 평등하게 창조되었다는 것을.

나는 언젠가 조지아의 붉은 언덕 위에서 과거 노예의 후예들과 옛날 노예 소유주의 후손들이 형제애로 식탁에 함께 자리할 수 있을 것이라는 꿈을 가지고 있습니다.

나는 언젠가 불의와 압박의 열기로 땀투성이가 된 미시시피마저도 자유와 정의의 오아시스로 변할 것이라는 꿈을 가지고 있습니다.
나는 나의 자식들이 언젠가는 사람을 피부색이 아닌 인격에 따라 판단하는 나라에서 살게 되리라는 꿈을 가지고 있습니다.

나는 지금 꿈이 있습니다.
나는 연방법 실시 거부를 외치고 있는 알라바마 주가 언젠가는 어린 흑인 소년소녀가 백인 소년소녀와 팔짱을 끼고 형제자매처럼 걸을 수 있게 되리라는 꿈을 안고 있습니다.

나는 꿈이 있습니다.

– 1963년 마틴 루터 킹 주니어의 '워싱턴 행진' 연설에서

마틴 루터 킹 목사가 했던 이 연설은 시대를 초월해서 역사상 가장 위대한 연설 중 하나로 꼽히고 있는데. 연설은 매우 짧았으나, 그 연설이 가지고 있는 메시지는 무척이나 강렬해서 그 연설을 듣고 있는 모든 흑인들은 눈물을 흘리면서 경청했었다. 이 연설의 특징이 바로 한 가지의 메시지를 계속해서 강조하고 반복하고 있는 구성방식을 따르고 있다는 점이다.

"나는 꿈이 있습니다(I have a dream)."

TIP 맥킨지의 80대 20법칙, 그리고 엘리베이터 테스트

1923년 미국 경영학 교수 제임스 맥킨지가 설립한 맥킨지 사(社)는 현재 세계에서 가장 많이 각광받고 인정받고 있는 컨설팅 회사 가운데 하나이다. 맥킨지는 미국의 〈포춘지(誌)〉 선정 100대 기업 대부분의 자문을 맡고 있고, 미국을 포함해 세계 각국 정부기관에도 컨설팅 서비스를 제공하고 있다.

맥킨지의 이러한 성공의 힘은 어디에서 나올까? 맥킨지의 컨설턴트들이 신봉하는 법칙 중 하나인 '세상의 모든 것은 80대 20의 법칙을 따른다'이다. 80대 20의 원칙은 비즈니스의 위대한 진리 중 하나이며, 넓게 보면 자연의 섭리에도 적용되어 언제 어디서나 쉽게 관찰할 수 있다.

조직 구성원의 80%는 언제나 무위도식하거나 기가 막힐 정도로 비효율적인 일을 하는 경우가 많으며, 나머지 20%의 구성원들이 대부분의 성과를 창출한다는 것이 이 법칙의 주요 골자이다.

프레젠테이션의 메시지 구성에서도 이 법칙이 고스란히 적용된다. 즉 당신이 말하고자 하는 내용이 '100'이었다면 그중에 중요한 비중을 가지고 Mr. Big의 마음을 사로잡을 수 있는 것은 '20'정도에 불과하다는 것이다. 그래서 이 20을 선별하는 지혜를 가져야 하며, 이 20에 모든 에너지를 집중해야 한다.

또 30초의 설득 법칙이라는 것이 있다. '자신의 프레젠테이션 내용을 30초 안에 요약해서 이야기할 수 있도록 엘리베이터 테스트를 실시하라.'

바쁜 사람을 붙잡고 몇 시간 동안 장황하게 이야기를 늘어놓는다는 것은 어찌 보면 듣는 사람에게는 비효율의 극치이다. 시간은 금이고 Mr. Big은 성급하다. 따라서 때문에 Mr. Big을 잠시 엘리베이터 안에서 만났을 때조차 자신의 생각을 30초 안에 설명할 수 있어야 한다.

07
참 밋밋하구만!
– 프레젠테이션에도 강약중강약이 필요하다!

"잠깐! 뭐가 이렇게 고여 있는 물처럼 밋밋하고 잔잔해? 계속해서 설명만 주야장천하니까 머리에 하나도 안 들어오잖아. 얘기 좀 맛깔나게 할 수 없나? 교과서처럼 쭉 일관되게 끌어만 가는 거 말고, 뭔가 흥미있게 설명해주면 훨씬 더 좋을 것 같은데 말이야. 이렇게 계속 설명만 하고 있으면 말하는 당신도 힘들지 않아?"

구슬이 서 말이라도 꿰어야 보배

우리 속담에 '구슬이 서 말이라도 꿰어야 보배'라는 말이 있다. 프레젠테이션에 이 속담을 적용한다면 똑같은 정보라 하더라도 재미있게 풀어가고 엮어나가면 보석처럼 빛나는 이야기가 되어 Mr. Big의 머릿속에 쏙쏙 들어가지만, 반대로 무미건조하고 밋밋하게 풀어 가면 누구나 할 수 있는 일반적인 이야기로 바뀐다는 것이다.

말을 잘하는 사람과 잘 못하는 사람의 가장 큰 차이점은 바로 스토리텔링이라고 부르는 이야기 구성법을 알고 있는가이다. 똑같은 것을 이야기해도 진짜 같이 맛깔나게 이야기해서 머리에 쏙쏙 들어오게 하는 사람이 있는 반면, 무미건조한 교과서나 사전을 보는 것과 같이 딱딱하고 뻣뻣하게 이야기하는 사람들도 있다.

같은 주제를 이야기해도 무언가가 다르게 느껴진다면 구성하는 방식과 연결의 전략이 다른 것인데 이는 프레젠테이션에도 마찬가지다. 아래의 표를 보면 같은 주제를 풀어가는 방식에 따라 Mr. Big의 관심이 어떻게 달라지는지를 볼 수 있다.

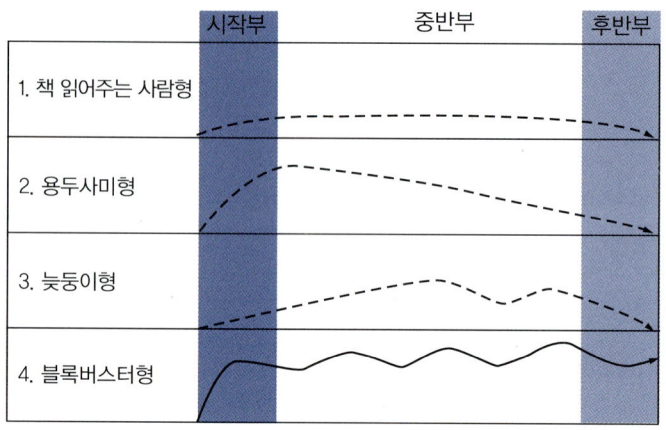

1. 책 읽어주는 사람형 : 단조로운 프레젠테이션

설명하는 주제가 수면 아래로 가라앉아 있는 형국이다. 프레젠테이션에 참석한 그 누구도 발표자의 말에 귀 기울이지 않으며 감동이나 심리적인 움직임을 기대할 수가 없다. 프레젠테이션 자체가 거의 책을 읽는 수준이며 전략적인 구성이 전혀 없다고 볼 수 있다.

2. 용두사미형 : 처음은 좋으나 갈수록 시시한 프레젠테이션

처음에는 매력적인 시작으로 집중을 시키는 데 성공했지만 지속적인 지원사격이 미흡하여 프레젠테이션이 진행될수록 Mr. Big의 관심이 점차 떨어지는 형국이다. 이런 경우에는 프레젠테이션의 핵심 주제가 웬만큼 매력적이지 않으면 발표자가 기대했던 설득이나 이해를 얻을 수가 없다.

3. 늦둥이형 : 중반에서야 매력이 나타나는 프레젠테이션

초반에 관심을 집중시키지 못하고, 중반이 되어서야 어느 정도 관심을 불러일으켰지만 마무리에 접어들면서 Mr. Big의 관심이 줄어드는 형국을 보인다. Mr. Big이 인내심을 가지고 기다렸을 경우에만 이러한 곡선이 나오는데 한 가지 잊지 말아야 할 것은 Mr. Big은 인내심이 없으며 절대 기다려 주지 않는다는 사실이다.

4. 블록버스터형 : 가장 바람직한 프레젠테이션

초반부터 매력적인 이야기로 관심도를 높인 후에 여러 가지 메시지를 적절하게 배열하고 내용에 있어서도 가슴에 팍팍 꽂히는 설명이 지속되었을 때 나타나는 형국이다. 프레젠테이션이 시작되어 끝나는 그 순간까지 Mr. Big의 집중과 몰입을 끊임없이 이끌어낼 수 있다.

프레젠테이션은 사다리를 타고 올라가는 것!

앞서 제시한 표에서 표현된 선의 형태로 프레젠테이션에 참석한 Mr. Big이 가지는 관심, 집중, 반응의 연결을 동시에 볼 수 있다. 1, 2, 3번 유형은 점선으로 표시되어 Mr. Big의 관심이 분절되는 상태를 보여주고 있지만, 4번의 유형에서는 Mr. Big의 관심이 분절되지 않고 계속해서 이어지는 이상적인 연결 상태를 보여준다.

4번 프레젠테이션은 Mr. Big으로 하여금 지속적인 각성 상태를 유지하도록 진행되고 있는데 프레젠테이션이 진행되는 동안 주제를 뒷받침해 주는 의미 있는 메시지들이 균일한 간격으로 제공되어야 이러한 상태를 이끌어낼 수 있다. 사다리에 오르는 행위에 비유해보면 이해하기 쉬울 것이다.

만약 당신이 약 3미터 정도의 높이를 올라가야 하는데, 당신의 앞에 어떠한 사다리가 놓여 있다고 가정을 해보자. 다음의 그림에서 제시된 두 개의 사다리 중 어떤 사다리를 탈 때 일정한 속도로 위로 올라갈 수 있을까?

균일하지 못한 배열　　　균일하고 고른 배열

왼쪽에 있는 사다리처럼 발을 딛고 올라서는 각 발판의 간격들이 한 군데에 몰려 있거나 또는 불규칙하게 너무 띄엄띄엄 배치되어 있는 경우에는 사다리를 타고 올라서기도 어렵고 한 칸씩 앞으로 나가기도 부자연스럽다. 오른쪽에 있는 사다리처럼 한 칸씩 고르게, 그리고 적절하게 분산된 발판이 있을 경우에는 계속해서 일정한 속도로 위로 올라갈 수 있다.

프레젠테이션에서도 이처럼 끊임없이 고르게, 그리고 길지도 짧지도 않는 적절한 간격으로 놓인 인식의 발판이 있어야만 발표자가 원하는 목적까지 Mr. Big을 빠르고 수월하게 이동시킬 수가 있다. 이러한 사다리의 발판 배열을 프레젠테이션의 구성방법에서 풀어보면 프레젠테이션 도입부터 결말까지의 전체 시간 중 약 3분에 한 번 정도 중요하고 의미 있는 메시지를 제공해야만 Mr. Big의 각성 상태를 유지할 수 있다는 것을 꼭 생각해 보아야 한다.

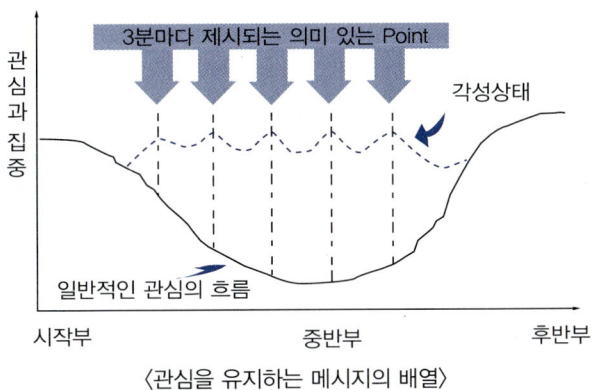

〈관심을 유지하는 메시지의 배열〉

매력적인 구성을 위한 노하우

프레젠테이션은 다루는 주제에 따라서 접근하는 방식이나 이야기를 풀어가는 방식이 천차만별이기 때문에 구성방식에는 이렇다 하는 정답이나 왕도(王道)는 없다. 하지만 프레젠테이션의 주제나 진행하는 상황에 따라 가장 적절하고 효과적인 구성 전략을 선택하고 적절하게 조합하여 이야기를 준비하게 되면 훨씬 더 효과적이고 흥미진진한 프레젠테이션을 이끌어나갈 수 있다.

이제부터 아래에 제시하는 프레젠테이션 스토리 구성을 위한 6단계를 따라가면서 보다 용이하게 프레젠테이션의 내용을 구성해보도록 하자. 6단계를 시작하기 전에 먼저 명심해야 할 것은 어린이 장난감의 블록 조각을 맞추듯이 필요한 것만 골라서 적절하게 조합하는 방법을 취해야 한다는 것이다. 모든 전략이 다 좋아 보인다 해서 이 모든 구성 전략을 전부 담으려하면 정작 주제는 아무런 힘을 얻지 못하고 허공으로 흩어질 뿐이다.

1. 프레젠테이션을 통해 이루어야 할 '단 하나의 주제'를 명확히 한다.

프레젠테이션이 끝나고 딱 한 가지만 기억해주길 바라는 '핵심주제'를 명확히 한다.

"내 프레젠테이션에 참석한 사람이 3개월 후에도 기억했으면 하는 것은?"

2. 프레젠테이션의 목적을 명확히 한다.

Mr. Big에게 지식, 상황 등을 전달이나 소개하는 것이 목적인가? 아니면 Mr. Big에게 무언가를 선택하거나 결정하도록 유도하는 것이 목적인가? Mr. Big이 참석하는 프레젠테이션은 크게 설명형과 설득형 두 가지로 나눌 수 있다. 설명형은 Mr. Big으로 하여금 '무엇'에 대한 이해를 높이는 것이 주요 목적이며 설득형은 Mr. Big으로 하여금 이해함을 넘어서서 결정이나 수락, 허락하도록 하는 것이 주요 목적이다.

Type	설명형	설득형
사례	• 신상품/서비스 설명 • 프로세스 및 방법 소개 • 프로젝트/과제 결과물 소개	• 신사업 타당성 보고 • 투자 결정 • 외주 업체선정 등
목적 (기대하는 모습)	좀더 이해하도록 함 (Understand More)	관철시킴, 결정/허락/수락하도록 함 (Penetration)

3. 결정된 프레젠테이션의 유형을 근간으로 핵심주제를 풀어갈 적절한 전략을 선정한다.

> **TIP 주의사항**
>
> 1. 필요에 따라서는 서로 다른 유형(설명형, 설득형)에 속해 있는 전략을 사용해도 무방하다. 설명형에 있는 전략들은 설득형에는 적합하지 않다는 것이 아니며 반대로 설득형에 있는 전략들이 설명형에는 적합하지 않다는 것 또한 아니다. 좀 더 적절하다는 구분일 뿐, 상호배타적인 것이 아님을 기억하자.
>
> 2. 너무 많은 전략을 구사하면 복잡하고 난잡하게 보일 수 있으므로 2~3가지의 전략만을 선정해서 조합하는 것이 좋다.
>
> 3. 발표자에게 좀 더 익숙한 전략, 즉 보다 스스로에게 자신 있는 전략을 사용하는 것이 실제로 진행해 나갈 때 풀어나가기가 쉽다.

Type	설명형	설득형
성공 포인트 (Key Success Factor)	과거와 달리 새롭게 개선됨 (Improvement)	얻게 되는 이점, 이득, 수익을 구체적으로 짚어줌(Benefit, Merit)
	전체를 아우르는 윤곽을 제시하여 일관성과 논리를 유지 (Modelization)	다른 무엇과 비교해서 좀 더 낫다는 것을 보여줌 (Comparison & More or Better or First)
	비슷한 내용끼리 묶어주는, 유목화시켜주어 이해를 도움 (Grouping)	기존 무엇과는 다른, 차별화 된 것을 제시 (Differentiation)
	• 흐름을 넣어줌(Processing) • 과거(Pre) → 현재(Present) → 미래(Post) • 큰 관점(거시, Macro) → 작은 관점(미시, Micro) • 기획 → 생산 → 판매 • 장기 → 중기 → 단기 • 계획(Plan) → 실행(Do) → 평가(See) • 현재(As Is) → 개선방향(Should Be or To Be)	예상되는 문제나 위험요인, 선결요건들에 대한 해결책 제시 (Problem Solving, Risk Taking)
	충분히 있을 수 있는 상황을 설정한 후 묘사 (Situation)	세부적인 추진계획이 명확 (Budgeting, Planning, Staffing, etc)
	일반화, 표준화시켜서 누구나 이해하기 쉽게 해줌 (Generalization, Standardization)	현실가능성, 적용가능성을 충분히 뒷받침 함 (Feasibility)

4. 선정한 전략들의 전후관계를 고려하여 배열할 순서를 조정한다.

> **TIP 주의사항**
> 1. 앞서 어떤 전략을 사용했는가에 따라서 강도의 수위가 조절될 수 있다는 사실을 명심하여야 하며, 일반적으로 Mr. Big은 큰 그림을 먼저 보여주는 전략을 더 좋아한다는 것도 알아두자(거시적 관점→미시적 관점).
> 2. 이야기 구성의 기본전제는 '논리와 일관성', '핵심과 강조'라는 것을 잊지 말아야 한다.

5. 반드시 실패하게 만드는 요소에 부합되는 사항이 있는지 검토해 본 후 최대한 피한다.

실패 포인트에 있는 모습들은 Mr. Big이 가장 싫어하는 프레젠테이션의 모습이므로 어떻게 해서든지 피해야 하고, 어쩔 수 없다면 최소화시켜야 한다.

Type	설명형	설득형
실패 포인트 (Key Failure Factor)	너무 전문적이어서 이해하기 어려움 (Difficult)	무언가의 강한 메시지가 없음, 일반적이고 평이함. 누구나 제시/언급/생각할 수 있음(Pointless)
	무미건조하게 단순한 나열로 일관됨 (Just Arrange)	관례적, 새로운 게 없음 (Old Fashion)

6. 꼭 필요한 양념(객관성을 넘어서는 주관성)을 부가한다. Mr. Big에게는 실무자에게 꼭 물어보는 약방의 감초 같은 질문이 있다.

"음~그래 그럼 실무자의 생각은 뭔가?"

Mr. Big은 자신이 참여한 프레젠테이션에서 다루고 있는 객관적인 내용에도 관심이 있지만, 실무자로서 가지는 주관적 의견과 의지, 자신감이 묻어나는 전문적인 견해에 자신만의 가중치를 부여하게 된다.

Mr. Big, 그도 사람이기에 때로는 정확한 데이터와 정보보다는 동물적인 감각을 돋우는 그 무엇이 더 자극적이고 합리적으로 느껴질 때도 있다.

> **TIP** Mr. Big이 꼭 하는 질문!
> "음, 그래, 그렇다면 실무자의 생각은 뭔가?"
> "꼭 해야 하는 이유 한 가지만 고른다면 무엇인가?"

유머와 위트의 펀치를 날리다

성공적인 프레젠테이션을 위해서는 무엇보다도 논리적인 설명과 짜임새 있고 치밀한 구성이 반드시 존재해야 하지만, Mr. Big을 포함하여 그 자리에 참석한 모든 사람들은 감정을 가진 사람들이기 때문에 발표자가 던지는 유머와 위트는 훨씬 더 분위기를 돋우는 윤활유의 역할을 하게 된다.

물론 유머를 곁들이지 않고 프레젠테이션을 해도 상관은 없다. 하지만, Mr. Big의 집중력에는 한계가 있으며 아무리 진지하고 필사적인 주제를 다루는 프레젠테이션이라 하더라도 일정 시간이 지나면 자연스럽게 주의가 산만해지기 마련이다.

일반적으로 성인이 한 자리에서 집중할 수 있는 최대의 시간은 약 5분이기 때문에 그 누구도 이 시간이 지나게 되면 잡념이 생기게 된다. 따라서 발표자는 프레젠테이션이 진행되는 중간 중간마다 적절한 유머와 위트를 사용해주는 것이 필요하다. 도입부터 종료시점까지 주제와 관련된 사실과 논리로서 일관된 프레젠테이션보다는 가끔씩 주제를 지원해주는 내용을 담은 유머와 위트가 있다면 프레젠테이션의 설득력이 훨씬 강해질 것이다.

유머를 사용하면 좋은 점

1. 분위기를 전환할 수 있다.

딱딱하고 엄숙한 분위기를 좀 더 새롭게 환기시킬 수 있다. 사용한 유머와 위트가 성공하면 프레젠테이션에 대한 몰입도가 증가한다.

2. 발표자를 친근하게 느끼게 해준다.

적절한 유머와 위트는 Mr. Big에게 발표자가 좀 더 인간적인 모습으로 보일 수 있도록 해주며, 친밀감을 느끼도록 만들어준다. 미소를 통해서 나라가 통일되고, 전쟁이 끝날 수도 있다.

3. '진중함과 편안함' 간의 균형을 유지할 수 있다.

프레젠테이션이 너무 엄숙하고 진중하게 진행되면, 분위기가 건조하고 숨 막히게 느껴질 수 있다. 반면 긴장되고 엄숙한 분위기보다는 유머와 위트를 통해 만들어진 편안한 분위기라면 Mr. Big의 머리 회전이 훨씬 빨라지고 인지능력도 좋아질 수 있다.

4. 주제를 쉽게 이해할 수 있도록 도와주며 오래 기억하게 해준다.

'당의정'이란 쓴 약을 안 먹는 어린이들을 위해 만든 약으로 쓴 가루약을 단단하게 뭉친 후 그 약의 표면에 달짝지근한 물질로 코팅하여 만든 것이다. 따라서 쓴 약도 달게 느끼면서 위(胃) 속으로 쉽게 넘길 수가 있다. 몸속으로 들어가서는 원래 가지고 있던 쓴 기운을 내뿜게 되지만, 먹을 때는 그 쓴 맛을 전혀 모른 채 삼킬 수가 있다. 이것을 바로 '당의정 효과'라고 하는데, 프레젠테이션에서 유머와 위트가 '당의정 효과'를 일으키게 해준다. 어렵고 딱딱한 주제이거나, 직접적으로 말하기 애매한 내용은 이를 유머와 위트라는 달짝지근한 코팅에 감싸서 이야기를 전달하면 보다 쉽게 전달할 수 있거니와, 이를 듣게 되는 Mr. Big도 보다 수월하게 이해하는 것은 물론이고 거리낌 없이 받아들이게 될 것이다.

> "유머와 함께 가르친 것이 유머 없이 가르친 것보다 오래 기억된다."
> — 탈무드 중에서

유머와 위트를 잘 사용하려면?

1. 주제와 직접적으로 연관된 유머/위트를 사용해야 한다.

주제와 전혀 무관한 유머/위트는 싸구려 음담패설과 다를 바 없기 때문에 이는 오히려 주제를 분산시키는 발표자의 적(敵)이 되어버린다. 특히 분위기 띄우려고 아무 생각 없이 남발하는 유머나 위트는 발표자를 경박하다고 느끼게 만든다.

2. 얼굴에 가벼운 미소를 보이면서 이야기해야 한다.

유머나 위트는 듣는 사람이 먼저 웃어야 성공한 것이다. 말하는 사람이 먼저 웃으면 기대감이 반감되어 오히려 어색한 분위기를 만들어 버릴 수 있다.

3. 청중 그 누구라도 조롱이나 비아냥, 감정적 공격으로 받아들여서는 안 된다.

예를 들어 '대머리'라는 이야기를 가지고 유머를 던지는 경우, 듣게 되는 청중에서 분명 한두 명은 마음에 상처를 받게 되고, 그때부터 그들은 발표자의 약점을 찾기 시작한다. 또한 성(性)적인 이슈나 종교, 정치 성향 등은 언급하지 않는 것이 좋다.

4. 신선한 내용으로 간결하고 뚜렷하게 구사해야 한다.

긴장된 얼굴로 떨면서 재밌는 이야기를 해서는 비웃음만 산다. 유머나 위트를 구사할 때는 반드시 자신 있게 해야 한다. 또한 유머/위트를 던졌을 때 Mr. Big의 반응이 좋지 않으면 재빨리 화제를 돌려야 한다. 이때 이를 주절주절 다시 설명해서 웃어야 하는 포인트를 짚어주려고 하면 Mr. Big의 마음은 더욱 멀어지고 분위기는 더욱 경색된다. 그리고 간단하게 해야 한다. 유머나 위트는 요리 코스로 치면 본격적인 식사에 앞서 식욕을 돋우기 위한 애피타이저이므로 주객이 전도되면 안 된다. 짧고 굵게 사용해야 한다.

5. 사전에 연출하고 준비해서 자연스럽게 구사해야 한다.

유머나 위트에서 NG(No Good)는 치명적이다. 한번 던진 멘트는 다시 주워 담을 수 없다. 철저하게 연습하고, 어떻게 말하면 재미가 배가 되는지를 생각해 본 후에 달콤하게 말해야 한다.

메시지 구성전략은 "그때그때 달라요"

'사랑의 환희' 또는 '이별의 슬픔'을 담고 있는 가사의 가요를 봐도
타겟층이 10~20대라면 힙합, 댄스뮤직으로,
타겟층이 30~40대라면 R&B나 발라드 등으로,
타겟층이 50대 이상이라면 트로트로 접근한다.

왜 그럴까? 이제부터 나오는 내용에 그 답이 있다.
동일한 주제의 프레젠테이션일 경우 만약 발표자가 회사의 임원이고 청중이 신입사원인 경우에 설정할 수 있는 구성방식과 신입사원이 회사 임원진을 대상으로 진행해야 하는 구성방식은 전혀 다른 형태로 접근되어야 한다. 심지어 구성방식 외에 주제까지도 바뀔 수 있다. 발표자와 청중이 누구냐에 따라 프레젠테이션의 모든 것이 바뀔 수 있다는 것이다.

만약 프레젠테이션의 주제가 '성공적인 리더십 발휘'에 대한 것이라도 리더십을 발휘할 기회가 없었던 초보 리더들이 청중인 경우에는 '리더십의 테크닉'을 주제로 하는 것보다 '리더십의 필요성과 효과, 성과, 주의사항'을 주제로 삼는 것이 훨씬 효과적이다. 반면, 실제 리더십을 발휘하고

있는 관리자들이 청중이라면 리더십 적용의 성공, 실패 사례를 중심으로 프레젠테이션을 진행해야 청중에게 좀 더 의미 있는 시간이 될 수 있다.

프레젠테이션과 관련하여 현재 시중에 나와 있는 서적의 대부분은 남녀노소, 경험의 유무만을 기준으로 청중을 분류하고, 각 분류별 청중들이 가진 특징과 개요만을 제시하는 데에 그치고 있다. 청중 분석 결과를 프레젠테이션의 내용구성에 반영하는 방법이나 노하우는 제대로 다루지 못하고 있는 것이다.

초보 발표자에게 필요한 것은 청중 분석 후에 그 결과를 바탕으로 무엇을 어떻게 풀어가야 하는지 구체적인 방법을 제시해주는 것인데 사실 그런 경우는 거의 없다는 것이다. 왜일까? 이유는 상황마다 풀어가야 하는 방법이 다르기 때문에 이럴 경우에는 이렇게, 저럴 경우에는 저렇게 해야 된다는 딱 들어맞는 해답이 없다. 따라서 상황(주제, 논점, 회사 분위기, 청중, 문화적 차이 등)에 따라 구성전략을 다르게 적용하려는 발표자의 의지와 고민이 필요한 이유다. 듣는 사람의 입장에서, 그리고 상식의 선에서 어떤 구성이 가장 좋은 것인지를 생각하자. 그러면 답이 나온다.

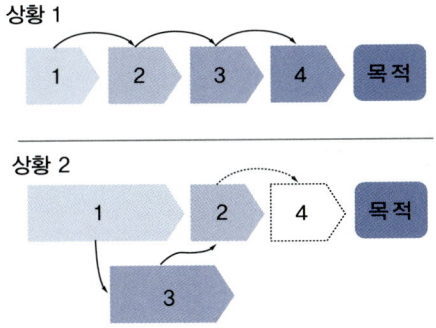

상황에 따라 구성은 달라야 한다.

탄탄한 구성뼈대와 애드리브

프레젠테이션의 전체적인 방향 하에서 구성된 스토리 전개의 뼈대가 명확하게 존재하면, 발표자에게는 순간의 대사보다는 큰 흐름을 이끌어가는 구조가 머릿속에 있기 때문에 실제 프레젠테이션에서 예측하지 못한 상황이 일어나더라도 대응하기가 더욱 수월할 수 있다. 프레젠테이션 구성의 뼈대가 탄탄하면 어떤 점이 좋을까?

Mr. Big에게는
- 내용에 대한 큰 이미지(전체 상)가 자리를 잡게 되어 내용을 이해하기 쉬워진다.
- 전체 이야기가 흘러가는 상황을 놓치지 않게 되며, 거시적인 이해가 가능해진다.
- 이야기의 흐름 속에서 주요 논점을 파악할 수 있다.

발표자에게는
- 내용의 전체 흐름을 기억하기 쉽다.
- 세부적인 내용에만 치중하지 않고, 큰 그림과 방향 속에서 이야기할 수 있다.
- 구성이 없을 때보다 훨씬 자신 있고 자연스럽게 말할 수 있다.
- 필요에 따라서는 즉흥적인 대사가 가능해지며 분위기를 부드럽게 할 수 있는 여유가 생긴다.
- 시간 흐름 및 내용의 완급 조절에 대한 감이 생긴다.

이처럼 프레젠테이션의 내용구성이 탄탄하면서도 단순하면 Mr. Big에게 메시지를 더욱 강력하게 전달할 수 있게 된다. 동시에 발표자는 정확한 흐름을 숙지할 수 있을 뿐만 아니라, 발표의 중간 상황에 즉흥적인 양념성의 애드리브까지 구사할 수 있도록 해준다. 이를 통해 더욱 현장감 있고 능수능란한 프레젠테이션이 완성될 수 있다. 물론 애드리브로 점철된 프레젠테이션은 분명 문제가 있다. 하지만 프레젠테이션의 실전상황에는 예측하지 못한 변수들이 존재한다. 때문에 즉흥적인 대응성 멘트인 '애드리브'의 능력이 반드시 필요한 성공요소임을 부정할 수는 없다.

매우 뛰어난 프레젠테이션의 전문가가 아니라면 쉽사리 즉흥적인 멘트를 구사하기가 어렵지만, 탄탄한 메시지의 흐름이 든든하게 받쳐준다면 초보 발표자더라도 보다 쉽고 능숙하게 상황에 맞는 대응을 할 수 있을 것이다.

발표자는 목동!

"오늘 점심은 뭘 먹지?"
"앗! 아까 거래처 김 과장이 전화달라고 했었는데 깜빡 했네, 어떡하지?"
"오늘 집사람 생일인데, 선물은 뭘 사야 할까?"

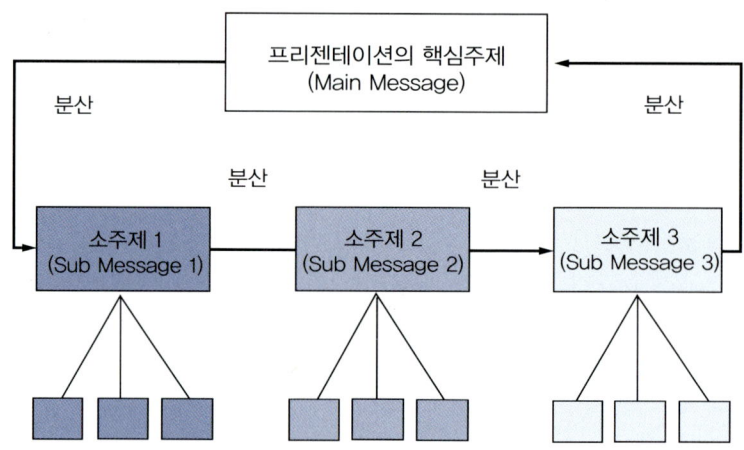

Mr.Big의 관심이 가장 많이 분산되는 Point

　Mr. Big을 포함하여 프레젠테이션에 참석한 모든 사람의 머릿속에는 프레젠테이션 주제에 대한 생각 외에도 이러한 오만가지 생각이 있다. 이러한 현상을 '몰입의 분산'이라고 하는데, 프레젠테이션의 전체 흐름에서 새로운 소주제들로 전환될 때 이러한 분산현상이 가장 많이 발생한다.

　이러한 분산현상을 막기 위해서 발표자는 목동의 역할을 병행해야 한다. 목동은 자신이 몰고 가는 양 떼들을 한 마리도 빠짐없이 계속해서 어르고 달래면서 목적지까지 이끌고 가야 한다. 무리에서 이탈하려는 양이 있다면 재빨리 다가가 본래 가야 하는 길로 인도해야 하는 의무를 가지고 있다.

프레젠테이션도 이와 마찬가지다. 발표자가 '돌격 앞으로!' 정신만 가지고 앞에서 과감하게 이끈다고 해서 능사가 아니다. 중간 중간 관심이 이탈하고 시선이 분산될 수 있는 시점에는 반드시 이탈하려는 양들을 다시 무리로 이끌고 오는 목동과 같은 역할을 해줘야 한다.

예를 들면, "지금까지는 ○○을 통해 ○○을 알아봤다면, 이제는 ○○에 대한 말씀을 드리도록 하겠습니다".처럼 현재까지의 진행내용을 간단하게 되짚어주고, 또한 이러한 주제의 연결선상에서 앞으로 전개될 내용에 대한 사항을 사전에 알려주는 것이다. 이러한 청중의 인식분절을 막는 발표자의 멘트를 일명 Transition(전이) Ment라고 한다.

이를 통해 Mr. Big의 집중과 관심이 분산되고 단절되는 현상을 최소화할 수 있으며, 발표자의 설명속도와 Mr. Big의 이해속도를 맞출 수가 있다.

08
제발 나를 설득해봐. 느낌이 안 오잖아!

— 비유, 비교가 가진 힘

"당신이 방금 얘기한 거 말이야, 그거 정말이야?, 세부 근거 있어?"

 "네. 제가 알아본 통계 수치 상으로는 정확히 ○○○입니다."

"아니, 그냥 수치로만 말하니까 느낌이 안와서 그래, 좀 더 가슴에 팍팍 꽂히는 뭐 다른 거 없는 거야? 내가 봤을 때 내용은 맞는 것 같은데. 썩~ 내키지는 않단 말이지…. 가슴에 확~ 와 닿지가 않아."

Mr. Big의 입장과 발표자인 당신의 가장 큰 입장차이는 무엇일까? Mr. Big은 듣는 사람이고, 당신은 말하는 사람인 것? 맞는 말이다. 하지만 무엇보다도 가장 큰 차이는 바로 'Mr. Big은 책임자이고 당신은 실무자'라는 사실이다.

Mr. Big이 실무자들만큼 많은 일을 직접 하지 않아도 더 높은 연봉을 받고 있는 이유는 바로 자신의 업무관할에서 일어나는 모든 일들에 대해서 최후의 의사결정을 해야만 하고, 그 결정에 수반되는 결과에 대해서 책임을 지기 때문이다.

Mr. Big은 중요한 사안에서 선택이나 결정에 대한 명확하고 확실한 감(感)이 오지 않으면 안건에 대한 의사결정을 할 때 심한 스트레스를 받는다. "그래 이거다!"라고 느껴지지 않는 상태에서 결정을 하게 되면, 결정 이후에 발생되는 불확실함을 계속해서 헤쳐 나가야 하기 때문에 Mr. Big은 발표자가 전달하는 내용이나 예상되는 결과에 대해서 명확한 확신을 갖기 전까지는 의구심을 가지고 있다.

그렇다면 Mr. Big이 당신이 발표하는 내용에 대해서 좀 더 명확한 확신과 감(感)을 갖도록 도와줄 수 있을까? 그리고 어떻게 하면 프레젠테이션이 진행되는 그 자리에서 Mr. Big이 곧바로 의사결정을 하게 만들 수 있을까?

'비유, 비교'가 가진 힘

"우리 회사 A제품의 시장규모는 약 3.5조원 정도입니다"보다는 "우리 회사 A제품의 시장규모는 약 3.5조원 정도로서, 이는 우리나라 전체 맥주시장과 맞먹는 규모입니다"라고 했을 때, 훨씬 더 이해하기 쉽다.

일반적인 사실을 그대로 제시하는 것보다 적절한 사례나 수치를 함께 제시해주면 마치 자신이 경험했던 것처럼 그 사실을 보다 생생하게 몸과 마음으로 느끼게 되며, 결과적으로 사실에 대한 이해도가 훨씬 높아진다. 이것이 바로 비유, 비교의 힘이다.

일반적인 비교, 비유, 예시의 예

비교의 예

(회사가 기존에 수행하지 않았던 홈쇼핑을 통한 유통판매 방식에 뛰어들어야 하는 필요성을 설명해야 할 경우)

"유명 홈쇼핑사에서 진행하는 노트북 판매방송 1회 동안 올리는 최고 매출액은 약 90억 원입니다. 이는 우리 회사 전국에 있는 오프라인 매장에서 1년 동안 판매되는 모든 상품의 매출액과 동일한 수준입니다."

비유의 예

"새로 태어난 동생에게 엄마, 아빠의 사랑을 빼앗긴 아이의 질투심은 우리의 상상을 초월한다고 합니다. 바람난 남편이 데려온 첩이 자신의 안방에 떡~ 하니 앉아 있는 모습을 본 본처의 질투심보다 더 심하다고 합니다.(…중략…) 오늘 댁으로 돌아가시면, 여러분의 첫째 아이를 꼭 한번 안아주십시오."

예시의 예

(TV 프로그램의 주제가 '아동 폭력성 유발'에 대한 주제인 경우 〈톰과 제리〉 또는 〈짱구는 못 말려〉의 폭력적 영상 또는 그림을 보여주며) "아직 이성적으로 미성숙한 아이들이 머리를 망치로 때리고, 수건을 뒤집어쓰고 높은 곳에서 뛰어내리는 행위를 서슴없이 따라 하게 될 수 있으며 더 나아가서는 모방범죄까지도…."

예화의 예

"제가 2015년 6월, 출장차 중국 베이징에 방문했을 때의 일입니다. 가급적 국내 항공사를 이용하는 편인 저는 당시 사전에 국내 항공사의 비행기를 예약하지 못하는 바람에 중국 항공사의 비행기를 예약해서 베이징에 가게 되었습니다. 물론 돌아오는 비행기도 중국 항공사의 비행기였고요. 출발할 때는 큰 문제가 없이 중국으로 갈 수 있었으며 5일 동안 베이징에 체류하면서 일을 마치고 나서 돌아오는 길에 정말 황당한 경험을 했습니다. 아마 여러분들도 앞으로 겪으실 수 있는 일이라고 생각되니, 잘 들어보십시오. 그리고 여러분이 만약 저의 입장이었더라면 어떻게 하셨을 지도 궁금해집니다.(…중략…) 여러분이었다면 어떻게 하셨을 것 같습니까?"

수치를 제시하면 Mr. Big은 꼼짝 못 한다

수치를 사용하여 비유, 비교해주면 '사실을 더 사실'처럼 느끼게 된다. 실제 사례를 들었는데도, 무언가 가슴에 와 닿는 느낌이 없다면 보증된 통계자료를 사용해 그 주장을 증명하면 더욱 설득력이 높아진다.

예를 들어 "○○ 제품은 굉장히 높은 만족도를 보이고 있습니다" 보다는 "○○ 제품은 고객 만족도 평가에서, 5점 만점에서 4.67점을 기록할 정도로 높은 만족도를 보이고 있습니다"가 훨씬 더 구체적인 느낌을 줄 수 있다. 또한 단지 숫자만을 나열해서 설명하는 것보다는 누구나 쉽게 이해할 수 있는 시각적인 언어나 사실적인 표현으로 비교, 비유를 해주는 것이 훨씬 더 강한 인상을 주고 이해도를 높인다.

수치를 비교, 비유를 할 때에는 듣는 사람의 경험에 가장 익숙한 형태로 환산하여 설명해주는 것이 좋다. "어제 회식자리에서 7명이서 소주만 24병을 마셨다"고 말하는 것에 그치지 않고 덧붙여서 "그러면 인당 3.4병을 마신 셈이다"고 말해주는 것이 훨씬 더 와 닿는 것처럼 말이다.

수치 예시의 예를 들어보자.

"빌 게이츠의 재산을 1달러 지폐로 바꿔서 워싱턴에서 뉴욕까지 옮기려면 보잉 747기가 296대 필요합니다(정말 엄청난 부자죠?)."

"우리 회사의 인터넷 게임은 토요일 오후 동시 접속자 수가 25만 명에 육박합니다. 이는 화면에 보시는 미국 미시간 주에 있는 미시간 스타디움을 2번이나 꽉 채우고도 남는 규모입니다(우리는 엄청난 수의 고객을 확보했습니다)."

미국 미시간 주 '미시간 스타디움'

107,601

"우리나라에서 1년간 낭비되는 음식물쓰레기를 비용으로 환산하면 연간 15조원으로, 이는 상암 월드컵경기장 70개를 지을 수 있는 비용이며, 우리나라 국가 예산의 약 5%에 해당합니다. 1년에 월드컵 경기장 70개가 사라지고 있습니다."

"(1년 동안 늘어나는 노숙자의 수는 몇 명인지 말하고 나서) 현재까지 발생한 노숙자 규모가 얼마나 되는가 하면 부산에서 1미터 간격으로 노숙자들을 세워 놓으면 그 길이가 대전까지 이어지게 됩니다."

직접적 이익과 간접적 위협을 제시하여 밀고 당겨라!

'직접적 이익'의 제시란 단순한 사실이나 장점을 넘어서 그로부터 얻게 되는 혜택이나 이익을 제시하는 것을 말한다. 이와는 반대로 '간접적 위협'의 제시란 직접적 이익 제시와는 반대되는 개념으로 제시한 안을 수용하지 않았을 경우에 발생할 수 있는 문제점이나 불이익을 강조함으로써 제시한 안의 필요성과 중요성을 느끼게 해주는 방법을 말한다.

직접적 이익 제시의 예

"우리 회사의 보험서비스 회원이 되시면 국내에서 유일하게 정확한 날짜에 맞춰 고객님들의 자동차 정기검사를 무료로 대행해 드리기 때문에 첫째, 약 5만 원 정도의 검사대행료를 절약할 수 있고 둘째, 정기검사일에는 렌트카를 50% 할인된 가격에 이용하실 수 있는 혜택을 받으실 수 있습니다. 그리고 셋째, 이를 통해 많은 사람들이 검사기간을 넘겨서 물게 되는 과태료를 낼 일도 아예 없으실 것입니다."

간접적 위협 제시의 예

"제가 지금까지 설명한 이 결재 시스템은 여러분의 경쟁사인 A사, B사, C사에서 모두 사용하고 있습니다. A사에서는 10년 전부터 이미 이 결재 시스템을 도입하여 업계 3위에서 1위로 도약하는데 성과를 거뒀으며 큰 도움이 되었다고 하고 있으며, B사의 경우에는 도입한지 약 6개월 정도 되었지만 많은 수익을 내고 있습니다. 심지어 여러분보다 하위의 경쟁력을 가지고 있다고 판단되는 업체인 D사와 E사의 경우에도 현재 이 결재 시스템의 도입을 심각하게 검토 중에 있다고 합니다."

고객의 소리는 Mr. Big에게는 정말 매력적인 수갑이다

프레젠테이션에서 Mr. Big을 설득하는데 가장 효과적인 목소리는 발표자가 아닌, 고객이다. 고객들이 바로 기업활동의 재판관이기 때문에 Mr. Big 또한 가장 궁금해 하며 꼼짝 못하고 수용하게 되는 영역이 바로 고객의 반응이자 목소리이다.

긍정적인 고객들의 사용후기나 의견들은 재각색하거나 요약·함축하지 않고 있는 그대로의 생생한 멘트를 사용해야 훨씬 더 강력해진다.

"이 제품을 사용해본 고객들의 절반 이상이 높은 만족도를 보이며, 재구매의사를 밝혔습니다"

보다는

"안녕하세요, ○○제품을 사용해본 고객입니다. ~~ 실제로 사용해 보니 ~~ 좋아졌습니다. 예전에 써봤던 다른 회사의 제품보다는 뭔가 다른 것 같아요. 옆집에 사는 민식이 엄마한테도 추천했는데, 민식이 엄마도 너무 좋아하고 있습니다. (…중략…) 그래서 우리 가족은 하나같이 ○○회사의 팬이 되어버렸네요. (…중략…) 귀사에 깊이 감사드리며 앞으로도 계속 좋은 제품 기대하겠습니다…"

라는 멘트를 직접 읽어주거나, 아니면 다음 그림처럼 "고객의 편지"를 직접 보는 것 같은 슬라이드를 구성해주면 훨씬 더 느낌이 강하지 않을까?

안녕하세요, ○○○제품을 사용해 본 고객입니다.
(…중략…)
실제로 사용해보니 ~~~ 좋아졌습니다.
옆집에 사는 민식이 엄마한테도 추천했는데,
민식이 엄마도 너무 좋아하고 있습니다.
(…중략…)
그래서 우리가족은 하나같이 ○○회사의 팬이 되어버렸네요.
(…중략…)
귀사에 감사 드리며,
앞으로도 계속 좋은 제품 기대하겠습니다.

고객의 입과 머릿속에서 나온 의미 있는 자료는 Mr. Big을 꼼짝 못 하게 만들 수 있다.

사례(일화), 비유, 비교, 수치 예시의 필수법칙

짧아야 한다

비유나 비교에 쓰는 시간이 길어지게 되면 프레젠테이션의 핵심 메시지가 강조되기보다는 주객이 전도됨에 따라, 관심이 분산되고 이야기의 흐름이 삼천포로 빠지게 된다. 비유나 비교는 짧고 굵게 치고 빠지는 전법으로만 사용해야 한다.

누구나 들으면 바로 알 수 있도록 일반적이어야 한다

실패한 개그의 대표적 특징이 바로 '설명해야 이해할 수 있는 어려운 개그'이다. Mr. Big의 입에서 바로 '아하!' 또는 '우와!'라는 감탄사가 나오게 하려면 누구나 경험했을만한 일반적인 내용으로 비교, 비유하는 것이 좋다. 바로 이해할 수 있어야 그 느낌이 바로 전해지기 때문이다.

주제와 직결되어야 한다

주제에 벗어난 비교, 비유는 오히려 Mr. Big의 관심을 분산시킨다. 지금까지 흘러왔던 주제와는 별개인 비교, 비유를 듣게 되면 Mr. Big의 머릿속은 "왜 저 말을 하고 있을까?", "내용은 알겠는데 원래 주제랑 무슨 상관인거지?" 하는 생각으로 가득차게 된다.

구체적으로 생생하게 표현해야 한다

특정 인물과 관련된 이야기를 비유의 예시로 들 경우에는 그 사람의 이름을 거론하면서 이야기를 해주는 것이 좀 더 생생하게 느껴진다. 만약 신원을 밝힐 수 없는 경우에는 가명이라도 써주는 것이 좋다. 필요하다면 자신이 그 주인공처럼 위장해서 말하는 것도 좋은 방법이다.

'어떤 사람이 겪었던 이야기입니다'보다는 '제 가장 친한 친구 민철이가 겪었던 이야기입니다' 또는 '제가 신입사원으로 입사해서 6개월 정도 되었을 때 겪었던 이야기입니다'가 훨씬 더 현실적이고 구체적으로 느껴진다.

또한 단순히 설명할 것이 아니라 필요한 경우 실제 대화하는 방식으로 말하면 극적인 효과를 거둘 수 있다. 단순히 말로만 하지 말고 실제 그 상황에 빠진 것처럼 실감나는 목소리와 표정, 그리고 그 상황에서의 몸동작까지 함께 표현해주면 훨씬 더 생생해진다.

적절히 사용된 사례(일화), 비교, 비유, 수치 예시의 역할

1. 주제에 대한 관심을 더욱 높여주고, 프레젠테이션이 무미건조하지 않도록 하는 윤활유의 역할을 한다.
2. 전달하고자 하는 사실을 기억하기 쉽게 도와준다.
3. 상상력을 자극하여 직접 경험하지 않았어도 어느 정도의 감(感)을 갖도록 도와주는 간접경험을 제공하고, 특별한 느낌을 얻을 수 없는 추상적인 내용을 현실화시켜 준다.

4. 전달하는 사실을 소화할 수 있도록 도와주어 Mr. Big이 적극적으로 프레젠테이션에 참여하도록 유도해준다. 다시 말하면 듣는 이로 하여금 긴장감이 높은 청취상태에서 벗어나 잠시 휴식을 취할 수 있게 해준다는 것이다.

이처럼 적절히 사용된 사례(일화), 비교, 비유, 수치 예시는 Mr. Big으로 하여금 의사결정을 하도록 도와주는 발표자의 강력한 아군이 된다. 하지만 부적절하게 사용된 사례(일화), 비교, 비유, 수치 예시는 사실에 대한 이해와 관심을 분산시키고, Mr. Big으로 하여금 발표자의 준비성이나 전문성을 의심하게 만들며, 논점을 흐리게함으로써 발표자의 강력한 적군이 된다는 것도 꼭 명심해야 한다.

새로움을 부각시키는 4가지 메시지 전략

프레젠테이션은 메시지의 소리 없는 전쟁이다. 특히나 경쟁구도에서 진행되는 입찰형 프레젠테이션은 더더욱 그렇다. 프레젠테이션에서 사용하는 전략적 메시지는 크게 3종류로 구분할 수 있으며 각각의 특징이 서로 다르다. 만약 새로운 그 무엇(New Something)을 소개하는 프레젠테이션의 메시지라면 이제부터 제시하는 3종류의 메시지를 골고루 활용하는 것이 좋다.

첫 번째는 'Detail(세부사항)'이다.
세부적인 내용과 현상에 근거한 사실이 여기에 해당한다. 새로운 상품을 소개한다면 상품의 세부 스펙, 외적인 규모 등이 이러한 Detail 메시지에 해당한다. 만약 새로운 제도나 전략을 소개한다면 구체적인 프로세스, 전략의 세부 실행방법 등이 될 것이다.

Detail 메시지는 프레젠테이션에서는 없어서는 안 될 근간이지만 너무 많이 사용하면 독(毒)이 된다. Detail로 가득한 프레젠테이션에 끝까지 인내심을 발휘하는 청중은 단 한 명도 본 적이 없다. 속칭 오타쿠, 편집증 환자가 아니면 Detail 메시지에 쉽게 마음을 열지 않는다.

두 번째는 'Merit & Possibility(장점, 가능성)'이다.
장점과 가능성이 여기에 해당한다. 새로운 무언가를 통해서 가능해지는 미래와 좋아지는 점을 제시하면 New Something이 더욱 신선하게 느껴진다. 예전에는 못했던 일이 가능해지고, 미래에 이렇게까지 응용·활용할 수 있다는 점을 부각시킨다면 새로움에 대한 저항이 낮아질 수 있다.

세 번째는 'Differentiation(차별점)'이다.
혹시 내부적으로 경영진에게 보고를 할 때 이런 질문을 받아 본 적이 있는가?

"뭐가 달라?"
"예전이랑 뭐가 달라?"
"경쟁사랑은 뭐가 달라?"

세 번째 메시지는 바로 차별점을 부각시키는 것이다. 기존과는 무엇이 다르고, 유사상품과는 무엇이 다른지 정확한 차별화 포인트가 인지되어야 Mr. Big은 새로움을 수용한다. 다른 것과 비교되지 않는 새로움은 아직은 미완성의 새로움일 수 있다는 점을 잊지 말자.

마지막은 'High Touch(감성터치)'이다.

Mr. Big에게 이성적인 장점과 차별점을 소개하여 New Someting을 이해시키는 것도 좋은 메시지 전략이지만, 엄청나게 강력한 메시지가 하나 더 있다. 바로 감성적인 기억을 남겨주는 것이다. 전문가들은 이를 일명 하이컨셉(High Concept) 또는 하이터치(High Touch)라고도 부른다.

넘치는 정보와 메시지의 홍수 속에서 사람들의 감성적인 영역을 자극할 때 더욱 동요하고 깊은 인상을 줄 수 있다는 점을 고려한 것이 바로 감성터치전략이다. 이는 마케팅 전문가들이 최근 많이 부각시키고 있는 메시지 포인트이다.

기능보다는 디자인을
논쟁보다는 스토리를
논리보다는 감정을
신중보다는 재미를
편리보다는 의미를 부여하는 것이 감성터치전략이라고 볼 수 있다.

예를 들면 New something의 의미를 '정성', '사랑', '미래', '행복', '신뢰', '진정성' 등의 감성적인 이미지와 함께 메시지를 묶어준다면 Mr. Big은 머리가 아닌 가슴으로 기억할 것이다.

[새로움을 부각시키는 4종류 메시지]

Detail(세부사항)	스펙, 사양, 내용
Merit & Possibility(장점, 가능성)	• ~ 좋다 • ~ 이 편리하다 • ~ 이 가능하다
Differentiation(차별점)	기존/유사제품과 ~ 이 다르다.
High Touch(감성터치)	• 감성적인 메세지 • 좋은 느낌 • 명 분

09
어라! 시작한 거야? 어라! 끝난 거야?
– 이성으로 시작해서 감성으로 마무리하라!

"안녕하십니까? 저는 ○○○건설 기획팀에서 근무하는 ○○○입니다. 오늘 말씀드릴 주제는 A 상품에 대한 고객사용테스트 결과에 관한 내용입니다. 먼저 품질에 대한 의견수렴 현황입니다."

"뭐야. 그냥 쑥 들어오는 거야? 정공법이야? 아무리 시간이 급해도 그렇지 너무 갑작스럽게 시작하니까 무슨 내용인지 이해가 잘 안 되잖아."

최악의 시작 '9시 뉴스'

방송사의 연출자들에게는 '드라마 성공공식'이라는 것이 있다고 한다. 드라마의 성공공식이란 '강렬한 서막, 강렬한 종결'이 그 핵심으로서 성공하는 드라마는 중반이 어떻다 하더라도 반드시 서두와 마지막에 강력한 이미지를 심어주기 위해 엄청난 비용과 에너지를 투자하여 최대한의 관심을 끌어내야 한다는 것이다.

프레젠테이션에 있어서 시작부는 강렬한 서막에 해당되고, 마무리 단계는 강렬한 종결에 해당된다. 서론과 결론은 Mr. Big이 당신의 프레젠테이션을 얼마나 기억하는가에 가장 많은 영향을 미치는 부분이기 때문에 성공의 열쇠가 숨어 있는 부분이라고 할 수 있다.

프레젠테이션에서 가장 좋지 않게 시작하는 두 가지 최악의 형태가 있는데 그중 첫 번째가 9시 뉴스형이다.

"(시계가 9시 알린 후) 여러분 안녕하십니까? SBC 뉴스 ○○○입니다. 먼저 첫 번째 소식입니다. 청와대는 오늘…"

핵심으로 다루게 될 주제에 대한 공감대 형성이 전혀 없이 시작과 동시에 바로 본론으로 들어가 버리는 형태가 이에 해당된다. 이제 갓 지어낸 뜨거운 밥과 보글보글 끓고 있는 된장찌개, 그리고 반찬이 차려져 있는 밥상 앞에 앉자마자 배가 고프다고 해서 그 뜨거운 밥 한 숟가락을 입에 바로 떠 넣고, 연속해서 뜨거운 찌개를 입속에 떠 넣으면 어떻게 될까? 너무 뜨거워서 입속을 데고 심지어 뱉어 버리게 된다. 밥이 뜨거우면 뜨거울수록 입으로 호호 불어서 천천히 먹어야지, 그렇지 않으면 혀나 입속이 데어서 미각을 일시적으로 잃게 됨으로써 어느 정도 식은 따뜻한 밥도 제대로 먹지 못하게 되는 경우가 생긴다.

발표자는 프레젠테이션의 시작과 동시에 본론부터 시작하여 휘몰아치는 전개를 하면 좋을 것이라고 생각하지만 절대 오산이다. 준비운동이 없이 바로 달리기를 시작하면 받아들일 준비가 안 되어 있는 몸에 이상징후가 오는 것처럼 프레젠테이션에서도 Mr. Big을 포함한 청중이 같이 달려줄 준비가 되어 있지 않은 상태에서 급작스럽게 시작해 버리면 프레젠테이션은 삐걱대기 시작한다.

두 번째는 닳고 닳은 자기소개서형이다.

"저는 1980년 10월 6일, 서울에서 엄하신 아버지와 자애로우신 어머니의 1남 2녀 중 첫째로 태어났습니다. 초등학교 때에는 6년 동안 반장을 역임하면서 소명의식과 리더십, 책임감을 알게 되었고…."

기업의 채용담당자들이 가장 싫어하고 짜증나는 자기소개서의 1위가 바로 늘 누구나 하는 이야기고, 판에 박힌 듯한, 그리고 지금까지 몇 십만 번은 읽은 것 같은 아주 식상한 멘트로 시작되는 자기소개서라고 한다. 아직도 식상한 문구로 형식적인 시작을 하고 있는 자기소개서가 거의 20%에 육박한다고 한다. 이러한 자기소개서들이 기업채용 담당자들에게는 과연 매력적으로 느껴질까? 기업의 신입사원 채용 시즌이 되면 하루에 몇 백에서 몇 만 장의 자기소개서를 읽어야 하는데, 과연 이러한 자기소개서를 끝까지 읽고 싶은 마음이 들까?

상투적이고 관례적인 멘트로 프레젠테이션을 시작하는 것보다는 최근의 문제점, 시사나 이슈를 담아 관심을 유도하면서 시작하는 색다른 접근이 필요하다.

성공적인 프레젠테이션의 토대가 되는 중요한 부분이 바로 시작부이다. 프레젠테이션의 도입부에서는 발표자와 청중, 청중과 청중 간의 긴장감을 떨어뜨리기 위한 노력을 해야 하고 프레젠테이션의 내용이나 주제에 대한 호기심에서 비롯되는 몰입과 긴장감을 높이는 노력이 병행되어야 한다.

효과적인 시작을 위한 방법으로는 발표자 및 참석한 모든 사람들간의 서먹함을 없애줄 수 있도록 주제와 관련된 일화나 예화를 들거나 부담없는 질문이나 퀴즈를 제시하는등 주제와 관련되어 최근에 일어난 시사적인 이야기들을 사용하는 방법이 있을 수 있다.

시사 제시의 예

"오늘 오면서 신문을 보니까, ~~ 문제에 관한 기사가 있었습니다. 저는 이런 내용들이 이번 사업과 아주 밀접히 관련되어 있다고 생각하며, 이번 사업을 성공리에 수행해서 ~~ 문제들이 다시 발생하지 않을 것이라는 것을 확신합니다."

> **TIP** 프레젠테이션에 참석한 사람들이 가장 먼저 확인하는 세 가지
> 1. 얼마나 걸리는 거야?
> 2. 오늘 주제가 정확히 어떤 거야?(나한테 도움이 되는 거야?)
> 3. 나 말고 누가 또 여기 온 거야?(혼자 앉아 있으니 어색하군)

5분간의 사투, 궤도에 오르기 위한 싸움

프레젠테이션은 유한한 시간자원을 누가 가장 효율적으로 쓰는가의 싸움이다. 때문에 달리기로 비유하면 장거리가 아닌, 단거리 달리기라고 앞 단락에서 설명을 했었다. 단거리 경쟁일수록 처음의 시작단계에서 누가 먼저 제치고 나갔느냐에 따라 승패가 거의 결정되기 때문에 초기 승부수가 큰 경쟁 전략이다. 초반부에서 느리게 시작하거나 뒤처진 경우 중반부에서 이를 만회하기 위해서는 엄청난 에너지를 투입해야 하며, 그렇다 하더라도 이길 수 있는지가 확실하지 않다.

프레젠테이션에서도 마찬가지로 시작과 동시에 좋은 인상과 전문가같은 신뢰감을 주지 못하고, 내용도 매력적이지 않다면 중반에 Mr. Big의 호감도와 관심을 이끌어 내기 위해서는 처음에 비해 2배 이상의 에너지

를 소비해야 한다. 일반적인 프레젠테이션에 소요되는 시간이 평균 약 20분 전후인 점을 고려했을 때 처음에 제대로 시작하지 못하면 결국 실패라는 결론에 도달한다. 따라서 숙련된 발표자들도 프레젠테이션을 준비할 때 가장 힘을 많이 쏟는 부분이 바로 시작단계이다.

또한 프레젠테이션의 시작은 첫 장의 슬라이드가 보이면서 시작되는 것이 아니라 기다리던 청중에게 발표자가 노출되면서부터 시작된다는 것을 기억해야 한다. "아직 정식으로 시작한 게 아니니까 아무렇게나 행동해도 괜찮겠지"라고 생각해서 시작 전에 무대 위에서 돌아다닌다거나, 너무 풀어진 모습으로 대기하는 모습을 보인다거나, 아니면 반대로 무언가 준비되어 있지 않아서 급하게 준비를 하는 모습을 보이는 등의 행동은 매우 잘못된 프레젠테이션의 시작이다.

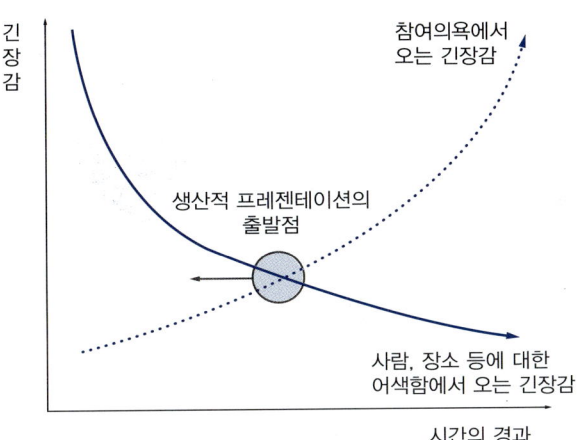

위의 그림을 보자. 프레젠테이션의 장면에서는 2종류의 긴장감이 존재한다. 하나는 나쁜 긴장감(Negative Tension)이다. 사람에 대한 어색함, 내용에 대한 어색함에서 느끼는 긴장감이다. 훌륭한 발표자는 시작과 동시에 최대한 이를 낮추려는 전술을 활용해야 한다.

또 다른 하나는 좋은 긴장감(Positive Tension)으로 내용에 대한 몰입에서 오는 긴장감이다. '다음은 어떤 내용일까? 정말 도움이 될까?' 라는 생각으로 기대감이 상승하면서 긴장감이 고조된다. 역시 훌륭한 발표자는 초반에 이러한 몰입을 높이기 위한 전략을 구사해야 한다. 이렇게 어색함이 낮아지고, 몰입이 높아지는 지점을 최대한 시작과 동시에 만들어내는 것이 최고의 오프닝이라고 할 수 있다.

> 프레젠테이션이 시작된 지 5분이 지났는데도, 앞에 앉아 있는 사람들이 아무런 감흥을 보이지 않는다면 그건 100% 발표자의 책임이다.

좋은 시작을 위한 특별한 노하우

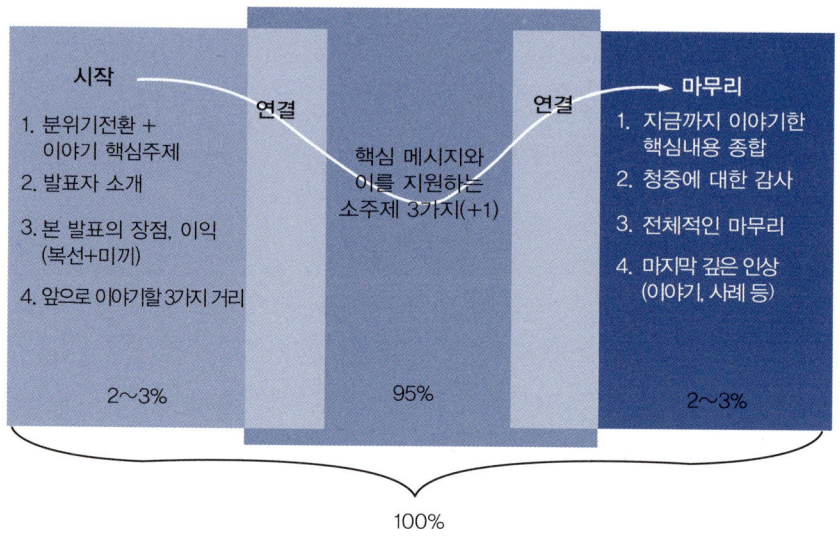

등장부터가 시작이다

1. 무대 등장형일 경우(즉, 사회자의 소개를 받고 등장하는 경우)

등장과 동시에 편안한 모습을 보이되 격조를 떨어뜨리는 불필요한 동작은 하지 말아야 한다. 긴장되어 바지춤을 추킨다거나, 머리를 긁적이거나, 머리카락을 쓸어 올린다거나 하는 등의 행동은 피해야 한다.

2. 사전 등장 후 대기형일 경우(즉, 시간이 되면 발표자가 별도의 소개 없이 시작하는 경우)

정식으로 시작하기 전에 자리에 앉아 있는 청중과 가벼운 (눈) 인사를 건네고, 가급적이면 그들이 하고 있는 가벼운 대화에 끼어들어서 자신도 같은 부류의 사람이며 같은 생각을 하고 있는 사람이라는 것을 먼저 보여준다. 그러면 청중은 발표자에게 친밀감을 느끼게 된다.

인간적인 면모를 보여라

청중에 대한 친근감을 보이고, 온화하고 부드러운 모습을 유지하면서 간단한 유머나 위트, 주제와 관련된(가급적 2~3일 내) 시사내용, 자신의 경험 등을 다룸으로써 즉흥적인 공감대를 형성한다.

큰 소리로 힘차게 시작하라

처음에 작은 목소리로 시작하게 되면, 나중에 큰소리로 끌어올리기 어렵기 때문에 반드시 힘차고 밝은 목소리로 시작하여 경쾌한 느낌을 주도록 해야 한다.

필요 시 프레젠테이션의 주제와 연관된 경력을 소개하라

발표 주제에 대한 자신의 학력, 경험 등에 대해서 충분한 설명을 하되 과시하지 않는 선에서 소개함으로써 청중으로 하여금 전문적이고 충분히 준비된 사람이라는 신뢰감을 느끼게 해준다. Mr. Big의 이름을 직접적으로 거론하면서 그가 청중으로 참여해 있음을 공식적으로 언급해서 발표자가 Mr. Big과 비공식적으로도 친한 관계인 것 같은 분위기를 연출하는 것도 방법이다. 이러한 이야기를 듣게 되면 나머지 청중들은 Mr. Big이 가지고 있는 권위를 발표자에게 간접적으로나마 부여하게 된다.

발표 주제를 직설적으로 이야기하고 주요 흐름과 시간을 소개하라

프레젠테이션에서 다룰 내용에 대해 직접적으로 소개를 하며, 소요시간을 알려준다. 발표자의 숨겨진 의도(예를 들면 '계약 성사' 등)는 직접적으로 표현하지 않는 것이 좋다.

복선과 미끼를 던져라

전문가들은 이 같은 의도를 미끼(Opening Gambit)라고 부른다. 프레젠테이션이 끝났을 때 여기에 참여한 모든 사람들이 얻게 될 이익이나 긍정적인 변화 또는 새롭게 얻게 되는 지식 등 청중이 변화될 긍정적인 상태를 미리 언급해 주면 기대감이 높아진다. 마무리 시에 이를 다시 한 번 언급하고 실제로 그 이익이 무엇인지를 짚어 주면 더욱 효과가 좋다.

예를들어 "오늘 제가 말씀드릴 내용은 중국시장의 젊은 소비계층의 생활패턴에 대한 실질적인 이야기입니다. 아마 제 발표시간이 끝날 무렵에는 마치 중국에 잠시 다녀오신 것처럼 생생한 간접경험을 하실 수 있을 것입니다. 그리고 올해에 가장 중국에서 히트한 상품이 어떤 것인지, 내년에 연이어 성공할 상품이 무엇인지에 대한 명확한 감(感)을 가지실 것이라 확신합니다."

절대 이 말 좀 하지 마세요, 제발!

'시작단계'에서 초치는 발표자의 말들

"사람들 앞에서 말하는 것에 익숙하지 않아서…."
"준비한 것이 별로 없어서…"
"왜 저를 이 자리에 부르셨는지 잘 모르겠습니다."
"원래 발표하려 했던 김OO 과장이 바빠서 제가 오늘 대신…"

프레젠테이션을 하고 있는 발표자에게 자신감을 느끼지 못한다면 아무도 귀를 기울이는 사람이 없을 것이다. 가뜩이나 의심과 경계심이 있는 마당에 초반부터 신뢰도가 떨어지는 말을 듣는 청중은 아예 관심의 스위치를 꺼버리고 스마트 폰이나 뒤적거릴 것이 뻔하다.

프레젠테이션이 '진행되는 중간'에 초치는 발표자의 말들

"방금 머릿속에서 생각난 것입니다만…."
"정확하진 않지만, 제 기억으로는…"
"제 나름대로의 생각을 정리해보면…"
"시간이 별로 없어서 빨리 넘기겠습니다. 빨리 끝내겠습니다."
" ~ 라고 하더라구요"

이렇게 자신이 듣고 있는 메시지의 신뢰감에 금이 가는 이야기를 듣게 되면, 의사결정을 해야 하고 결국 책임을 져야 하는 Mr. Big은 어떤 생각을 하게 될까? "그래서 저 말을 지금 믿으라는 거야, 말라는 거야?", "지금은 준비 안했으니, 다음번에 또 하겠다는 거야?", "지금 시간이나 대충 때우고 있다는 거 다 알아!"

필요하다면 사기라도 칠 자세로 무대 위로 올라라. 자신 없는 발표자의 이야기를 듣는 것보다 청중은 오히려 자신 있는 사기꾼을 원할 때도 있다.

'마무리 단계'에서 초치는 발표자의 말들

"귀중한 시간을 뺏게 되어 미안합니다."
"충분히 준비하지 못해 죄송합니다."
"부족한 내용, 경청해 주셔서 감사합니다."

지금까지 인내심을 가지고 들었던 내용을 하찮게 느끼게 하는 메시지는 최악이다. 자신 있게 마무리해도 시원치 않을 판에, 끝까지 신뢰감을 떨어뜨리는 멘트로 마무리되는 프레젠테이션은 참으로 어처구니가 없다.

무대 위에 올라서서 시작부터 자신 없는 이야기를 마구쏟아 내거나, 자신 없어 보이는 이야기로 마무리를 짓거나, 내가 누구를 대신해서 이 자리에서 급작스럽게 프레젠테이션을 하게 되었다거나 하는 내용을 듣게 되면 이 얘기를 듣기 위해 자신의 시간을 빼앗긴 Mr. Big의 머릿속에는 어떤 생각이 들까?

"뭐야, 지금 장난해? 준비를 안 하고 왔다고? 여기 있는 직원들 모두 시간을 다 합치면 100시간도 넘을텐데 그 인건비를 갚아 먹겠다고? 이거 완전히 징계감인데, 내용 형편없으면 당신 오늘 끝이야!"

"당신이 누구를 대신해서 나온 거면 나도 누구를 대신해서 들어주면 되겠네. 그럼 공평한 거지?"

"지금까지 들은 게 정확하지 않는 정보였어? 지금까지 여기에 할애한 내 시간은 도대체 어디에서 보상받아야 하는 거야?"

잘못된 엔딩

"네. 이것으로, 저의 프레젠테이션을 마치도록 하겠습니다. 제가 준비한 내용은 이게 전부입니다, 혹시 질문 있으십니까? (아무도 대답 없는 정적이 흐르고)… 음…, 네…. 귀중한 시간 내주셨는데 제가 제대로 준비하지 못한 것 같아 송구스럽습니다. 이상으로 마치도록 하겠습니다".

(마음속으로) 어라! 끝난 거야? 흐지부지 끝나네. 내용은 괜찮았는데 말이야. 극장에서 한참 영화 보고 있는데, 갑자기 불이 확 켜지는 그런 느낌이야, 뭔가 공허한 이 느낌은 뭘까? 재밌는 영화에서처럼 끝날 무렵에 긴장감을 느낄 수 있는 클라이맥스가 있었으면 더 좋았을 텐데 말이지. 2%가 부족해….

"그래, 수고했다(그리고 조용히 머리를 갸우뚱하며 퇴장한다)."

어렵게 준비해서 여기까지 왔는데 너무 쉽게 끝내지 말자. 영화에서도 후반부에 최고의 긴장감이나 갈등, 액션의 정점을 찍어주는 클라이맥스가 있듯이 프레젠테이션에도 마무리를 위한 준비가 필요하다. 프레젠테이션의 마무리는 발표자 혼자만 하는 것이 아니다. 프레젠테이션에 참여하는 사람들 모두가 특히 Mr. Big이 마무리를 준비할 수 있도록 해줘야 한다.

'음~ 이제 정점을 찍었군. 이제 슬슬 마무리를 하고 있구만. 곧 끝나겠군~' 이라는 생각을 가지도록 해줘야 좀 더 깔끔한 마무리를 할 수 있다.

위의 그림에서처럼 마지막 순간에 정체불명의 검은 슬라이드를 본 적이 많이 있을 것이다. 이러한 상황은 발표자 스스로도 정확히 끝나는 지점을 모르고 있는 상태에서 갑작스럽게 마무리를 지을 때 자주 목격된다. 그 글귀는 발표자를 제외하고는 절대 그 누구도 볼 수 없도록 하는 것이 프레젠테이션 마무리의 철칙이다. 하지만 우리는 너무나도 자주 이러한 슬라이드를 목격해 왔다.

더 심한 경우에는 마무리를 하는 중에 파워포인트 파일을 닫고 컴퓨터를 끄는 모습이 생생하게 스크린으로 중계되면서 바탕화면에 있는 발표자의 개인적인 폴더와 사진들을 보게된다. 그리고 프레젠테이션 참석자들이 퇴장함과 동시에 울려 퍼지는 장엄한 소리가 Mr. Big의 뒤통수를 가격한다. 바로 마이크로소프트 윈도우를 종료할 때 나오는 "띠디디 딩"

 Mr. Big처럼 의사결정을 할 수 있고, 또 늘 할 수밖에 없는 사람에게는 처음에 중요한 메시지를 던져서 관심을 이끌어 내는 것도 중요하지만 끝날 때 다시 한 번 각인시켜 주는 것도 중요하다. 마무리는 약 1~2분 정도(전체 시간의 5% 정도)의 시간동안 앞서 설명한 주요 핵심 메시지(Key Message)를 다시 한 번 정리해주고 강력한 인상을 가진 여운 하나를 던져주는 방식을 취하는 것이 가장 좋다. 전체 시간 중 아주 일부의 시간이지만 이 시간이 바로 Mr. Big의 머릿속에 도장이 완전히 찍히는(의사 결정이 내려지는) 최후의 순간임을 기억하자. 마지막으로 한 번 더 결정을 유도하는 최후의 메시지를 던져라!

 프레젠테이션의 마무리가 흐지부지된다면 Mr. Big의 반응을 읽어낼 수 없다. 충실한 준비와 완벽한 아이디어에 대한 Mr. Big의 칭찬은 프레젠테이션을 마무리하는 그 순간 박수로 터져 나오므로 어느 정도 확인할 수 있다. 하지만, 어영부영 끝나는 프레젠테이션에서는 Mr. Big이 어떻게 반응하는지를 있는 그대로 읽어낼 수가 없다. 다음의 두 가지 케이스를 보자.

Case 1.
"더 질문이 없습니까? 질문이 더 없으시다면 이상으로 신규사업추진전략에 대한 발표를 마치도록 하겠습니다."

Case 2.
"더 질문이 없습니까? (잠시 대기 후) 경영학의 대가인 피터 드러커는 자신의 책 〈'실천하는 경영자'〉에서 이렇게 말했습니다. '고정 이익에 대한 환상을 깨고, 새로운 위기를 마련하라'
이처럼 오늘의 이 짧은 발표가 우리 회사에 있어서 미래성장의 동력으로 자리매김할 수 있는 계기가 될 수 있는지는 바로 여기 계신 여러분의 현명하고 신속한 선택에 있다고 생각합니다. 그리고 지난 수개월간의 업무를 통해서 저희 프로젝트 팀원 모두가 중국 사업에 대해서는 거의 전문가 수준으로 역량이 상승했다는 평가를 받고 있으며, 이러한 노하우와 열정을 근간으로 중국 신사업 추진전략을 성공적으로 이끌 만반의 준비가 되어 있습니다. 감사합니다!"

어떻게 달라 보이는가? 프레젠테이션이 종료되었을 때 Mr. Big이 받는 느낌을 상상해보자. 프레젠테이션에서 들었던 내용이 같다 하더라도 두 번째의 마무리가 Mr. Big을 보다 더 가슴 벅차게 만들 수 있을 것이다. 프레젠테이션이 끝났을 때 Mr. Big을 비롯한 청중의 반응이 "(머리를 긁적이며) 어, 끝났나?"하고 여기저기서 힘없이 산발적인 박수소리가 들린다면 그 프레젠테이션은 실패이다.

"앗! 막바지에 접어들었구나", "끝나고 있다." 그리고 "이제 끝났구나!"라는 반응과 함께 동시에 박수가 터져야 성공한 프레젠테이션이라고 볼 수 있다. 일반적으로 우레와 같은 박수는 멍하게 잠자코 있다가 갑자기

터지는 것이 아니고 박수를 칠 기회를 마음속으로 기다리다가, 결국 예정된 시간에 동시에 박수가 터지게 된다. 박수를 받고 싶다면 사전에 박수가 터질 시점이 다가오고 있음을 간접적으로 알려주고 유도해야 발표자가 원하는 정확한 시점에 박수가 터진다. 이게 바로 무대 위에서의 박수 법칙이다.

이처럼 진정한 프로들은 청중의 박수를 이끌어낼 수 있어야 하며 우레와 같이 울려 퍼지는 박수를 즐길 줄도 알아야 한다. 프레젠테이너(Presentainer)로서 말이다.

좋은 마무리를 위한 특별한 노하우

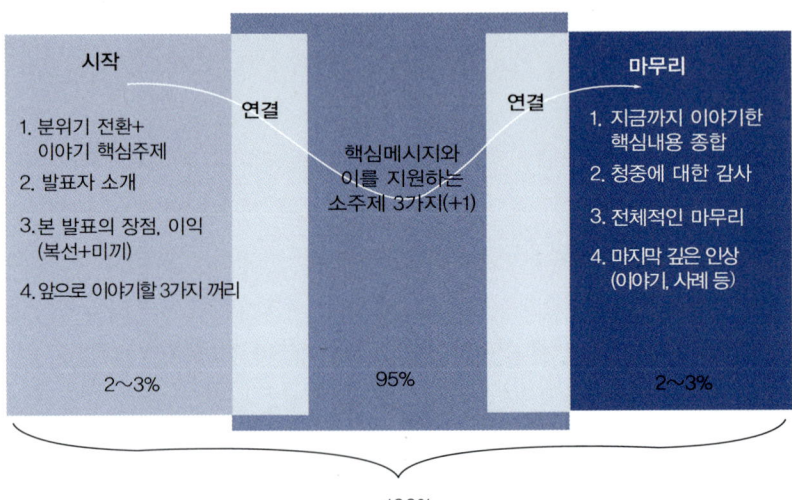

지금까지 다루었던 주요 내용을 간단하게 정리(Review)하라

 지금까지 제시한 전체적인 큰 흐름, 즉 핵심내용들을 다시 한 번 인식할 수 있도록 갈무리해 주는 것이 좋다. 프레젠테이션에 참여하는 청중 누구나가 끝날 때가 되면 눈빛이 초롱초롱해지면서 중반부에 비해 더 높은 집중도를 보이기 때문에 이때를 놓치지 않고 지금까지 한 이야기 중에 핵심이 되는 이야기를 다시 한 번 정리해 주어야 한다. 수능 막판 족집게 과외같이 중요한 것만 중점적으로 다시 다루어 주면서 끝맺음을 하는 것이다.

처음 시작단계에서 제시했던 '프레젠테이션을 통해서 얻을 수 있는 장점이나 이익'에 대한 구체적인 답을 제시하라

초반부 프레젠테이션 시작과 동시에 Mr. Big을 향해 던졌던 미끼, 즉 프레젠테이션에 대한 기대감에 대해 실질적인 답을 제시해 주면 처음과 끝이 연결되는 듯한 느낌을 강하게 줄 수 있다.

Mr. Big에게 기대하는 행동을 우회적으로 표현하라

기대하고 있는 Mr. Big의 의사결정 방향이나 행동 등에 대해 너무 대담하지 않은 수준에서 살짝 돌려서 언급해주는 것이 좋다. 예를 들면 "우리 회사가 더욱더 번창할 수 있는 절호의 기회가 왔다고 확신합니다. 향후 10년 이내에 이러한 기회는 다시는 오지 않을 겁니다. 지금까지 늘 현명한 결정을 하셨던 만큼 이번에도 또한 현명한 결정을 하실 것이라고 저는 확신합니다." 이렇게 되면, 발표자가 원하는 결론이 실행으로 좀 더 가까이 다가갈 수 있게 된다.

깊고 강한 인상을 남겨라

전문가들은 이를 일명 엔딩펀치(Ending Punch)라고 한다. 자신이 생각하기에 프레젠테이션에서 정말 중요하고 Mr. Big을 꼼짝 못 하게 하는 그 무엇이 있다면 맨 마지막을 위해서 아껴두는 것도 전략이다. 사람의 심리는 무언가의 끝이나 종료에 가까워질수록 그동안 가지고 있던 고정관념이 누그러지거나 인식의 저항이 낮아지면서 마음이 다소 편안하고 오픈된 상태가 되기 때문에 이 시점에서 제시하는 강한 인상은 Mr. Big의 가슴에 박혀서 사진처럼 남게 된다.

> "청중들을 빈손으로 보내지 마라. 발표에 대한 강한 기억과 인상을 마음속에 담아서 보내라."
>
> "이성으로 시작해서 감성으로 끝내라."

TIP Bookend를 활용하라!

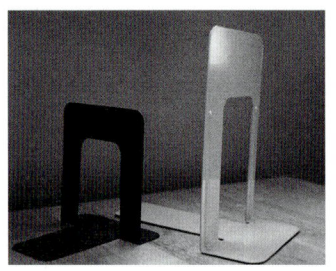

옆의 그림처럼 생긴 '여러 권의 책을 양 옆에서 받쳐주는 도구'를 일명 '북엔드(Bookend)'라고 한다. 북엔드를 사용하면 가운데 있는 책들이 더욱 올바로 정확하게 서 있을 수 있다.

프레젠테이션에서는 좋은 오프닝과 엔딩이 이러한 북엔드의 역할을 해줄 수 있다. 정확하고 간결하게 구사된 오프닝과 엔딩 메시지는 본론의 내용을 더욱 뚜렷하고 강렬하게 제시할 수 있도록 돕는다.

많은 초보 발표자들의 실수가 시간이 없으니 대충 시작하고 급히 끝내는 대신 본론에 충실하겠다는 전략을 사용하는 경우가 많다. 아주 잘못된 전략이다. 짧은 시간에 강렬한 메시지를 전달하기 위해서는 최선의 시작과 종료가 없어서는 안 된다는 점을 잊지 말아야 한다.

Why에 힘을 줘라!

경영진들이 가장 중요하게 생각하는 것은 Why이다. 즉, 그 안건을 '어떻게 할 것인가'보다 '왜 그것을 해야 하는지'를 훨씬 더 중요하게 생각한다. 일의 명분, 필요성, 회사·조직·사회에게 주는 의미와 목적 등이 명확하고 수긍할 수 있어야 그 다음에 그것을 어떻게 할 것인지에 관심이 가게 된다.

대부분의 실무자는 무엇을 어떻게, 즉 What과 How에 관심이 많은 반면 대부분의 경영자는 업무의 명분과 필요성 즉, Why를 가장 우선시 한다.

Mr.Big이 선호하는 메시지 순서
Mr.Big은 아래의 순서대로 질문을 생각한다.

	핵심질문
Why?	왜 그래야 하는가?(수용) ○○의 중요성, 필요성, 의미
What?	무엇을 해야 하는가?(확인) ○○의 방향, 전략, 차별점
How?	어떻게 하면 되는가? (적용) ○○의 구현, 실행, 활용, 적용방법

위의 그림처럼, Mr. Big은 무언가에 대해서 보고받을 때 가장 먼저 드는 질문이 바로 Why이며, 이에 대한 의문이 우선 해결되기를 바란다. 그들은 Why가 해결되어야 What과 How에 대해 긍정적이고 수용적인 입장을 취하면서 듣는다. 따라서 프레젠테이션의 메시지에서 무언가의 필요성을 제안할 때에는 '당연히 해야 하는 것', '안 하면 안 되는 것'이라는

전제를 가지고 접근하는 실무마인드를 접어두어야 한다. 진정한 의미와 필요성 측면에서 충분히 소구하고 있는지를 집중적으로 검토하는 것이 필요하다.

이를 좀 더 이해하고 싶다면 EBS의 〈글로벌 특강-TED〉중에서 유명한 사이먼 사이넥(Simon Sinek)의 강연 "나는 왜 이 일을 하는가(Start with Why)?"를 시청해 보길 권장한다.

> **TIP** 경영진들이 가장 싫어하는 보고유형
> '당신이 시켰으니 하는 겁니다.'라는 느낌을 주는 보고로, Mr.Big은 자신이 지시한 일이라도 실무자를 통해 일의 명분과 방향을 점검하고 싶어한다.

10
구성편에서 얻은 교훈

지금까지 당신은 Mr. Big이 했던 독설에 대해서 하나씩 하나씩 그 사례와 이유를 살펴보는 동시에 어떻게 하면 그러한 말을 듣지 않을까를 고민했다. 그리고 Mr. Big의 입에서 나왔던 각각의 독설을 통해 그를 피해갈 힌트를 얻게 되었다.

Mr. Big의 독설 : 내가 뭘 듣고 싶은지 몰라?

그의 입장에서 생각한다

제대로 된 프레젠테이션을 구성하려면 반드시 Mr. Big의 머릿속에 들어가야 한다. 그래서 그가 진정 원하는 것이 무엇이고, 어떤 스타일의 프레젠테이션을 원하는지를 알아낸 후 그것을 중심으로 프레젠테이션을 진행해야 한다.
고객의 입장에서 생각하면 세상이 달리 보일 수 있는 것처럼, Mr. Big의 입장에서 생각하면 프레젠테이션이 달라진다.

Mr. Big의 독설 : 그래서 지금 뭐하자는 거야? 왜?

결론부터 시작해서 결론으로 끝난다

일반적인 대화와 프레젠테이션의 가장 큰 차이점은 프레젠테이션에는 달성해야 하는 목적과 그에 따른 결과가 있다는 것이다. 정해진 시간 내에 싸워야 하는 만큼 결론으로 시작해서 결론으로 끝나는 구성 방식이 가장 효과적이며

Mr. Big 또한 이런 접근의 순서를 원한다. 당신이 펼칠 수 있는 가장 효과적인 전략도 모든 에너지와 자원을 결론에만 집중하는 것이다.

Mr. Big의 독설 : 그 안으로 결정해야 하는 이유, 딱 3가지만 말해봐

중요한 사항을 빼고는 모두 버린다

과수원에서 배를 재배할 때 나뭇가지에 열려 있는 작은 배들은 일부러 먼저 따 버리는 경우가 있다. 이렇게 되면 나무에 남아 있는 나머지 배들은 훨씬 더 크게 자라게 되며 된다. 시장에 훨씬 비싼 값에 팔 수 있는 우수상품이 되는 것이다.

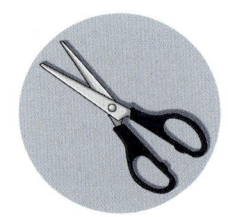

이처럼 프레젠테이션의 발표내용에 대해서 선택과 집중을 해야 당신이 발표하는 내용의 상품성이 더욱 높아질 수 있다. 정말 필요한 내용만 살리고 나머지는 잘라서 버려라. 그래야만 당신의 프레젠테이션이, 아니 당신이 살아남을 수 있다.

Mr. Big의 독설 : 참 밋밋하구만.

전략을 가지고서 메시지를 고르게 배열한다

누구나 하나의 이야기에 30분 동안 일관된 집중력을 유지한다는 것은 불가능하다. 일정하고 고른 메시지의 배열을 통해서 Mr. Big의 집중력을 지속적으로 이끌어내는 내용구성전략을 가질 필요가 있다. 무엇을 먼저 설명할 것인지, 어떤 방식으로 설명할 것인지에 대한 전략을 설정한 후에 유머와 위트를 적절히 가미하게 되면 Mr. Big의 관심은 잘 설계된 사다리를 타고서 일정한 속도로 결말까지 차근차근 올라오게 된다.

Mr. Big의 독설 : 제발 나를 설득해봐, 느낌이 안 오잖아!

적절한 사례와 예시로 이해를 높인다. Mr. Big의 마음속으로 파고들만할 열쇠를 찾아야 한다. 일반적인 사실의 나열은 가급적 피하고, Mr. Big이 마음으로 느낄 수 있는 여러 가지 사례와 예시를 제시함으로써 더욱 깊숙이 그의 마음속으로 들어가 선택과 결정에 대한 확신을 심어 줄 때 당신이 원하는 프레젠테이션의 결과를 얻을 수 있다.

Mr. Big의 독설 : 어라! 끝난 거야?

강한 시작, 강한 마무리를 구성한다

시작과 마무리는 동시에 결론을 바라보고 있어야 한다. 중반부에서도 이 결론을 뒷받침해 주고 지원사격해 주는 세 가지의 소주제를 배치해야 한다. 시작과 끝에 최대한의 에너지를 쏟을 필요가 있다. 순간적인 몰입을 이끌어내는 강한 시작과 강력하고 의미 있는 마무리를 통해서 프레젠테이션은 드라마가 될 수 있다.

구성편을 마치며

　예전에 프레젠테이션은 천부적으로 타고난 재능이라고 말하는 경우도 있었다. 남들 앞에 서서 떨지 않고 말을 잘하는 사람들이 프레젠테이션을 잘할 수 있다고 믿었던 것 같다. 정말 선천적으로 말주변이 좋은 사람들이 프레젠테이션을 잘할까? 말을 청산유수처럼 잘하는 것이 좋은 프레젠테이션을 만들어가는 데 어느 정도 도움은 되겠지만 여기에 전략이 병행되지 못한다면 완벽한 프레젠테이션을 완성시킬 수 없다.

　본 장에서 함께 알아봤던 프레젠테이션의 구성이 바로 '전략'에 해당하는 영역이다.

- 무엇을 요구하고 있는가?
- 무엇을 어떻게, 어떤 순서로 말할 것인가?
- 무엇을 어떻게 전달하여 설득력과 이해도를 높일 것인가?

　이 세 가지의 질문에 확실한 답을 가지고 있다면 당신은 이미 Mr. Big의 비난을 막아낼 수 있는 갑옷을 입은 것이다.

이제 무엇을 어떤 방식으로 말할 것인지에 대한 감은 어느 정도 생겼을 것이다. 그런데 이제는 당신이 말할 거리를 어떻게 슬라이드에 담아야 하는지에 대한 고민을 얻게 되었다. 예전 같으면 그냥 파워포인트에서 마구 글자와 숫자를 쳐서 넣던가 아니면 기존 보고서의 내용을 가지고 짜깁기를 했을 텐데….

그래서 다시!

Mr. Big이 어떤 슬라이드에 분노했는지를 알아보았다. 그의 입에서는 이러한 독설이 나왔었다.

"저걸 보라고 만든 거야? 당신도 안 보잖아"
"슬라이드 참 빽빽하기도 해라. 거 좀 시원하게 못 만들어?"
"당신도 저거 보면 뭔가 불편하지 않아?"
"저 유치찬란한 색깔 봐라, 조잡하잖아."
"뭘 이렇게 배배 꽈서 어렵게 썼어?"

Mr. Big이 독설을 했던 슬라이드를 입수해서 보니 정말 가관이 아니었다. 도대체 어떻게 이런 슬라이드를 가지고 프레젠테이션을 하려고 했었는지 기가 막혔다.
그래서 당신은 "이제부터 내가 프레젠테이션을 할 때에는 반드시 저러지 말아야지!"라고 생각하는 과정에서 당신은 또 다시 피가 되고 살이 되는 교훈을 얻게 된다.

PART 3

쉽게, 간결하게, 명확하게
(슬라이드편)

11
저걸 보라고 만든 거야? 당신도 안 보잖아.

– 슬라이드는 읽지 않고 보도록 해야 한다.

번호	지역	주요 지점수	당사 제품의 판매비중	전년도 매출	향후 매출 계획		
					상반기	3분기	4분기
1	A	3,446	38.9%	202,523	60,757	60,757	81,009
2	B	1,232	11.3%	98,770	17,631	17,631	23,508
3	C	785	8.9%	46,135	13,840	13,840	18,454
4	D	2,697	7.9%	187,963	42,289	42,289	86,385
5	E	645	12.3%	37,907	11,372	11,372	15,163
6	F	628	7.1%	36,908	11,072	11,072	14,763
7	G	745	5.0%	26,153	7,846	7,846	10,461
8	H	560	4.1%	21,157	6,347	6,347	8,463
9	I	292	15.3%	17,161	5,148	5,148	6,864
10	J	940	7.7%	14,105	4,231	4,231	5,642
11	K	539	2.7%	14,046	4,214	4,214	5,618
12	L	88	1.0%	5,172	1,552	1,552	369
계		8,865	100%	521,000	156,300	156,300	208,400

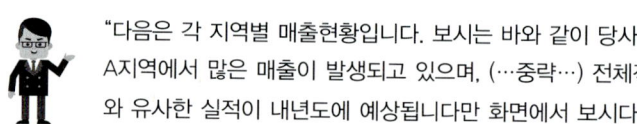

"다음은 각 지역별 매출현황입니다. 보시는 바와 같이 당사 전체 매출 중 A지역에서 많은 매출이 발생되고 있으며, (…중략…) 전체적으로 전년도와 유사한 실적이 내년도에 예상됩니다만 화면에서 보시다시피 D지역의 경우에는 내년도의 집중투자로 인하여 하반기부터 실적이 급격히 좋아질 것으로 판단됩니다. 또한 화면 하단에서 보실 수 있는 것처럼 L지역의 경우에는 지점의 축소로 인한 매출 감소가 진행될 예정입니다. 전체적인 평균 판매비중은 표의 4번째 열에서 보실 수 있는 것처럼 약 19.3% 정도이며…."

"잠깐, 당신 지금 저걸 보라고 만든 거야? 당신은 저거 보여? 도대체 어딜 보라는 건지, 글자가 너무 작아서 보이지도 않아. 이럴 거면 차라리 프린트해서 나눠줘야 되는 거 아니야?"

이기적인 슬라이드는 '비즈니스 공해'

Mr. Big은 항상 여러 프레젠테이션에 참석하면서 자신의 인내심을 시험당해 왔다. 프레젠테이션에서 일어나는 실수를 너무도 많이 봐왔기 때문에 이제는 나름대로의 면역력도 생겨서 웬만한 실수에는 둔감해졌다. 하지만, 절대 참을 수 없는 것이 있었는데 바로 이러한 이기적인 슬라이드이다.

앞의 사례에서 본 슬라이드는 숫자로만 가득 차 있고 **빽빽**하고 촘촘하게 구성되어 있으며, 의미 있는 정보들이 굳이 설명하지 않아도 되는 의미 없는 정보들과 마구 뒤섞여 있다. 돋보기를 들고 한참을 들여다봐야 슬라이드가 가진 의미를 찾아낼 수가 있다.

이런 슬라이드는 발표자료로서 가져야 할 기능을 전혀 발휘하지 못하기 때문에 이미 뇌사상태에 빠진 것과 다름이 없다. 이런 슬라이드는 프레젠테이션의 생기를 빼앗고, 사람들의 의욕을 죽인다. 발표자의 아이디어도 시들기 시작한다.

> **TIP 9초의 승부**
> 일반적으로 성인들이 새로이 슬라이드(동영상 제외)에 집중하는 시간은 평균 9초로 이 안에 슬라이드에서 보여주고자 하는 메시지가 전달되지 못하면 슬라이드로서의 의미가 없어진다.

프레젠테이션에 참석한 사람들에 대한 배려라고는 눈곱만큼도 없는 이기적인 슬라이드는 요리로 치면 식당에 찾아온 손님을 주방으로 끌고 가서 도마 위에서 손질하고 있는 돼지고기와 뜨겁게 달궈진 기름, 볶아놓은 여러 가지 야채들을 보여주면서 "이것이 탕수육입니다. 알아서 드십시오"라고 말하는 것과 같다.

당신은 이미 이런 이기적인 슬라이드를 무수히 많이 봐왔다. 왜 이런 슬라이드가 만들어질까? 파워포인트를 잘 다루지 못해서? 디자인 감각이 없어서? 그러한 이유도 있을 수 있겠지만, 가장 큰 이유는 슬라이드를 Mr. Big에게 보여주려고 만든 것이 아니라 바로 발표자 자신이 참고하면서 설명하려는 용도로 만들었기 때문이다.

보여주려고 만든 슬라이드와 보려고 만든 슬라이드에는 엄청난 차이가 있다. Mr. Big에게 보여주려고 만든 슬라이드는 그의 충분한 이해를 돕기 위한 목적만을 가지고 있기 때문에 프레젠테이션이 가지고 있는 큰 흐름상의 연결관계를 고려하면서 Mr. Big이 봐야 하는 내용만을 담는다.

반대로 발표자가 무대 위에서 참고하기 위해 만든 슬라이드는 자신이 생각했던 내용, 무대 위에서 말할 내용을 중심으로 작성되기 때문에 근거자료나 세부항목, 그리고 그대로 읽어줄 글자나 숫자가 중심이 된다. 발표자만을 위한 이기적인 슬라이드가 바로 여기에서 태동된다.

화투(畵鬪) 그리고 파워포인트(PowerPoint)

"구성전략 × 슬라이드 × 발표자"
- 구성전략 : 무슨 이야기를 어떻게 하는가?
- 슬라이드 : 어떻게 보여줄 것인가?
- 발표자 : 어떻게 실행할 것인가?

프레젠테이션에는 성공공식이 있다

 이 공식을 보면 세 가지 요소들이 각각 더하기(+)가 아닌 곱하기(×)로 연결되고 있음을 눈여겨볼 필요가 있다. 한 가지 요소의 준비가 덜 되어 있거나 효과성이 떨어지면 나머지 두 가지 요소가 아무리 훌륭한 준비와 전략을 가지고 있다 하더라도 그 결과는 나빠진다. 따라서 세 가지의 요소 모두 다 균형 있게 준비되고 각 요소들이 제대로 효력을 발휘할 때 비로소 훌륭한 프레젠테이션을 만들어갈 수 있다.

 한 가지 안타까운 것은 이 중에서 슬라이드의 중요성을 간과하는 경우가 많다는 것이다. 슬라이드에 대해서는 신경을 가장 적게 쓰고, 시간이 없으면 일단 노력을 최소화하려 한다. 그리고는 속으로 이렇게 생각한다.

"보이는 슬라이드가 뭐가 그리 중요하겠어?"

"내용만 충실하면 되는 거 아니야?"

"난 포장보다는 알맹이로 승부할래."

"보이는 내용이 허술해도 말로 때우면 되겠지"

이는 모두 다 큰일날 소리이다. 이렇게 생각한다면 차라리 프레젠테이션을 더 이상 하지 않는것이 낫다.

발표자는 프레젠테이션 무대 위에서 두 가지의 무기를 휘두를 수 있다. 첫 번째가 입이라는 무기이며 나머지 하나가 눈이라는 무기이다. 이 두 가지 무기 모두 매우 중요하기 때문에 두 무기 간의 우열을 가릴 수가 없는데, 많은 초보 발표자들은 입이라는 무기만 집어 들고 무대 위에 선다. 나머지 중요한 무기는 집에 버려두고.

슬라이드의 중요성을 부각시켜서 프레젠테이션을 '화투[그림 화(畵)+싸울 투(鬪)]' 일명 '그림싸움'으로 표현하기도 한다. 말 그대로 보이는 그 무엇으로 승패가 결정될 수도 있을 만큼 슬라이드가 큰 비중을 차지하고 있다는 것이다. 효과적인 프레젠테이션을 한 번이라도 고민했던 사람이라면 결코 부정할 수 없는 표현이다.

Mr. Big을 포함해서 프레젠테이션에 참석한 사람들의 기억은 오래 가지 못한다. 아무리 내용을 반복해서 강조해도 끝나기가 무섭게 새까맣게 잊어버린다. 당신이 그랬었던 것처럼 말이다. 하지만 이것은 Mr. Big을 탓할 것이 아니라 발표자를 탓해야 한다. Mr. Big이 더 쉽게, 그리고 더 오래 기억할 수 있도록 준비하는 것이 발표자에게 주어진 몫이다.

구 분	3시간 경과 후 기억률	3일 경과 후 기억률
청각에만 국한된 프레젠테이션 (말로만 설명한)	70%	10%
시각에만 국한된 프레젠테이션 (자료만 보여준)	72%	20%
청각과 **시각** 동시에 자극하는 프레젠테이션 (슬라이드를 근간으로 말로 잘 설명한)	85%	65%

위 표에서 볼 수 있는 것처럼 청각 또는 시각에만 국한된 프레젠테이션의 경우에는 일반적으로 프레젠테이션 종료 3시간 후에는 내용 중 70%만이 기억에 남고, 종료된 지 3일이 경과하면 언어만 사용한 프레젠테이션은 10%, 그림만 제시한 프레젠테이션은 20%만 기억에 남는다.

반면, 언어로 된 설명과 눈으로 보이는 시각 자료가 적절하게 조합된 프레젠테이션의 경우에는 3일 후에도 약 65%의 기억률을 유지한다. 이처럼 발표자가 가지고 있는 언어적 메시지에 부합되는 슬라이드는 프레젠테이션에서 정말 중요한 도우미 역할을 한다.

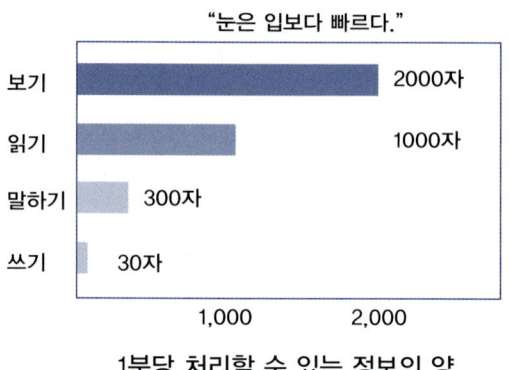

1분당 처리할 수 있는 정보의 양

적절하게 구성되어 있는 슬라이드는
- 주어진 시간에 보다 많은 정보량을 전달할 수 있기 때문에 내용에 대한 빠른 이해를 돕는 촉매의 역할을 한다.
- 딱딱한 내용이더라도 사진과 그림 등의 역동성(Dynamic)을 통해 주목시킬 수가 있으며 지속적인 흥미를 유발시킨다.
- 강한 인상을 주어 기억에 오래 남는다.
- 말로만 설명하는 것보다 눈으로 이해할 수 있도록 하여 설명하는 시간을 절약하게 한다.

슬라이드를 준비하면서 가장 많이 사용하는 도구가 바로 마이크로소프트사에서 만든 파워포인트(Powerpoint)이다. 이름만으로도 어떻게 사용해야 하는지 알 수 있지 않은가?

파워포인트(Powerpoint)에는 Power(힘)와 Point(중요함, 강조점)가 합쳐져 있다. 우리말로 풀어보면 '힘 있게 강조한다'는 뜻을 가지고 있다고 볼 수 있다.

그러면 당신은 과연 힘 있게 강조하는 용도로 파워포인트 슬라이드를 만들고 있는가? 그리고 문서제작도구인 엑셀(Excel)과 워드(Word)와는 확연히 구별되는 용도로서 파워포인트를 사용하고 있는가?

지금까지 지켜본 많은 프레젠테이션의 슬라이드 중, 절반 이상은 거의 엑셀(Excel)형, 워드(Word)형 슬라이드처럼 보였던 게 사실이다.
- 엑셀(Excel)형 슬라이드 : 숫자로 일관되어 네모반듯한 박스형의 네모 칸에 숫자들이 우글우글한 슬라이드
- 워드(Word)형 슬라이드 : 정해진 칸도 없고, 아무런 그림이나 도형도 없이 글자들이 바글바글한 슬라이드

이제부터 당신은 늘 고민해야 한다.

"나는 정말 파워포인트를 사용할 자격이 있을만한 슬라이드를 만들었는가?"

이 물음에 조금이라도 시원치 않은 부분이 있다면, 슬라이드를 당장 수정해야 한다.

광고 카피 중에 "보이는 것만 믿으세요"라는 것이 있다. 엄청난 정보의 홍수 속에 살아가는 지금! 너무 많은 정보들이 넘쳐나기 때문에 단순하게 듣는 정보보다는 직접 눈으로 보는 정보들이 믿음과 확신을 주게 되었다. Mr. Big 또한 다를 바 없다. 그 역시 자신의 눈에 보이는 것을 더 믿게 되었다. 이게 바로 프레젠테이션에서 보여지는 것이 중요한 이유이다.

> **Visuals only support your talk!**
> 무대 위에서는 슬라이드만이 발표자(Presenter)의 이야기를 도와준다.

슬라이드가 가져야 하는 기본 예절 세 가지

프레젠테이션에서 훌륭한 슬라이드라는 이름을 얻으려면 아래의 3가지 조건을 만족해야 한다.

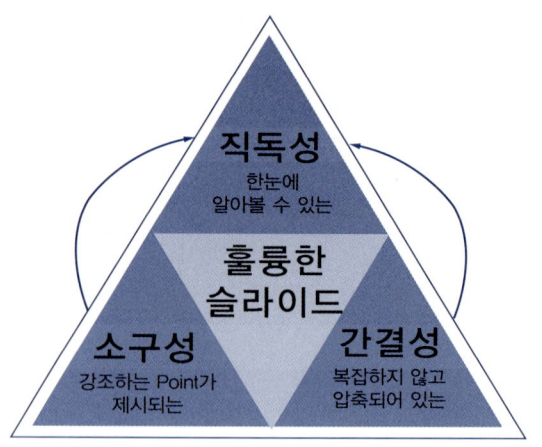

첫째, 직독성이란 보는 사람으로 하여금 '슬라이드를 한눈에 알아볼 수 있도록 하는 것'이다. Mr. Big이 슬라이드를 보는 순간 바로 이해와 해석이 가능하도록 명확하고 간결하게 의미를 그대로 드러내는 형태의 슬라이드를 구성해야 한다.

둘째, 간결성은 '복잡한 것을 간결하게 압축하여 표현하는 것'이다. "이 슬라이드를 통해 무엇을 말하고 싶은가?"에 초점을 두고 정보를 선택하고 삭제한다면 다루고 있는 내용이 어렵더라도 쉽게 이해할 수 있다. 슬라이드는 핵심만을 다루어야 하며 없어도 되는 것은 과감히 생략해야 한다.

예시 1

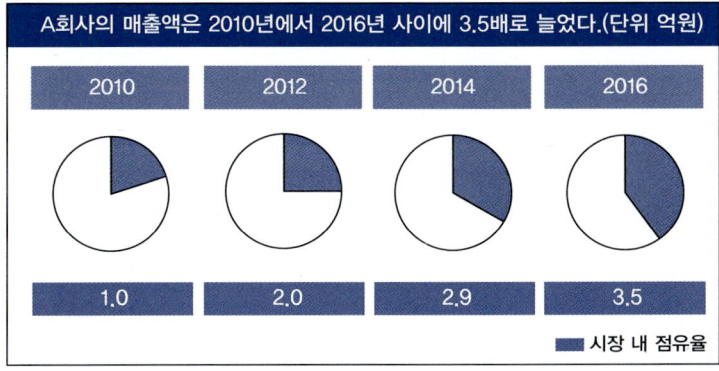

예시 2

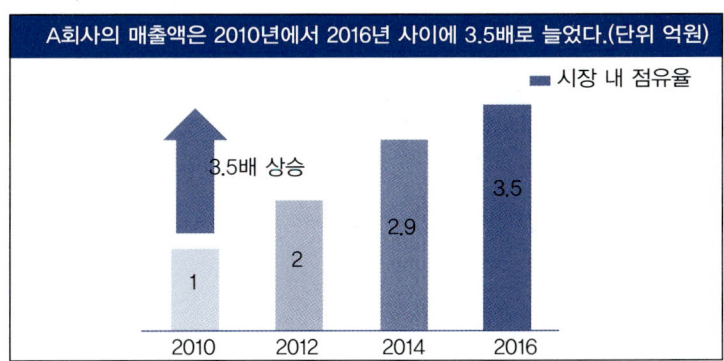

위에서 제시된 슬라이드를 보면 [예시 1]과 [예시 2]가 다루고 있는 메시지는 동일하다. "A회사의 매출액은 2010년에서 2016년 사이에 3.5배로 늘었다"는 동일한 메시지를 가지고 있지만, [예시 1]보다는 [예시 2]의 슬라이드가 3.5배로 성장했다는 극명한 차이점을 부각시키면서 훨씬 간결하고 요점을 한 눈에 인식할 수 있도록 도와주고 있다.

마지막 특징인 소구성은 '중요한 점을 눈에 띄도록 강조해야 한다'는 것이다. 슬라이드에서 '이것만큼은 봐주었으면 하는 부분'에 대해서는 색깔처리를 달리 한다거나 추가적인 기호나 도형 등을 이용하여 눈에 띄도록 표시를 해주는 것이다. 이를 긴급 메시지 형태(Emergency feature)라고도 하는데, 이를 통해 Mr. Big은 중요한 부분에 가장 먼저, 그리고 가장 오랫동안 시선을 줄 수 있게 된다.

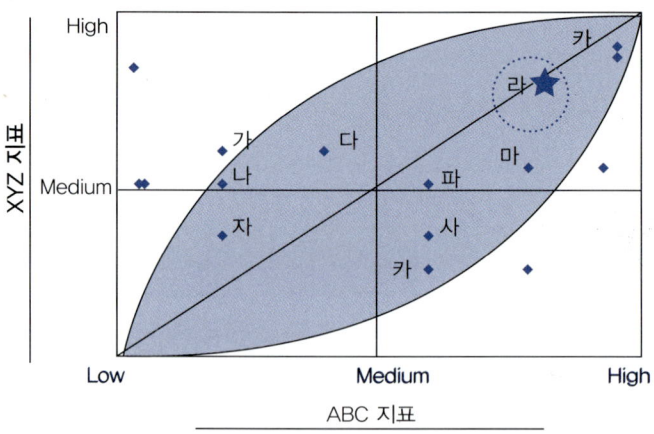

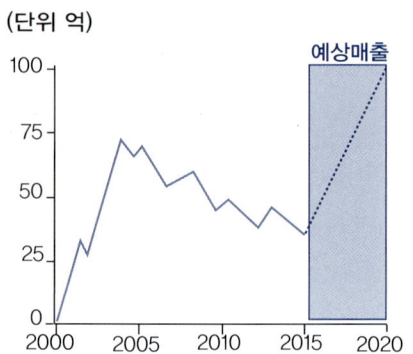

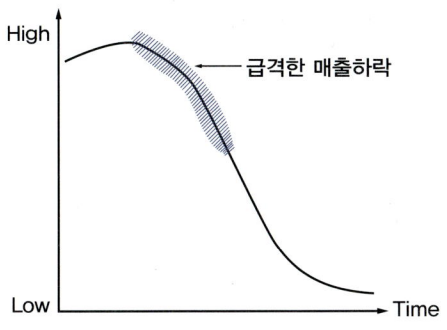

소구성을 지향한 슬라이드

하지만 이러한 슬라이드 내의 강조는 장식이 아니라는 것을 명확히 알아야 한다. 강조란 슬라이드에서 다루고 있는 정보를 보다 신속하고 명료하게 전달하기 위한 수단으로 도표의 직독성과 시선 유도성을 높이기 위해 필요하다. 하지만 한 장의 슬라이드에 너무 많은 강조점을 제시하면 지나치게 복잡하게 되어 오히려 강조의 효과를 잃어버리게 된다.

직독성, 간결성, 소구성을 표현한 예시

지금부터는 직독성, 간결성, 소구성을 동시에 비교해보겠다. 다음에 제시될 세 개의 슬라이드 모두 '제품별 매출비중'에 대한 메시지를 다루고 있다. 슬라이드에서 다루고 있는 내용은 동일하지만 서로 다른 유형으로 표현되어 각 슬라이드 간에 직독성, 간결성, 소구성에 차이를 두어 나열하였다.

제품별 매출 비중

(단위 %)

제품	매출 비중
A	27
B	36
C	15
D	8
E	14

위 예시는 단순하게 네모박스형으로 작성된 슬라이드로서 전형적인 엑셀(Excel)형 슬라이드다. 단순한 정보로서는 의미가 있을 수 있지만, 정보 이상의 가치를 가지고 있는 메시지는 겉으로 드러나지 않기 때문에 직독성(한눈에 알아볼 수 있는가?)이 매우 떨어진다. 또한 무엇을 강조하고 있는지를 알 수 없기 때문에 소구성(중요한 것이 무엇인가?)거의 없는 상태이다. 무엇인가 압축되어 있는 느낌도 떨어지므로 간결성(단순하게 표현했는가?)도 높다고 보기는 어렵다. 이런 슬라이드는 말 그대로 '죄악'이다.

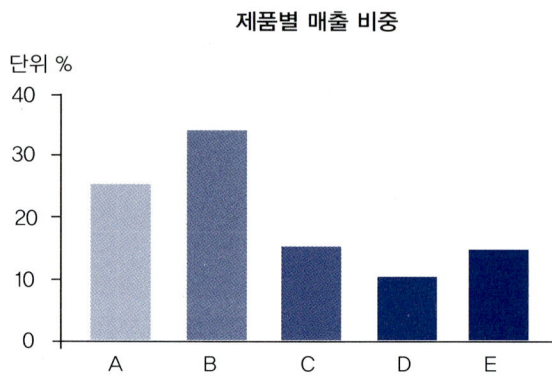

위 예시는 앞서 보였던 숫자들을 그래프 형태로 바꾸어서 표현한 것이다. 엑셀형 보다는 직독성과 간결성은 좋으나 어떤 것이 중요한 것인지를 명확히 부각시키지는 못해 소구성이 강조되지는 못했다.

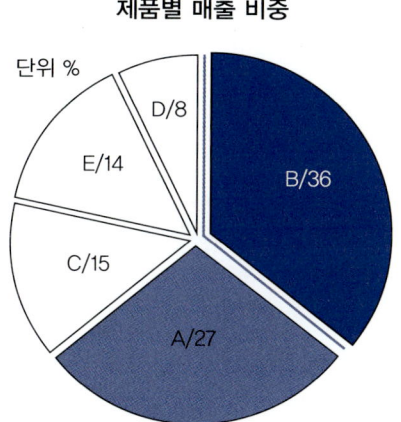

제품별 매출 비중

위 예시의 경우에는 앞서 제시된 다른 슬라이드들에 비해 직독성과 간결성, 소구성이 가장 높다고 볼 수 있다. 메시지만 간결하게 다루고 있는 것은 기본이고, B사가 가장 높은 시장 점유율을 보이고 있다는 것이 색깔과 위치로 강조되고 있으며, 가장 비중이 큰 요소부터 시계 방향으로 배열함으로써 매출 비중의 순위를 단번에 알아볼 수 있다.

같은 내용을 다루고 있지만, 다른 형태로서 직독성, 소구성, 간결성을 높인 경우를 몇 개 더 살펴보자.

2015년 ¼ 분기 지역별 매출 비율 (단위 %)

구분	A회사	B회사
강북	13	39
강남	35	6
서부	27	27
동부	25	28

위 예시는 2개의 회사가 4개의 지역에서의 매출비율이 얼마나 차이가 나는지를 보여주는 표인데, 어떤 메시지인지를 말하고 있는지 한 눈에 알아내기가 어렵다. 한참 동안을 뚫어지게 보면서 연구를 해야 A사와 B사가 강북과 강남에서 매출전쟁을 벌이고 있다는 것이 보이기 시작한다.

A회사와 B회사와의 지역별 매출비교 (2015년 기준)

	A회사	B회사
동부	25%	28%
서부	27%	27%
강남	35%	6%
강북	13%	39%

이 표는 바로 전에 제시되었던 엑셀형 슬라이드의 내용을 그대로 그래프로 나타내었다. 발표자가 추가적인 설명을 하지 않아도 주요 지역에서의 매출차이를 한눈에 볼 수 있으며, 주요 매출 경쟁지역은 같은 색상으로 표현하여 두 개의 막대그래프가 떨어져 있어도 연결된 것 같은 느낌을 받을 수가 있다. 또한 Mr. Big이 슬라이드를 보자마자 바로 강북 지역과 강남 지역을 중심으로 시선이 멈추도록 유도하고 있다.

다음은 글자로 되어 있는 슬라이드에 직독성과 소구성, 간결성을 부여하여 재구성한 사례이다.

일반적으로
수명이 **5년을** 가는 기업은
　　"**관리**(Management)"에 집중하고
10년을 가는 기업은 관리와
　　"**전략**(Starategy)"에 집중하고
100년을 가는 기업은 관리와 전략,
　　"**구심점**(Core Value)"에 집중한다.

위 예시는 앞서 말했던 글자로만 구성되어 있는 워드형 슬라이드로서 (글자가 많은 편은 아니지만) 한눈에 바로 알아보기에는 시간이 좀 걸리고, 있는 그대로를 끝까지 읽어야지만 큰 맥락과 골자를 알 수 있다. 이 슬라이드가 가지고 있는 핵심 메시지를 강조하여 재구성해 놓은 것이 다음의 예시이다.

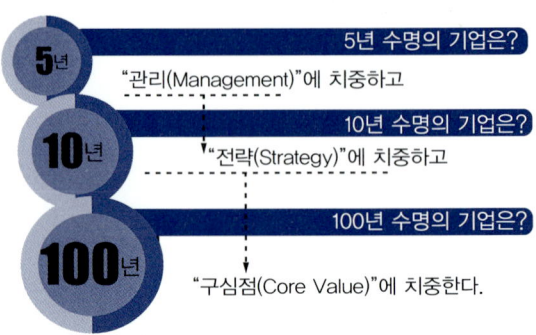

워드형 슬라이드에 비해 중요한 내용만을 근간으로 좀 더 시원하게 구성하여 한눈에 어떤 것을 말하고자 하는지를 알 수 있다.

다음에 나오는 그림은 Mr. Bi이 새로운 슬라이드를 봤을 때 3초 동안 그의 머릿속에 떠오르게 될 생각들을 정리한 표다. 직독성, 간결성, 소구성을 가지고 있는 슬라이드(Good)를 보았을 때와 직독성, 간결성, 소구성이 부족한 슬라이드(Bad)를 보았을 때의 차이를 극명하게 알 수 있다.

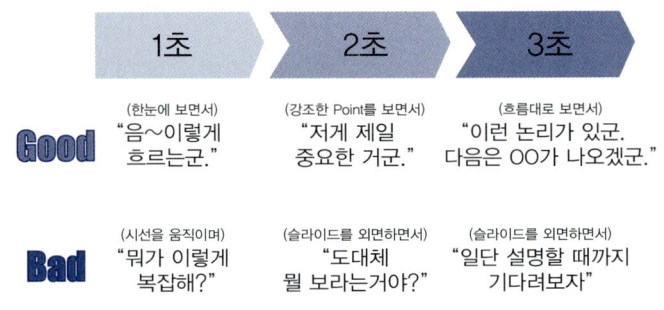

슬라이드를 처음 본 Mr.Big의 머릿속에 흐르는 3초간의 생각

직독성, 간결성, 소구성을 가지고 있는 슬라이드(Good)를 볼 때 Mr. Big은 3초 안에 그 슬라이드가 가지고 있는 정보와 의미, 논리 등을 파악한다. 하지만 직독성, 간결성, 소구성이 부족한 슬라이드(Bad)를 볼 때는 내용을 전혀 알아보지 못하고, 이내 그의 짧은 인내심은 시험받게 된다.

> **TIP** 슬라이드를 더욱 간결하게 만들기 위해 스스로 끊임없이 던져야 하는 질문!
> - 이것을 그림이나 이미지 또는 도표형태로 바꿀 수는 없을까?
> - 이것들을 나열하지 않고, 비슷한 유형이나 관계로 묶을 수 있을까?
> - 이 중에서 Mr. Big의 관심을 끌만한 대표적인 단어는 없을까? 그리고 그 단어를 좀 더 충격적으로 만들 수 있을까?
> - 힌트만 먼저 던져주고, Mr. Big이 찾아내게 하면 어떨까?

Mr. Big이 쳐다도 안보는 굴욕 슬라이드 작성원칙(글자, 숫자, 내용편)

글자(Text)는 가급적 15 Point 이하로 써라

프레젠테이션에서 글자가 크다고 불평하는 사람은 아무도 없지만, 글자가 알아볼 수 없을 정도로 심하게 작으면 불평과 비난, 야유가 시작된다.

"내가 눈이 2.0인데, 저 글씨가 안 보이네… 저걸 지금 보라고 써놓은 거야?"

슬라이드에서 제시되는 글자의 크기는 최소 20 Point 이상을 유지하고 있어야 하며, 그렇지 못하고 고객만족에 대한 개념을 상실한 슬라이드들은 비난받아 마땅하다. 일반적으로 Mr. Big은 슬라이드에 제시된 글자가 크면 클수록 중요하다고 인식하기 때문에 글자 크기의 차이를 제시하여 강조를 할 수도 있다는 사실도 기억하자.

잘 보이나요?(50)

잘 보이나요?(45)

잘 보이나요?(35)

잘 보이나요?(25)

잘 보이나요?(20)

잘 보이나요?(15)

숫자가 있는 표는 엑셀에서 작업한 후 복사해서 붙여라

슬라이드에서는 숫자들을 통해서 제시하고자 하는 내용, 즉 메시지가 담겨야 하는데, 아무런 가공이나 분석작업 없이 있는 그대로 숫자를 보여주는 것은 참으로 창피한 슬라이드다.

수치자료를 띄워 놓고 상황에 맞춰서 말로 대충 풀어가려는 안일한 마음가짐의 발표자에게 이러한 모습이 많이 나온다. 이는 능력의 문제가 아니고 성의의 문제로 볼 수 있다. 반드시 그 숫자들이 가지고 있는 내용과 의미를 파악해서, Mr. Big이 쉽게 잘 이해할 수 있도록 그래프나 문장의 형태로 그 의미를 표현해야 한다.

가급적 많은 글자(Text)들로 꽉 채워서, 알차다는 것을 강조하라

Mr. Big은 연속해서 3줄 이상 나오는 문장은 절대 읽지 않는다. 글자가 많은 슬라이드는 한눈에 보기 힘들기 때문에 각 문장들을 하나씩 읽도록 만든다.

슬라이드를 읽지 않고 보게 하려면 글자가 가진 의미들을 흐름 또는 관계형태로 바꿔서 재구성해야 하며, 긴 문장은 몇 개의 중요한 단어를 중심으로 그 내용을 함축해야 한다.

다채로워 보이도록 여러 종류의 서체를 혼합해서 사용하라

글자가 많아도 머릿속이 혼란스러운데, 그 글자들에 사용된 서체가 제각각이라면 Mr. Big은 큰 혼란을 느끼게 된다. 슬라이드를 작성할 때에는 가급적 3가지 이내의 서체를 사용하여 일관성을 유지해 주어야 한다.

예를 들면, 단락의 제목이나 머리글과 같이 대표성을 띠고 있는 글에는 고딕체나 헤드라인체, 내용에는 명조계열이나 돋움계열 등을 써주는 것이 가장 깔끔하게 보인다. 그리고 희귀한 서체는 아예 사용하지 않는 것이 좋다. 왜냐하면 간혹 사용한 서체가 지원되지 않는 컴퓨터로 급작스럽게 프레젠테이션을 해야 하는 경우에 글자들이 전부 다 깨져서 어지럽게 흩어져 있는 슬라이드를 만드는 주범이 되기 때문이다.

명조체 대신, 산돌광수체나 볼펜체 같은 서체로 직독성을 떨어뜨려라

일반적으로 신문에서 많이 사용하는 글자가 명조체인 이유는 명조체가 내용에 대해 가장 신뢰감을 느끼게 해주는 서체이며 또한 읽는 데에도 피로감을 덜 느끼기 때문이다. 또한 명조계열이 위·아래(받침)의 구분이 명확하고 글자의 상하 비율이 동일하기 때문에 훨씬 더 읽는 속도가 빠르다.

발표용 슬라이드에 어울리는 글꼴

구 분	글 꼴
한글	돋움체
	굴림체
	HY견고딕체
	HY헤드라인M
영문	Arial
	Arial Narrow
	Impact
	Tahoma

반면에 산돌광수체나 볼펜체, 엽서체 등은 각 글자가 가지고 있는 획의 위치배열이나 글자의 폭 등이 불규칙하기 때문에 명조계열에 비해 읽는 속도가 현저히 늦다. 만화 및 일기 등에서 흔히 접하는 서체이기 때문에 읽는 사람으로 하여금 내용을 가볍게 느끼게 하여 신뢰감을 떨어뜨리는 요인이 된다. 따라서 프레젠테이션 슬라이드 구성을 할 때에는 가급적 피하는 것이 좋다.

특이한 서체는 쓰지 않는다

특이한 서체는 쓰지 않는다

설명하지 않을 내용도 포함해서 풍성하게 채워라

슬라이드에는 기재되어 있는데 실제로 발표자는 아무런 설명도 하지 않고 넘어가는 경우를 겪어봤을 것이다. 이런 경우 "저건 뭔데 설명을 안 하는 거지?"라는 의구심이 든다. 앞서 말한 바와 같이 설명하지도 않을 내용이 담겨 있는 슬라이드에서는 발표자가 가진 이기심을 찾아볼 수 있다.

"혹시 모르니까 일단 담고 보자. 어차피 설명 안 하면 되는 거 아니겠어?", 아니면 "설명할 때 내가 참고할 것이 많으면 좋은 거 아니야?" 이러한 생각을 가지고 있는 발표자는 설명하지 않을 내용도 일단 슬라이드에 담는다.

슬라이드에 나오는 내용들에는 모두 '명분'이 있어야 한다. 시선을 빼앗은 명분, 다른 내용을 제치고 그 자리에 있는 명분 말이다. 슬라이드에는 있으나 발표자가 설명하지 않고 자주 넘어가면, Mr. Big의 심기를 거슬리게 하며 무언가 의도적으로 누락하면서 설명을 하고 있다고 생각하게 되어, 설명하지 않은 내용에 더욱 집착하게 만든다.

잘 만들어진 슬라이드를 통해서
- 설득력이 43% 향상된다.
- 결재나 승인을 받을 확률이 2배가 향상된다.
- 내용 기억률이 5배가 증가한다.
- 설명하고 이해하는 시간이 28% 절약된다.

12
참 빽빽하기도 해라,
거 좀 시원하게 못 만들어?

－글자와 숫자는 도식화 하라!

올리브유(Olive Oil)

■ 올리브유의 분류에 따른 기준 (IOOC기준) - 1

1) Olive Oil : 단지 올리브 열매로부터 얻어진 오일로 용제처리나 에스테르화 등의 처리를 가하지 않아야 함. 他 오일과의 혼입도 불가함.

- Virgin Olive Oil : 올리브 열매로부터 기계적 또는 물리적 방법만을 가하여 채유된 오일로, 세척, 경신, 여과, 원심분리 외의 어떠한 공정도 거쳐선 안됨.
  ① Extra Virgin : 유리지방산 함량이 올레인산을 기준으로 환산시 1g/100g 이하여야 함.
  ② (Fine) Virgin : 유리지방산 함량이 올레인산을 기준으로 환산시 2g/100g 이하여야 함.
  ③ Ordinary(or Semi-fine) Virgin : 유리지방산 함량이 올레인산을 기준으로 환산시 3.3g/100g 이하여야 함.

- Refine Olive Oil : Virgin Olive Oil의 글리세라이드 구조에 변형을 주지 않는 조건에서 정제가공 과정을 거친 오일

- Blending Olive Oil : 식용에 적합하도록 Refine Olive Oil(정제올리브유)와 Virgin Olive Oil(압착 올리브오일)을 적정 비율로 혼합한 오일

"뭐가 이렇게 빽빽하게 꽉 차 있어 이거? 거기다가 전부 글자야? 완전히 줄줄 써내려 갔구만. 당신이 만든 슬라이드는 보는 게 아니고, 읽어야 하는 슬라이드야…. 당신은 내가 저거 다 읽을 것 같아? 당신이 하는 말 들으랴, 앞에 있는 슬라이드 한줄 한줄 읽으랴 정신이 없잖아…. 완전히 '눈 뜬 장님'을 만들어버리니 이거 원…."

스포츠신문 VS 독립신문

당신이 전달하고 싶은 메시지를 똑같이 담고 있는 신문이 두 종류가 있다고 하자. 하나는 스포츠신문, 다른 하나는 독립신문이라면 당신이 Mr. Big에게 "이 두 신문들이 담고 있는 내용은 모두 동일합니다만, 어떤 것으로 읽고 싶으십니까?"라고 질문했을 때 Mr. Big은 어떤 신문을 골라서 읽을 것 같은가? 십중팔구 스포츠신문을 고를 것이다.

왜 그럴까? 독립신문에 비해서 스포츠신문이 좀 더 읽는 사람(讀者)의 입장에서 보다 매력적인 구성을 했기 때문인데, 앞으로 스포츠신문이 독립신문에 비해 구체적으로 어떻게, 그리고 무엇이 다른가를 비교해볼 것이다. (독립신문이 나쁘다는 것이 아니다. 글자위주로 표현되어 있어서 직독성이 떨어지는 것을 비유한 것이다.)

이제부터 나올 내용들을 읽어보며 당신이 지금까지 만들었던 또는 앞으로 만들려 했던 슬라이드들은 독립신문 유형의 슬라이드였는지, 아니면 스포츠신문 유형의 슬라이드였는지를 솔직하게 생각해보자.

스포츠신문형	독립신문형
글자와 그림을 골고루 활용한다.	그림이 아예 없다. 그래서 끝까지 읽어야만 어떤 이야기인지 알 수 있다.
글자를 쓰든, 그림을 그리든, 색깔을 칠하든 중요한 내용일수록 크고 시원하게 표현한다.	• 중요한 것과 중요하지 않은 것이 모두 평등하게 같은 위계로 보인다. • 슬라이드 내에서 중요한 것을 찾아내는 일은 Mr. Big의 몫이다.
시선의 흐름을 거슬러서 표현하지 않는다.	• 한눈에 들어오지도 않고, 읽는 데에도 불편하다. • 위에서 아래로 읽어야 하며, 우에서 좌로 흐른다. • 읽다 보면 피곤하다. 저절로 졸린다.
적절한 색상과 사진이 사용되어 내용과 메시지가 표현된다.	• 흰색은 종이요, 검은색은 글씨이다. • 강조효과, 인식증대효과를 위한 노력이 전혀 없다.
대표 메시지가 매력적이고 매혹적인 글귀로 구성되어 맨 앞에 놓인다.	• 슬라이드에 핵심문구라는 개념이 없으며 논리의 구성으로 인한 핵심개념의 부각도 겉으로 드러나지 않는다. • 함축적인 말이나 은유적인 말로 제시하지 못한다.
보면서 이해하는 슬라이드	하나씩 읽으며 이해하는 슬라이드
시원하다.	답답하다.
본다.	안 본다.
도움이 된다.	별로 도움이 되지 않으며 심하면 오히려 없으니만 못하다.

위의 표에서 나타난 것처럼 스포츠신문 형태의 슬라이드는 눈으로 읽는 것이 아닌 보는 또는 보도록 유도하는 슬라이드다. 슬라이드가 담고 있는 전체적인 흐름과 중요한 사실을 한번에 인지할 수 있도록 배열하고 구성하여 보는 것만으로도 슬라이드의 의도를 파악할 수 있다.

반면에 독립신문형은 읽는 슬라이드이며, 더 심하게 말하면 읽어야만 하는 슬라이드다. 하지만 더 안타까운 것은 Mr. Big은 이런 슬라이드는 거들떠보지도 않기 때문에 결국 읽히지도 못한다.

중요한 내용에 대한 부각이 전혀 없고, 인내심을 가지고 끝까지 읽어야 지만 그 내용을 알게 되기 때문에 보는 순간 가슴이 답답해지기 시작하고 프레젠테이션이 진행되는 그 자리를 뛰쳐나가고 싶게 만든다.

만약, 교통 표지판이 모두 글자로 이루어져 있다면?

지구상에 있는 대부분의 교통표지판이 그림으로 되어 있는 이유를 혹시 생각해본적이 있는가?

만약 당신이 시속 100Km로 달리는 차를 운전하고 있을 때 '100m 앞 철로주의'라고 쓰여 있는 교통표지판을 지나친다면 과연 이 내용을 제대로 볼 수 있을까? 가뜩이나 앞만 보고 달려야 하는 운전자들은 이런 표지판에 0.5초 정도의 시선을 줄 수밖에 없는데, 이를 본 운전자들은 그 내용을 그 짧은 순간에 인지하는 것이 가능할까? 거의 불가능하다.

어떻게 하면 짧은 시간에 찰나의 시선만으로도 바로 이해할 수 있도록 할 수 있을까?

세상에 존재하는 모든 교통 표지판들이 그림이나 단순한 도형으로 만들어져 있는 이유가 바로 여기에 있다. 우리의 뇌와 눈은 글자를 인식하는 것보다 그림을 인식하는 속도가 훨씬 빠르기 때문이며, 좁은 면적에 많은 내용을 담을 수 있는 것도 바로 글씨보다는 그림이기 때문이다.

이처럼 글자형 보다는 그림형 슬라이드가 짧은 시간 안에 그리고 짧은 시선 안에 보다 많은 내용을 전달할 수 있다. 우리의 뇌는 글자보다는 그림을 훨씬 더 빨리 인식하고, 오래 기억한다.

뇌의 이야기

1981년에 노벨 생리·의학상을 수상한 심리학자 로저 스페리(Roger W. Sperry)는 인간의 뇌는 좌뇌와 우뇌로 구분되며 이 양쪽의 뇌가 주로 담당하는 기능이 서로 다르다는 것을 밝혀냈다.

로저 스페리에 따르면 좌뇌는 분석, 글자, 숫자, 논리, 세부사항 등을 담당하는 반면, 우뇌는 그림, 이미지, 균형, 색상 등을 담당한다고 한다. 또한 이 좌뇌와 우뇌는 뇌량이라는 다리로 서로 연결되어 있어 담당 기능이 분리되어 움직이는 것은 아니지만, 어느 정도 자신에게 부여된 고유한 기능을 더 잘 수행하도록 설계되어 있다는 것이다.

일부 연구결과에 의하면 현대인들, 특히 직장인들은 항상 논리 속에서 무언가를 분석하고 수치를 계산하며 글자 중심으로 된 보고문서를 작성하면서 생활하는 이른바 좌뇌 중심적인 생활과 업무로 인해 좌뇌가 항상 과부하 상태에 노출되어 있다고 한다.

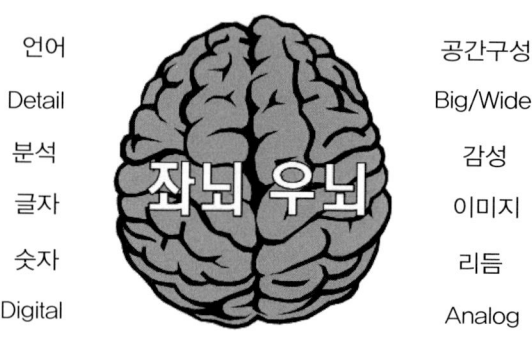

반면 직장인들의 우뇌는 좌뇌에 비해 조금은 덜 사용되기 때문에 비교적 스트레스가 적고, 덜 피곤한 상태에 있으므로 사용할 수 있는 여유 공간이 상대적으로 많다고 한다. 직장인들의 우뇌는 여유롭다. Mr. Big의 뇌 또한 다를 바 없을 것이다.

이처럼 프레젠테이션에 참석한 Mr. Big의 뇌를 중심으로 봤을 때, 늘 지쳐 있는 좌뇌만 공략하게 되면 좌뇌 과부하만 더욱 가중시킬뿐이다. 이해도가 떨어져 '100'을 전달했을 때 '70~80' 정도만 받아들인다. 반면, 프레젠테이션을 통해 Mr. Big의 여유로운 우뇌가 움직이도록 유도한다면 많은 양의 내용을 이해하고 받아들일 확률이 더욱 높아진다. 또한 우뇌의 문자 기억용량은 좌뇌의 100만 배에 달할 것이라는 연구결과도 있다.

프레젠테이션의 특징

- 좌뇌 공략형 : 글자, 숫자 중심의 분석, 논리를 제시
- 우뇌 공략형 : 균형, 색상, 맥락(일관성), 이미지, 큰 흐름을 제시

좌뇌형 프레젠테이션 전략(글자, 숫자 중심의 분석결과 논리를 제시하는)이 나쁘다는 것은 절대 아니다. 이러한 글자, 숫자, 분석, 논리를 빼놓고는 절대 프레젠테이션이 구체적이고 현실적일 수 없다.

다만 글자, 숫자, 논리들이 적절히 표현될 수 있도록 하는 우뇌형 전략(균형, 색상과 이미지, 리듬을 제시하는)을 혼합해서 사용해야 한다는 것이다. 이를 통해 Mr. Big의 좌뇌와 우뇌를 골고루 공략할 수 있는 슬라이드 구성전략이 나올 수 있다.

좌뇌와 우뇌를 동시에 공략하는 슬라이드의 특징을 정리해보면 아래와 같다.

- 숫자만이 아닌 이미지(도형, 그래프)를 중심으로 메시지를 소화한다.
- 분석결과를 끊임없는 논리 속에서 강조하되 슬라이드에서 무엇이 중요한지(강약), 어떻게 흘러가는지(흐름과 맥락)를 바탕으로 표현한다.
- 의미있는 색상, 적절한 색상을 사용하면서 눈의 흐름을 유도한다.
- 전체적인 균형을 통해서 시선이 불편하지 않도록 한다.

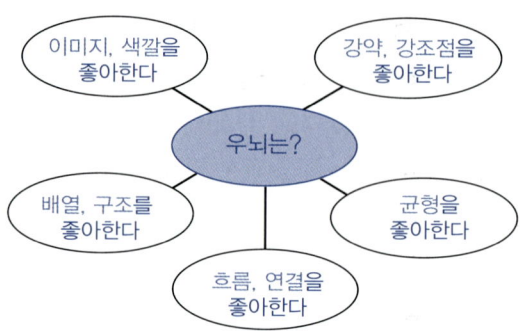

이제부터는 슬라이드를 시원하게 만들 수 있는 대원칙에 대해서 알아볼 것이다.

'숫자와 글자'들은 기필코 마사지(Massage) 하라!

알다시피 '마사지'란 피부나 근육을 자극하여 혈액순환을 순조롭게 해주는 치료법을 말한다. 마사지를 받게 되면 뭉친 근육들이 풀어져서 뻐근함이 사라지고 근육들이 이완되고 풀어져 시원함을 느낄 수가 있으며, 근력을 더욱 발휘할 수 있다.

슬라이드에게 들어갈 숫자에도 마사지를 해주면 엉켜 있는 숫자들이 풀어져 부각될 수 있고, 숫자들이 가지고 있는 에너지가 증폭될 수 있다. 글자 또한 마찬가지다.

숫자나 글자들이 있는 그대로의 모습으로 슬라이드에 놓이면 너무 거칠고 딱딱해서 Mr. Big이 눈으로 소화하기 힘들다. 때문에 이러한 1차 정보는 반드시 가공해야 한다. 이게 바로 '숫자와 글자의 마사지'이다. 숫자 마사지의 결과가 바로 '그래프'이고, 글자 마사지의 결과가 도형의 연결인 '도해'라고 할 수 있다.

글자 마사지 결과

현금흐름 관점의 Restructuring	
현금창출	– 수익성 없는 사업 처분 – 잉여 자산 매각 – 한계 수익사업 Spin-off – 시설의 효율화 – 신규주식 발행
현금사용	– 기술 차이를 극복하기 위한 새로운 join Venture(JV)형성

숫자 마사지 결과

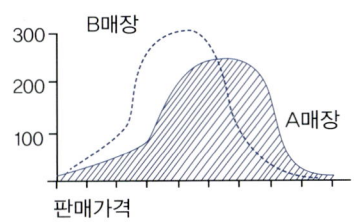
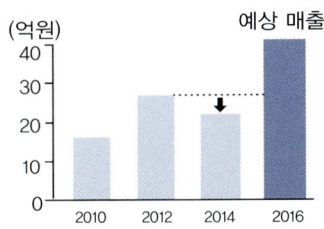

그래프는 각 숫자들이 가지고 있는 의미와 연관성, 상대성, 흐름을 표현해 놓은 것으로서 10,000개의 숫자들을 하나의 이미지로 표현할 수 있는 강한 함축성을 가지고 있다. 도해는 도형들을 중심으로 한 표현방식으로, 글자들이 가진 위계 및 관계와 흐름을 한눈에 잡아 보여주므로 슬라이드의 직독성을 최대한 높여줄 수 있다.

> "그림은 또 다른 형태의 언어이다. 나는 1,000마디 말보다 하나의 그림이 더 많은 의미를 담을 수 있다고 생각한다."
> – 진 젤라즈니 (맥킨지의 비주얼 커뮤니케이션 총괄임원)

그래프와 도해를 작성할 때에는 나름대로의 원칙과 프로세스가 있다.

첫째, 내용을 잘 표현할 수 있는 가장 적절한 형태를 고르되 이해하기 어려운 유형의 형태는 가급적 피하고, 누구에게나 익숙하고 쉬운 형태를 사용하는 것이 좋다. 멋있어 보인다고 해서 어려운 형태를 사용하게 되면 오히려 내용의 전달력이 떨어진다. 슬라이드 구성의 가장 큰 대원칙인 직독성, 간결성, 소구성에 위배되기 때문이다.

둘째, 단순하게 표현하되 강조할 포인트를 집중 부각해야 한다. 근원이 되는 숫자와 글자들이 가지고 있는 한,두 가지의 메시지를 중심으로 작성해야 한다. 많은 것을 담고 있는 그래프와 도해는 오히려 이해를 떨어뜨리는 역효과를 불러일으키기 때문이다. 그래프와 도해를 본 후에 3초 내에 알아볼 수 있는가를 스스로 검증하여야 한다.

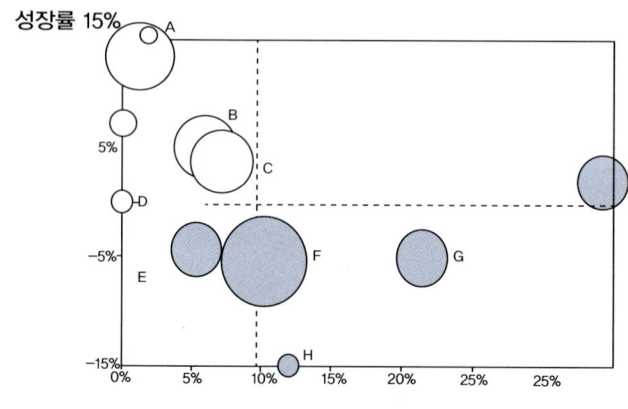

내용을 읽어내기 어려운 예

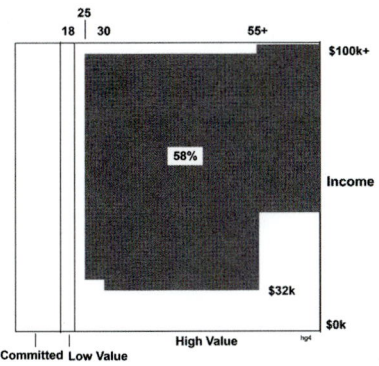

같은 내용이지만 최대한 단순하게 만든 예

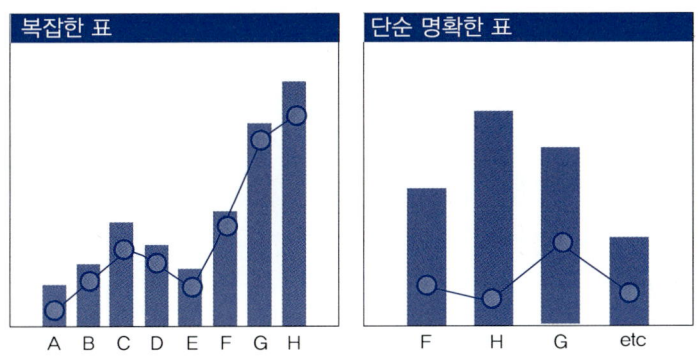

셋째, 그래프나 도해를 표현할 때에도 인식의 흐름, 시각의 흐름을 최대한 거스르지 말아야 한다. 대부분의 사람들은 무의식적으로 시간은 좌에서 우로 흐르고, 위로 올라갈수록 많을 것이라고 생각하기 때문에 이를 거스르게 되면 인식의 저항이 일어나게 된다(본 내용은 다음 장에서 '인식의 Baseline'이라는 주제로 더욱 깊이 다룰 것이다).

숫자형·문장형 슬라이드와 그래프형·도해형 슬라이드와의 차이

1. 숫자형·문장형 슬라이드
 - 문장에서 각각의 단어가 눈에 띄지 않는다. 숫자는 처음부터 안 보인다.
 - 처음부터 끝까지 작정하고 읽지 않으면 이해할 수 없다.
 - 보통 두 번은 읽어 보아야 어떤 내용인지 알 수 있다.
 - 애매한 표현이나 불충분한 정보들이 문제가 된다.
 - 자료를 만드는 과정에서 발표자가 가지고 있는 고정관념이 반영된다.

2. 그래프형·도해형 슬라이드
 - 포인트가 되는 단어나 수치가 눈에 띄인다.
 - 흐름과 추이를 볼 수 있어 주장하는 바를 한눈에 알 수 있다.
 - 전체적인 구조나 프로세스, 방법 등을 직감적으로 이해할 수 있다.
 - 미세한 부분의 약점들을 피할 수 있고 큰 틀에 관해 먼저 말할 수 있다.
 - 인지하는 과정에서 Mr. Big이 가지고 있는 견해를 반영할 수 있어 의도하지 않았던 새로운 발견이 가능하다.
 - 단편적으로 흩어져 있는 정보들이 모여 의미 있는 메시지로 재탄생한다.
 - 장황한 설명 없이 요점부터 파고들 수 있다.

알아두면 바로 써먹을 수 있는, 피가 되고 살이 되는 그래프 작성법

일반적인 업무에서 가장 많이 하는 분석유형을 중심으로 이때 사용하는 그래프의 작성방법을 하나씩 알아보자.

구성의 비율 표현

1. 원그래프(Pie Chart)

전체의 백분율, 즉 각 부분이 전체에서 차지하는 비율을 나타낼 때 쓰는 그래프로 가장 활용도가 높으며, 다양하게 표현할 수 있는 장점이 있다. 또한 보는 사람에게 친근하게 느껴진다. 전달하고 싶은 메시지 중에 '비중' 또는 '%'가 있다면 뒤돌아보지 말고 바로 원그래프를 그리는 것을 권장한다. 이때 유의해야 할 사항은 다음과 같다.

- 강조 또는 항목들 간의 서열이 없는 한 12시부터 시계방향으로 비중이 가장 큰 항목의 순으로 기입하고, 기타 항목을 끝에 두어야 인식률이 높아진다.
- 중요한 항목은 색을 넣어 강조하는 것이 좋다.
- 수치로 된 비율 정보는 그래프 안에 표시하고, 항목은 밖에 표시하는 것이 인식하기 더 좋다.

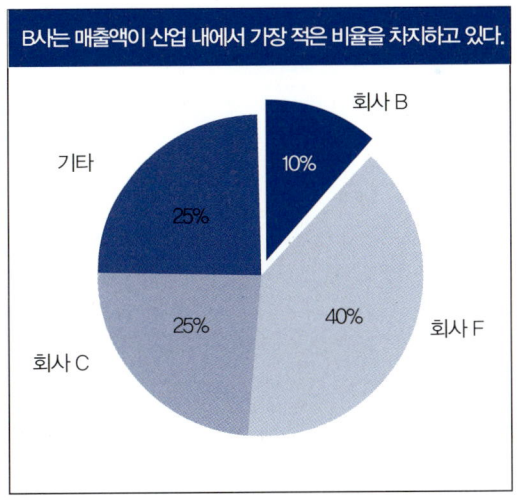

원그래프의 경우 구성요소가 가급적 5개 이하인 경우에만 사용해야 한다. 구성요소가 너무 많게 되면 직독성이 사라져 보기 어려워지기 때문에 구성인자의 개수가 많은 경우에는 비중이 크지 않은 요소들을 모아서 '기타'의 항목으로 묶어 별도의 다른 그래프로 보여주는 것이 훨씬 더 보기에 편하다.

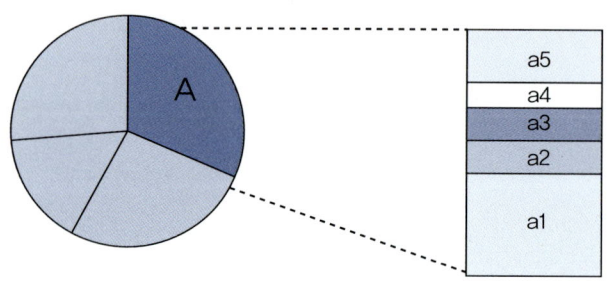

2. 세로 막대그래프

세로 막대그래프는 항목별로 제시된 넓이나 높이만큼 비중의 차이를 보여주어 원 그래프에 비해 상대적으로 직독성은 낮지만, 공간을 절약할 수 있고, 글자를 좀 더 많이 쓸 수 있다는 장점이 있다.

일반적으로는 위아래로 나열하는 막대그래프를 많이 사용하지만 옆으로 전개되는 방식으로 구성할 경우에는 얼핏 보면 시계열의 개념으로 착각할 수 있음에 유의해야 한다.

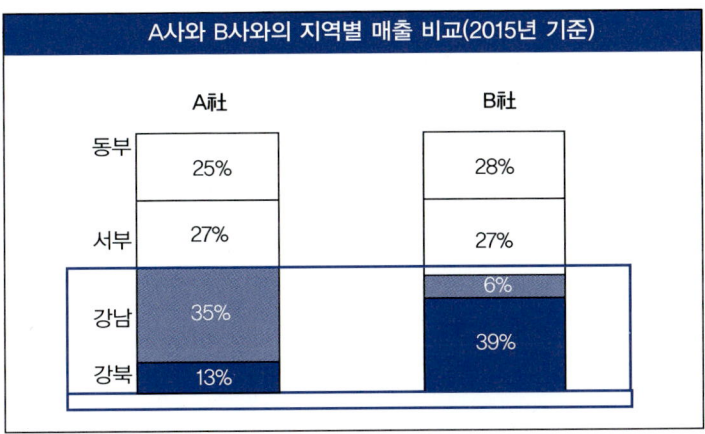

항목의 차이 · 비교상태 표현

항목의 양, 크기, 순위 등을 비교하여 항목들의 상대적 차이를 제시하는 경우에는 각 항목의 수치를 높이나 길이로 표현하여 비교하는 그래프들이 많이 쓰인다.

1. 가로 막대그래프

가로 막대그래프는 각 요소들의 크기, 양 등 수치로 표현되는 결과의 순위를 한눈에 비교하되 그 차이점을 최대한 부각시켜 줄 수 있는 것이 특징이다. 전하고 싶은 메시지 중에 '순위, 변화, 차이, 유사'라는 단어가 있다면 아무 생각하지 말고 가로 막대그래프를 고르면 된다.

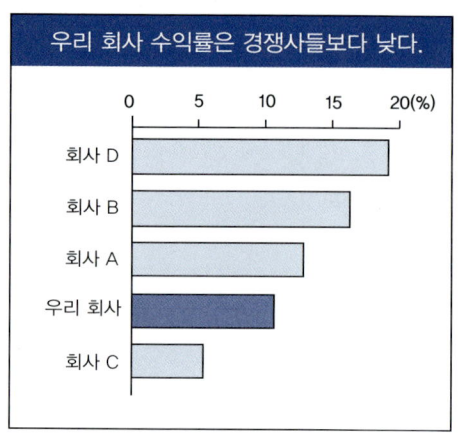

　가로 막대그래프를 그릴 때에는 각 구성항목 간에 반드시 지켜야 하는 특별한 위계나 서열(예를 들어 반드시 가나다의 순을 맞춰야 하거나 1·2·3 또는 ABC의 순서를 맞춰야 하는)이 없다면 위로 올라갈수록 많고 높은 수치를 가지고 있는 구성항목을 그리고, 밑으로 내려갈수록 적은 수치를 가진 항목을 배열하여야 직독성을 높일 수 있다.

　가로 막대그래프의 세로축에는 항목의 명을, 가로축에는 눈금의 수치를 넣어주는 것이 좋으며 부(負)의 값, 즉 마이너스의 값이 있는 경우에는 기준축의 왼쪽에 막대를 배열하게 되면 훨씬 더 빨리 알아볼 수 있다.

2. 폭포형 그래프(Waterfall Chart)

　세로 막대그래프의 변형이다. 각 항목 하나씩을 조목조목 따져 들어가면서 차이의 요인을 부각시켜서 보여주고 싶을때 가장 효과적이다. 일반적으로 문제나 현상의 원인을 파고 들어갈 때 어떤 것이 가장 큰 주요인이 되는지를 한눈에 볼 수 있어 문제의 원인을 파고드는 작업을 하는 컨설턴트들이 선호하는 그래프 중에 하나이다.

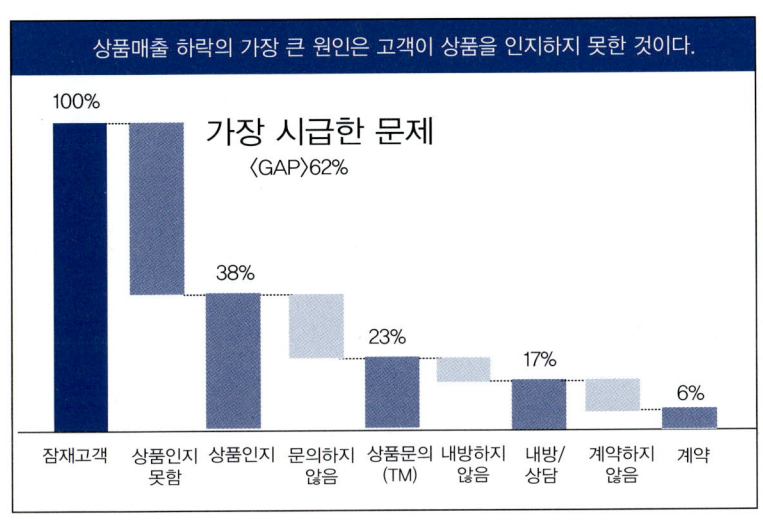

시간 흐름상의 변화추이 표현

시간에 따라 각 항목들의 양적인 변화가 있는 경우에는 시간을 기준으로 항목의 변화를 그래프에 표현한다. 이 경우 시간은 가로축에, 수치의 기준은 세로축에 표현하는 것이 가장 좋다.

1. 세로 막대그래프

세로 막대그래프를 사용할 때의 유의사항은 너무 많은 항목을 동시에 그래프에 담으려 하면 매우 복잡하고, 답답해 보인다는 것이다. 원 그래프와 마찬가지로 세로형 막대그래프에서 다루는 항목은 가급적 5개 이상을 넘지 않는 것이 좋으며, 수치 비중이 적은 내용들을 '기타' 항목으로 두어 압축하는 것이 좋다.

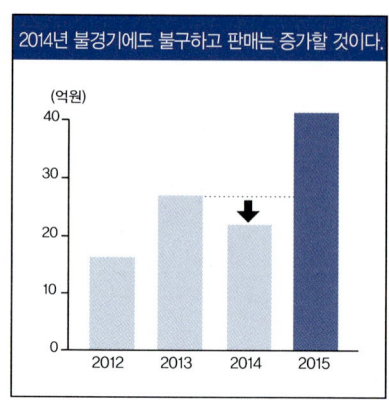

다음 그래프와 같이 세로 막대그래프를 연결하면 시간의 흐름 속에서 항목의 구성비중이 바뀌는 모습을 보여줄 수 있다. 이때 항목별로 색깔을 구분하고 각 마디별로 선을 연결하면 직독성을 훨씬 높일 수 있다.

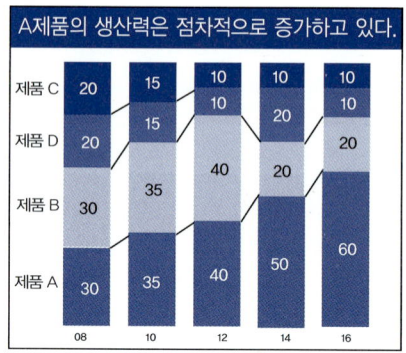

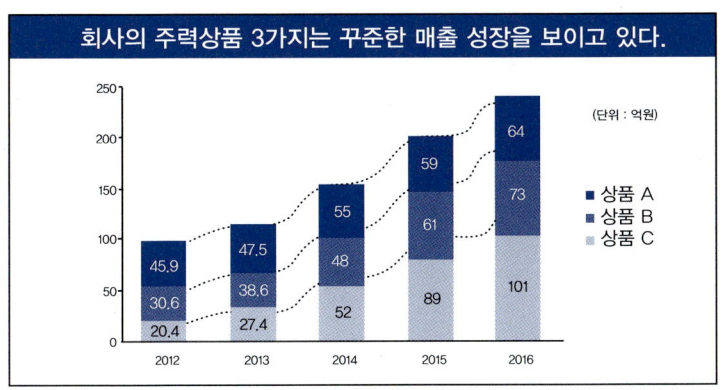

2. 선그래프

선그래프는 세로 막대그래프에 비해서 보다 길고 많은 시간항목을 다룰 수 있고 시간 간에 움직이는 역동적인 변화를 많이 강조할 수 있는 장점이 있다. 또한 하나의 그래프 내에서 여러 가지 항목들을 비교하는 데에 효과적이다. 하지만 동시에 5개 이상의 항목을 하나의 선그래프 내에서 비교하는 것은 좋지 않다.

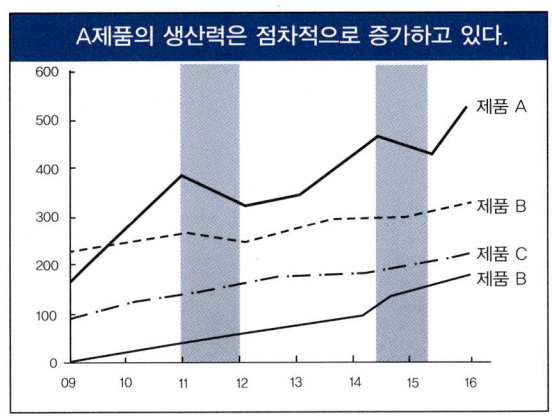

선그래프를 그릴 때에는 보이는 선의 유형(실선, 점선 등)이나 색상, 두께 등을 달리하여 항목의 대표성을 부각할 필요가 있으며, 중요한 시점에서 뒤의 배경색상을 달리하면 조금은 더 친절한 그래프가 될 수 있다. 또한 선그래프에서도 마찬가지로 가로축에 제시되는 시간의 흐름은 반드시 왼쪽에서 오른쪽으로 흘러가도록 표현해야 한다.

선그래프에서 비교해야 하는 두 개의 항목들이 가진 눈금이 서로 다른 경우일 때, 예를 들면 아래와 같이 'A'는 제품의 생산량을 표현하고 있어 톤(ton)을 기준으로 0에서 1,000까지의 눈금이 필요한데 'B'는 인원으로 '명'을 기준으로 0에서 200까지의 눈금을 가져야 하는 경우, 이 경우에는 반드시 양쪽으로 서로 다른 눈금의 영역을 제시한 후 이를 명시해주어야 한다.

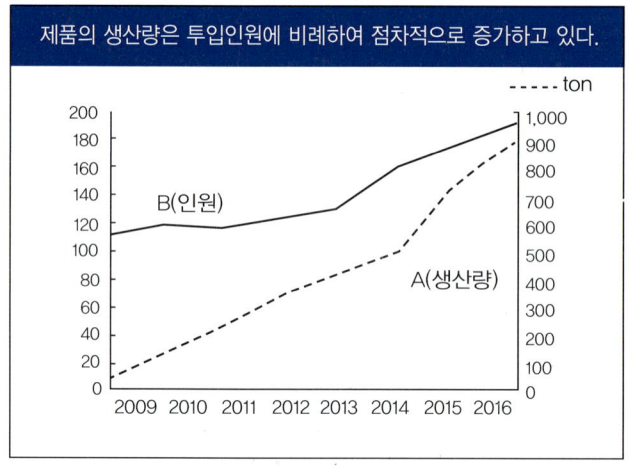

하지만 그래프에 한 번에 2개 이상의 정보를 담는 것보다는 한 번에 하나씩만의 정보를 담는 것이 이해도 증대 측면에서 훨씬 더 유리하다. 따라서 두 개의 다른 눈금을 하나의 그래프에 사용하는 경우는 그 효율성에 대해서 최대한 심사숙고할 필요가 있다. 그리고 무엇보다도 숙련되지 않은 사람일수록 그래프를 그리는 데 훨씬 더 오랜 시간이 걸릴 수 있기 때문이다.

빈도의 표현

항목이 가지고 있는 정보들이 어느 곳에 집중되어 있는지 또는 분산되어 있는지를 표현하는 경우이며, 일반적으로 세로 막대그래프나 선그래프로 그린다. 하지만 다루고 있는 항목의 수가 많으면 선그래프로 표시하는 것이 좋다.

또한 2개 항목의 선 그래프를 조합시켜서 상호 어긋남과 높이, 폭 등의 차이점을 근간으로 분포의 상황을 동시에 비교하여 표현해 줄 수도 있다. 세로나 가로 막대그래프로도 어느 정도 표현이 가능하지만 선 그래프가 보여주는 면적과 높이 차이를 동시에 극명하게 보일 수 있으므로, 분포의 비교가 목적인 경우에는 선 그래프가 가장 훌륭한 해결책이다

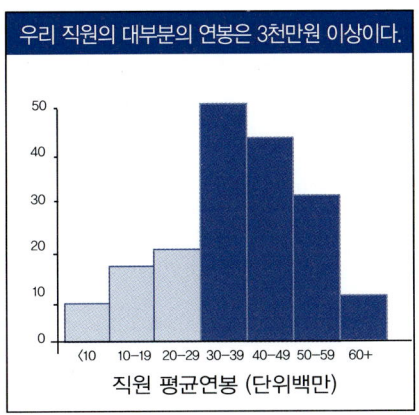

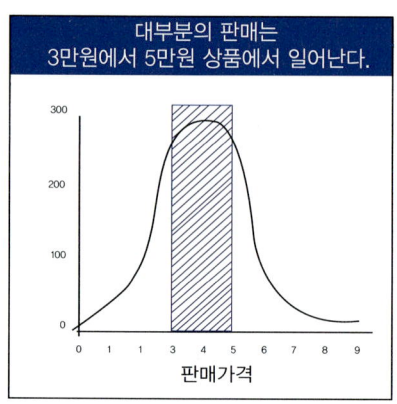

상관관계의 표현

두 개의 항목 간에 가지고 있는 상관성, 즉 "두 개의 항목들은 서로 연관성이 있는가? 있다면 어떠한 연관성이 있는가?"에 대한 내용을 그래프로 표현해야 하는 경우에는 가로 막대그래프를 연결해서 표현하는 방법과 항목이 많은 경우에는 점그래프로 표현하는 방법이 있다.

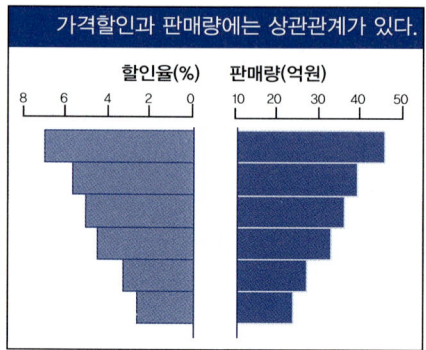

이 그래프와 같이 두 가지 항목에서 보여주는 막대의 길이가 서로 유사하게 펼쳐지는 유형과 패턴(Pattern)을 가지고 있는 경우에는 두 가지

항목 간의 연관성이 높다는 결론을 얻을 수 있다. 반대로 두 가지 항목에서 보여주는 막대의 길이가 들쭉날쭉 일관성이 없는 유형을 보이면 두 가지 항목 간의 연관성이 낮다는 것을 보여준다. 즉, 위의 표를 보면 할인율이 높을수록 판매량이 증가했고, 할인율이 낮을수록 그에 따라 판매량이 감소하고 있다는 것을 확인할 수 있다. 즉, 할인율과 판매량이 정비례하는 관계라고 볼 수 있다.

비교하는 두 개의 항목에서 많은 수의 예시를 확인해보는 경우, 예를 들면 전국 지점 약 70여 개 점포의 판매량과 할인율을 비교하는 경우에는 막대그래프보다는 점그래프로 표현하는 것이 더 수월할 수 있다.

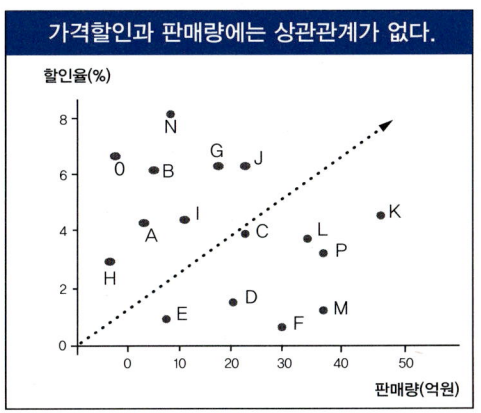

점그래프에서 표시된 점의 분포가 일정한 패턴, 즉 한군데에 일정하게 몰리는 현상을 보이고 있으면 두 항목 간의 관계도가 높은 것이고 일정치 않거나 분산되어 있으면 두 비교 항목 간에는 관계도가 없다는 것을 의미한다. 점그래프를 그릴 때에는 원래 의도했거나 기대했던 패턴을 화살표나 별도의 표시를 해주게 되면 더욱 그 상관성을 판단하기가 쉬워진다.

TIP 슬라이드를 만드는 3가지 원칙
- 보기 쉽게! – 그래야 본다.
- 이해하기 쉽게! – 그래야 공감한다.
- 눈에 띄게! – 그래야 기억한다.

알고 보면 정말 쉬운 도해!

앞서 언급했던 것처럼 문장은 끝까지 읽어야 그 뜻을 이해할 수 있지만, 글자들의 뜻을 도해로 표현한 경우에는 끝까지 보지 않아도 충분히 그 의미를 알 수 있다. 따라서 슬라이드에서 왜곡되면 안 되는 중요한 내용의 경우에는 아주 절제되고 압축된 문장으로 표현하고, 나머지 정보들은 가급적 도해로 표현해 주는 것이 좋다.

도해란 주요 핵심단어나 어구만을 가지고 내용 상호간의 관계나 위계 흐름을 나타내 주는 것으로서 문장이 가지고 있는 속뜻을 한눈에 볼 수 있도록 도와준다. 따라서 슬라이드를 시원하게 만들고 싶다면 우글거리는 단어들 속에서 핵심내용만을 끄집어내어 핵심단어만을 근간으로 최대한 도해화시켜야 한다.

도해에 대한 이야기를 하기 전에 먼저 '도해를 한다는 것은 핵심단어만을 사용한다는 전제를 가지고 있다는 것'을 잊지 말아야 한다. 도형들을 통해서 문장이 가진 내용과 문맥을 표현하는 것이 도해인데, 각 도형들에 필요 없는 단어까지 들어간다면 이는 도해화를 해도 의미 없는 답답한 도형이 되어버린다. 도형에는 중요한 핵심만이 남아 있어야 하고, 그 핵심단어들의 관계나 흐름에 대한 설명은 추가로 꾸며지는 화살표와 도형이 가지고 있는 모습에 맡겨야 한다.

 도해를 이루는 가장 기본적인 요소는 '원과 화살표' 딱 두 가지이며, 이 '원과 화살표'가 바로 도해의 시작이다. 따라서 이것만 잘 사용해도 좋은 도해를 해낼 수 있다. '원'은 콘텐츠를 표현하고, 화살표는 콘텐츠 간의 관계와 흐름을 표현하기 때문에 아무리 어려운 내용이라 하더라도 이 두 가지만 잘 이용한다면 이 모든 내용을 다 소화시키는 슬라이드를 만들 수 있다.

 콘텐츠를 담아낼 때 다른 도형을 쓰는 경우도 많지만 원이 가장 두루뭉술하고 표현성이 넓기 때문에 초보자라면 처음에 원을 근간으로 연습을 하다가 삼각형, 사각형, 오각형으로 확장하는 것이 좋다. 어떻게 보면 '원'이 변형되어 삼각형이나 사각형이 되는 것이므로 도형 사용의 기본을 '원'을 통해 닦는다고 볼 수도 있다.

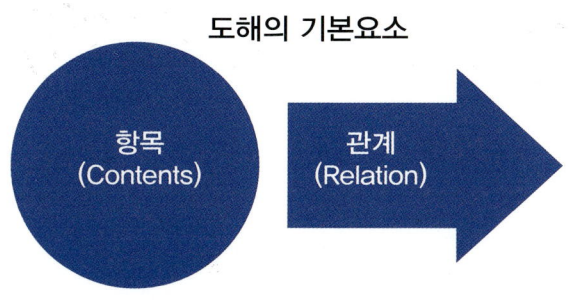

도해의 기본요소

 다음 그림은 원으로 콘텐츠들을 표현한다면 추가적인 화살표가 없는 경우에도 웬만한 관계성은 모두 표현할 수 있다는 것을 보여준다.

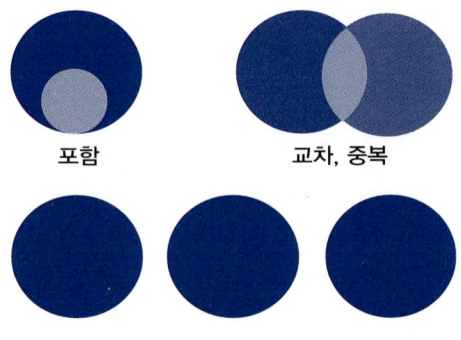

포함   교차, 중복

병렬, 대립, 비교, 집합

　이처럼 도형의 배열이나 위치만으로도 각 콘텐츠들이 가지고 있는 관계를 표현하고, 전체적인 윤곽을 잡을 수 있다. 또한 이를 통해서 시선의 흐름까지도 유도할 수 있다.

　여기에 화살표가 첨가되면 훨씬 더 확장된 관계와 흐름, 위계를 보다 확실하게 표현할 수 있고, 이로써 슬라이드가 가지는 내용의 의미는 더욱 뚜렷해진다. 화살표는 문법에서 '전치사'와 '접속사'와 같은 역할을 하게 되는데, 이를 통해서 각 항목이 연결되어 서로를 꾸며줄 수 있으며 항목 간에 보이지 않는 미묘한 관계를 표현할 수 있다.

　화살표만으로도 두 항목 간의 진행단계나 시간의 흐름을 나타낼 수 있고, 두 항목 간 인과관계의 긍정성과 부정성, 그리고 포괄하는 상태 에너지를 발산하거나 위치를 이동하는 상태를 표현할 수 있다. 이를 통해서 각 항목들이 가지고 있는 보이지 않는 움직임을 나타낼 수가 있다.

각 항목(Contents)의 관계를 나타내는 화살표
(전치사, 접속사의 역할)

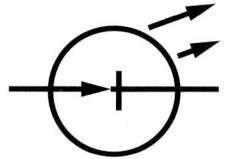

관계(Relation)
(흐름, 시간, 순접, 역접, 대립, 의존, 방사, 영향)

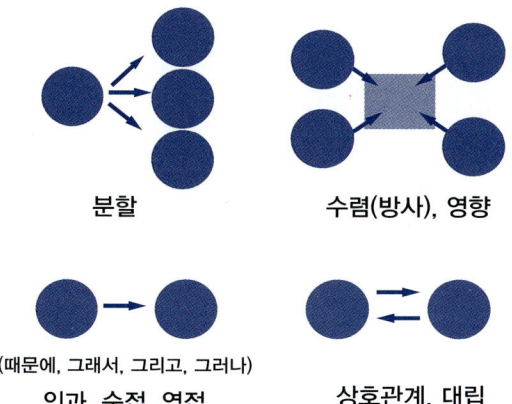

| 분할 | 수렴(방사), 영향 |

(때문에, 그래서, 그리고, 그러나)
인과, 순접, 역접 / 상호관계, 대립

TIP 화살표 사용 팁
- 화살표의 색상이나 두께가 진할수록 확신 또는 관계의 강렬함을 나타낸다.
- 화살표는 가급적 자제하면서 사용해야 한다(Mr. Big의 시선은 화살표를 따라서 움직이는 경향이 강하기 때문에 화살표를 남발하게 되면 시선이 분산되고 어지러움을 느끼게 된다).

쉽게 따라하는 도해의 기본흐름 8단계

1단계 : 문장 내에 있는 핵심 단어들을 추출한다.
"어떤 것이 가장 대표적이고 중요한 단어지?"

> 프레젠테이션에는 30초의 법칙이란 것이 있다.
> 갑자기 급한 일정이 생겨서 프레젠테이션을 시작하기도 전에 자리에서 일어나 나가는 CEO가 당신에게 이야기했다.
> "내가 엘리베이터를 타고서 1층까지 가는동안 설명해보게"
> 당신이 말해야 할 내용이 아무리 많더라 하더라도, 그리고 그 내용을 30분 동안 말 할거리로 준비를 했다 하더라도 당신은 그와 엘리베이터를 같이 타고 내려오는 30초 안에도 그를 충분히 설득할 수 있어야 한다.
> 직급이 높은 사람일수록 바쁘기 때문에 굵고 짧게 핵심 중심으로만 압축되어 있는 보고를 원하며, 길게는 5분정도 안에 모든것을 파악할 수 있는 요약된 그 무엇을 원한다. 바쁜사람을 붙잡고 몇시간동안 장황하게 이야기를 늘어놓는다는 것은 어찌 보면 듣는사람에겐 비효율의 극치이다.
> 시간은 금이고, Mr.Big은 성급하다.

30초, 엘리베이터, CEO, 핵심, 5분, 요약, 압축, 직급이 높은 30분 프레젠테이션

2단계 : 추출된 핵심 단어를 근간으로 슬라이드에서 강조할 메시지를 정한다.
"이 핵심 단어들을 가지고 결국 어떤 내용을 강조하지?"

30초, 엘리베이터, CEO, 핵심, 5분, 요약, 압축, 직급이 높은 30분 프레젠테이션

청중의 직급이 높아질수록 짧고 간결하게 접근해야 한다!

3단계 : 메시지를 가장 잘 표현할 수 있는 전개방식, 상호관계를 결정한다.

"어떤 전개가 가장 이해하기 쉽고, 단순하게 표현할 수 있을까? 연결, 나열, 순환, 흐름, 인과, 순접, 역접, 상승, 관계, 대립, 분산, 집중, 개선?"

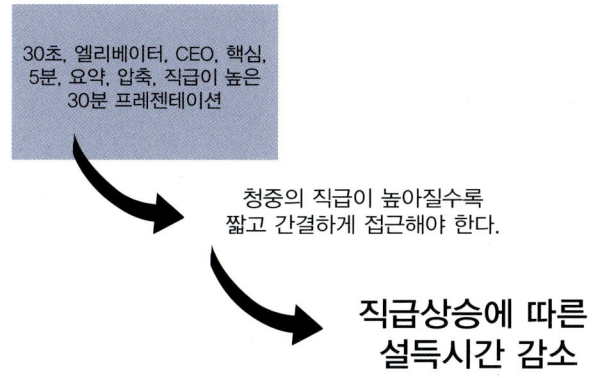

4단계 : 설정된 전개방식, 상호관계를 잘 표현할 수 있는 슬라이드 구조를 정한다.

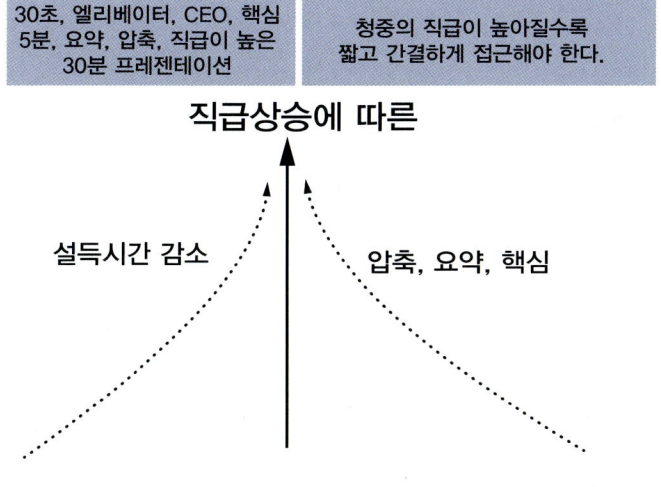

5단계 : 상호관계를 잘 표현할 수 있는 도형과 화살표를 선정하고 배열한다.

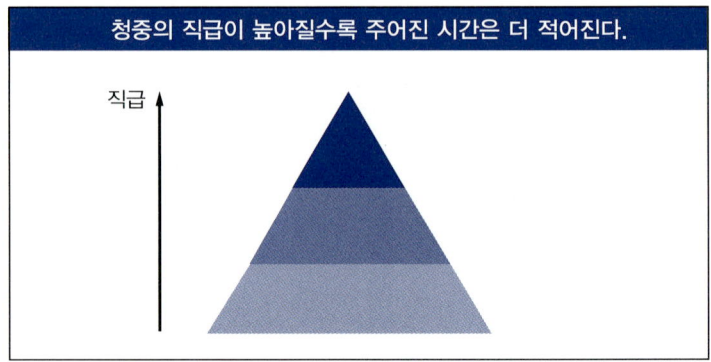

6단계 : 배열된 도형 위에 1단계에서 도출했던 핵심단어를 채워 넣는다.

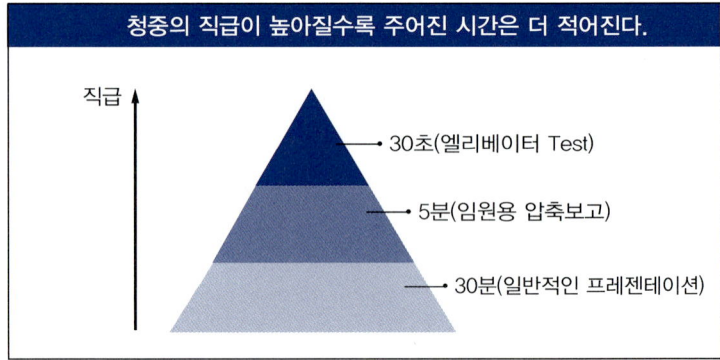

7단계 : 핵심단어 외에 설명이 필요한 부분에 절제된 부연 설명을 채워 넣는다.

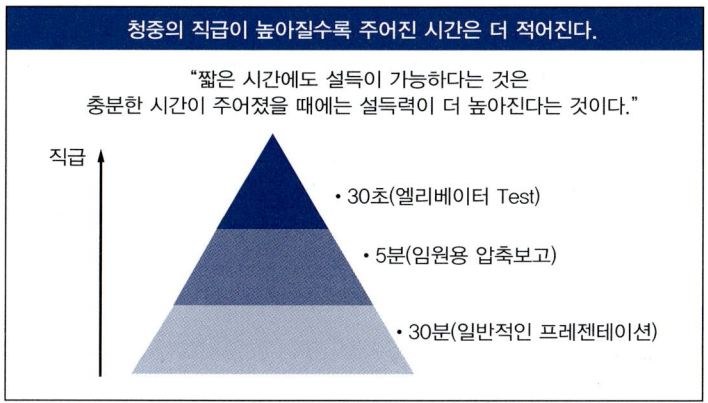

8단계 : 전체적인 흐름과 배열이 적절한가를 검증하고, 필요하면 내용을 첨가 또는 삭제한다.

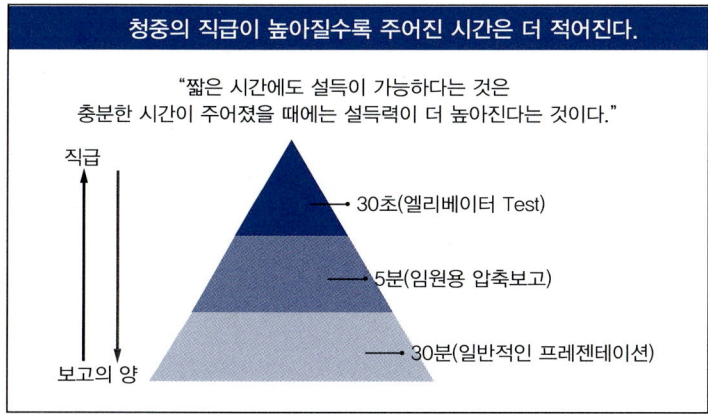

13
당신도 저거 보면 뭔가 불편하지 않아?
— 인식의 흐름을 사수하라!

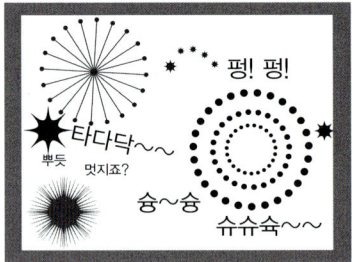

"제가 오늘 말씀드릴 내용은 3가지입니다.
첫 번째(타다닥, 타다다다닥, 신규시장의 매력도에 대한 이야기입니다.
두 번째(씨~~~융 펑! 씨~~융 펑! 씨~~~융 펑! 펑! 펑! 깜빡깜빡),
기존 시장의 확장성에 대한 이야기입니다.
세 번째는(글자의 회전, 서서히 날아오며 반짝이기) 경쟁업체의 전략분석 내용입니다."

"잠깐! 그만해. 정신 사나우니깐. 그냥 ESC 누르고 화면 크게 해서 보자. 파워포인트 가지고 뭐 이렇게 장난을 쳐놨어! 그렇게 애니메이션 효과만 주면 내가 멋있다고 박수라도 칠 줄 알았나? 지금 시대가 어느 시대인데, 아직도 이런 잡기술을 쓰고 있는 거야? 내용에 그렇게 자신이 없어? 가뜩이나 슬라이드도 맘에 안 드는 데 말이야."

구닥다리 애니메이션은 넣어 두자!

파워포인트에는 다른 엑셀이나 워드에는 없는 애니메이션 효과를 줄수 있는 기능이 있어서 글자나 도형이 날아다니게 하거나 숨었다가 다시 나타나게 만들 수 있다. 또한 각종 효과음까지도 넣을 수 있다. 하지만 Mr. Big은 이러한 애니메이션 효과에 절대 동요치 않는다. 발표자가 전달하려는 내용과 내용 속에 숨어 있는 논리와 정확한 분석 내용에만 흥미를 가지며, 현란한 파워포인트 애니메이션에는 거의 관심이 없거나, 오히려 쓸데없이 남발한 애니메이션 효과에 상당한 짜증을 느낀다.

"내가 이 바쁜 시간에 저 타자 소리 나오면서 한 글자씩 튀어나오는 단어들이나 봐야겠어? 그리고 저렇게 하나씩 나오니까, 한번에 전체적으로 볼 수가 없어서 답답하잖아."

그래서 애니메이션의 남발이 너무 심한 경우에는 화를 내며 프레젠테이션임에도 불구하고 아예 슬라이드 쇼를 하지 말고, 그냥 기본 보기 형태로 설정해서 보자고 요구하는 경우도 많다. 문제는 이렇게 기본 보기를 해도 애니메이션 효과를 주기 위해 이미 글자들이 겹쳐져 있거나 그림 뒤에 숨어 있어서 도저히 읽을 수가 없는 상태인 경우다. 이렇게 되면 Mr. Big은 문을 박차고 나가면서 "다음번에 다시 해!"라고 할 수도 있다.

많으면 오히려 적은 것보다 못한 경우를 과유불급(過猶不及)이라고 하는데, 슬라이드에서 쓸데없이 과도한 애니메이션 효과를 적용하는 것이 바로 과유불급이다.

필요한 경우에만 사용하고, 최대한 정제된 상태에서 발표자의 발표 내용과 시점(Timing)이 딱 들어맞도록 잘 설정된 애니메이션 효과는 프레젠테이션이 한편의 드라마와 같다는 느낌을 줄 수가 있다. 하지만 의도성없이 그냥 심심해서, 안 하면 섭섭하니까 넣은 듯한 애니메이션 효과는 오히려 Mr. Big을 지루하게 만들고 슬라이드에 대한 혐오감만 느끼게 뿐이다. 말하기는 좀 그렇지만, 참으로 느끼하고, 간지럽고, 지루하고, 촌스러운 슬라이드라고 해야 할까?

담고 있는 내용이 아무리 훌륭하고 좋아도 각종 애니메이션 효과를 모든 글자와 도형에 적용한다면, 그저 Mr. Big을 짜증나게 할 뿐이다. 또한 여기저기서 날아오고 돌아다니고 내려오고 올라오는 글자들은 오히려 당신이 말하는 내용을 희석시킬 것이다.

Mr. Big을 모시고 하는 프레젠테이션은 파워포인트 작성기술 경연대회가 되어서는 절대 안 된다. 파워포인트는 힘 있게 강조할 때 사용하는 것이지 내용을 현혹시켜서 포장하는 용도로 사용하게 되면 내용의 진실성이 애니메이션 효과의 등 뒤로 숨어서 밖으로 표출되지 못한다. 내용은 없는데 화려한 기술로만 포장한 것을 보면서 "우와, 대단한데! 저거 어떻게 한 거지? 훌륭해!"라고 생각하는 Mr. Big은 이 세상에 존재하지 않는다.

꼭 지켜야 하는 인식의 흐름(인식의 Baseline)

만약 당신에게 A4 용지만 한 크기의 흰 종이를 주고 시간이 어느 방향으로 흐르는지 화살표를 표시해보라고 한다면 어디에서 어느 방향으로 그릴 것인가? 아마 거의 대부분의 사람들은 왼쪽에서 시작해서 오른쪽으로 흘러가는 화살표를 그릴 것이다.

앞서 지구상에 살고 있는 80% 이상의 사람들은 시간의 흐름을 표현할 때 왼쪽에서 오른쪽으로 흐른다고 인지한다고 했다. 즉, 과거일수록 왼쪽에 위치하고, 미래일수록 오른쪽에 위치한다고 생각한다는 것이다. 이처럼 사람들은 누구나 지금껏 인생을 살아오면서 일상생활의 반복 속에서 형성되는 시각과 인식의 관점이 있는데, 이는 지금까지 그래왔으니까 이것도 당연히 그럴 것이라고 생각해서 무의식적으로 적용해 버리는 버릇과 같은 것이다.

그중 대표적인 것이 시간은 왼쪽에서 오른쪽으로 흐른다고 느끼는 것이다. 그런데 이러한 인식에 반하는 슬라이드를 구성하게 되면 Mr. Big은 머릿속으로 혼돈을 느끼게 된다. "어? 시간이 왼쪽으로 흐른 것으로 표시한 것이로군, 난 당연히 오른쪽이 나중이라고 생각했었는데 말이야!"라고 생각한 순간, 슬라이드의 매력도는 떨어지기 시작한다.

시간과 마찬가지로 이익 또는 손실, 양의 많고 적음, 질의 좋고 나쁨, 기타 사항들의 높고 낮음 등에도 이러한 인식의 흐름이 존재한다. 따라서 슬라이드를 구성할 때, 즉 도형을 배열하거나 그래프를 그리거나 화살표를 배열하는 경우 반드시 이러한 인식의 흐름을 거스르지 않도록 해야 한다.

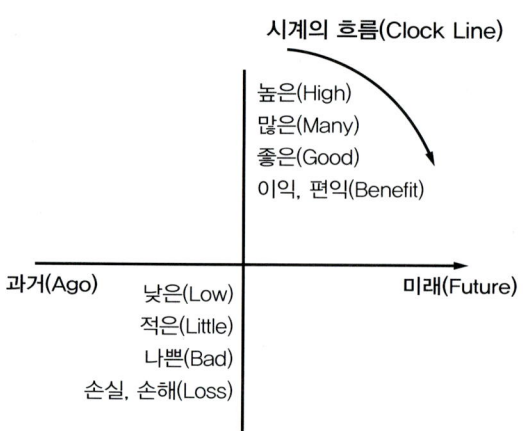

1. 시간은 좌에서 우로 흐른다. 그리고 시선도 좌에서 우로 흐른다.

　반드시 시선과 시간은 좌에서 우로 흐르도록 표현하여야 한다. 2차원의 그래프를 그릴 때에도 O을 기점으로 위·아래, 좌·우를 구분하면서 위와 오른쪽으로 갈수록 양수(+)개념, 아래와 왼쪽으로 갈수록 음수(-)개념으로 표현해야 하는 이유는 무엇일까? 거의 모든 사람들이 그렇게 인식하기 때문이다.

　시간 또한 마찬가지로 Mr. Big의 머릿속에서 좌에서 우로 흐른다는 것을 반드시 생각해야 한다.

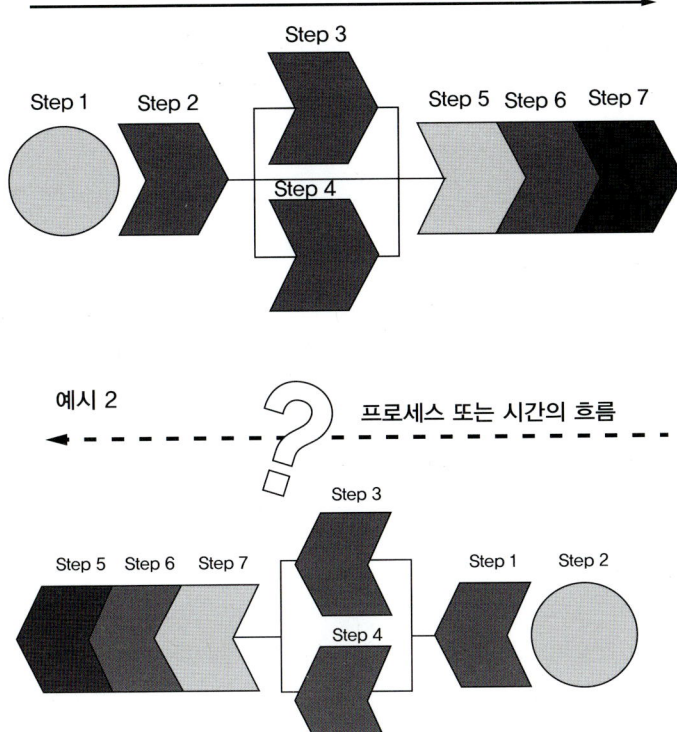

위의 [예시 2]처럼 슬라이드상으로 시간이 거꾸로 흐르는 것으로 표시해놓으면 인식의 시행착오가 일어나고, 시선의 흐름이 껄끄럽고 부자연스러워지기 때문에 인식하는 데에는 훨씬 많은 시간이 소요된다.

2. 원 안에서 시선은 12시 시점부터 시계방향(오른쪽)으로 흐른다.

대부분의 사람들이 '원 안에서 나누어져서 움직이는 것!' 하면 가장 먼저 시계를 떠올리는 것처럼 Mr. Big이 원 그래프를 보는 순간, 가장 먼저 무의식적으로 시계를 떠올린다. 그렇다면 시계를 보았을 때 가장 먼저 시선이 꽂히는 부분은 어디일까?

바로 12시부터 1시 방향으로 가는 영역에 첫 시선이 꽂힌다.

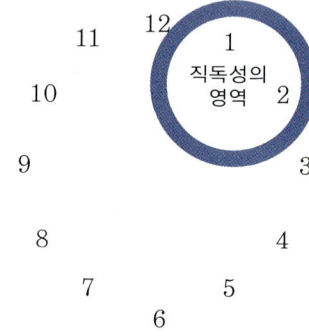

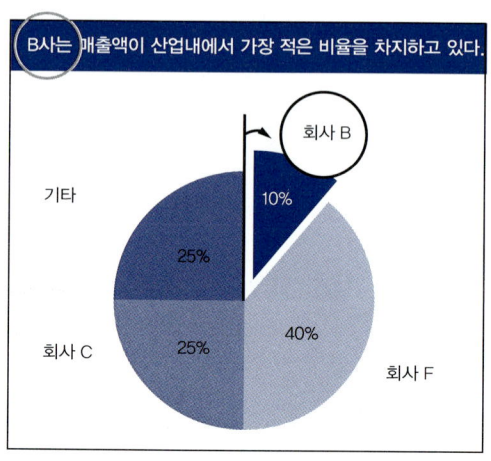

따라서 원그래프를 바라보는 시선은 시계바늘과 같이 시계방향으로, 그리고 바로 12시 기점부터 시작해서 1시 방향으로 움직인다는 것을 기억해야 한다. 따라서 가장 강조하고자 하는 요소를 12시에서 오른쪽 첫 번째에 위치시켜야 인식률이 높아진다.

3. 위로 올라갈수록 '많고, 좋으며, 이익'이라고 인식하며, 아래로 내려갈 수록 '적으며, 나쁘며, 손실'이라고 인식한다.

다음 그래프는 시간과 이익, 손실의 개념을 함께 잘 표현한 그래프 중 하나이다. 시간은 좌에서 우로 흐르고 있으며 연간 매출액 대비, 영업이익의 변동추이를 인식의 흐름에 맞춰서 잘 표현했다. 그리고 이익 금액이 위로 올라갈수록 많고 아래로 내려갈수록 이익 금액이 적은 것으로 표현했다.

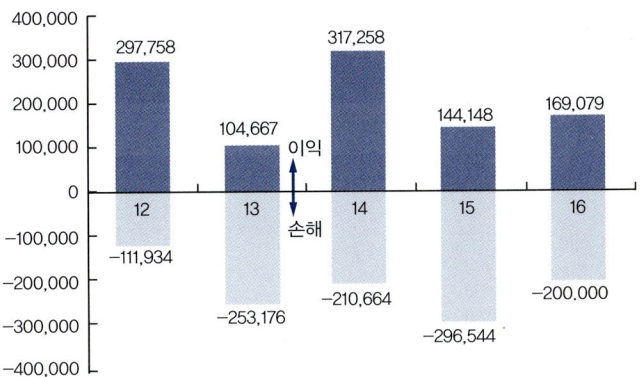

이와 유사한 그래프를 몇 개 더 보자.

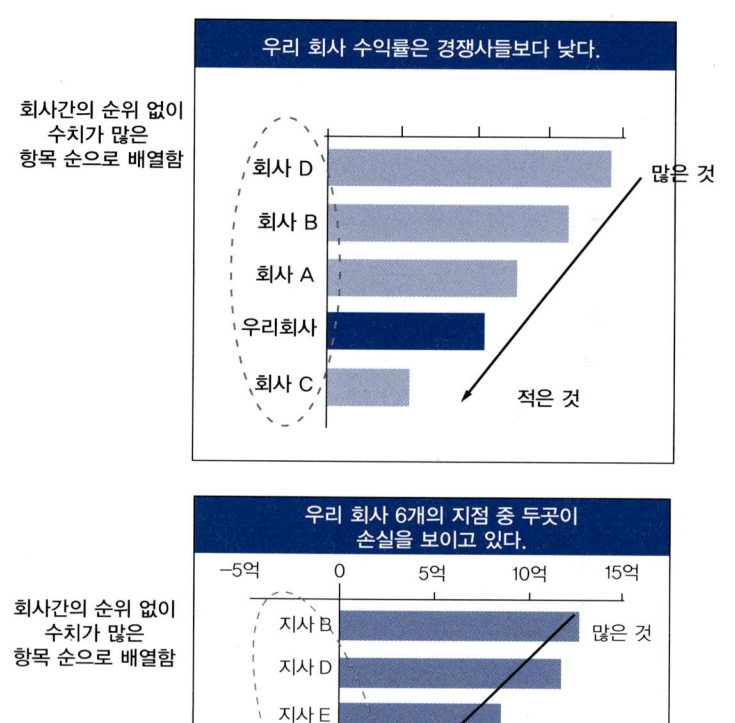

　이 그래프들에서 적용되는 인식의 흐름은 '위로 올라갈수록 많은 것, 아래로 내려갈수록 적은 것'이다. 가장 높은 순위부터 위에서 아래로 나열해야 수익률이나 매출의 크기를 막대의 길이와 비례하여 인식할 수 있기 때문에 회사 이름의 서열을 무시하고 위에서부터 높은 매출을 가진 회사부터 나열하여 인식률을 높였다. 또한 손실의 경우에는 아래로 내려갈수록 나쁜 것이기 때문에 막대의 길이가 오히려 아래로 갈수록 왼쪽으로 길어지는 형태를 보이게 된다.

4. 사람은 오른쪽으로 가면서 채워지는 것을 기대한다.

우리들은 어려서부터 책을 읽고 쓰거나 그림을 그릴 때 모두 왼쪽에서 오른쪽으로 읽거나 채워나가도록 배워왔기 때문에 본능적으로 그러한 흐름을 기대한다. 더 넓게 확대해보면 왼쪽이 낮고 오른쪽으로 갈수록 높아지면 다루는 요소의 긍정적인 결과인 상승과 확대라고 인식하게 되며, 반대로 왼쪽이 높고 오른쪽으로 갈수록 낮아지면 부정적인 결과인 축소, 삭감, 감소라고 인식하게 된다.

다음의 표처럼 우리 회사의 매출이 가장 높다고 제시하는 그래프인 경우에, A형 그래프보다는 B형 그래프를 통해서 더 상승하고 있는 것 같은 역동성과 현재 진행되고 있는 것 같은 느낌을 더욱 받을 수 있다. 또한 맨 마지막에 우리 회사의 이름을 보기 때문에 더 오랫동안 기억할 수 있게 된다(보통 사람들은 맨 마지막에 본 단어를 오래 기억한다). 단, A형 그래프는 회사의 순위가 먼저 강조된다는 장점이 있다.

회사별 매출 현황

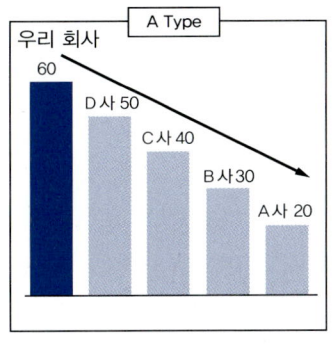

1위, 하강, 축소

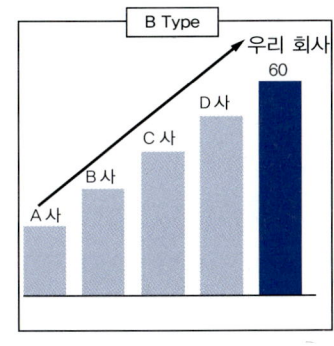

역동, 상승, 진행

5. 시선은 위에서 아래로, 그리고 왼쪽에서 오른쪽으로 흐른다.

　지금까지 앞서 설명한 4가지의 '인식의 흐름'을 종합해보면 Mr. Big뿐만 아니라 모든 사람들은 슬라이드를 인식하면서 시선을 이동할 때 위에서 아래로 훑는 동시에, 왼쪽에서 오른쪽으로 훑는다는 것을 알 수 있다. 일반적으로 아래의 그림에서 제시된 선의 흐름대로 시선의 이동하게 된다. 따라서 슬라이드 내에 화살표를 사용할 때는 이러한 시선의 이동을 거스르는 방향으로 화살표를 사용하는 것은 가급적 지양하는 것이 좋다.

슬라이드를 2% 부족하게 만드는 옥의 티

글머리 기호(Bullet Point)

　'글머리 기호(Bullet Point)'를 사용할 때는 문장 앞에 한 칸 띄우는 것이 좋다. 슬라이드를 만들 때 글머리 기호를 통해서 문장의 강조점이나 구분점을 주게 되는데 이는 슬라이드 작성에 있어 아주 좋은 습관으로서 장려하고 싶다. 글머리 기호를 통해서 슬라이드 내 단락의 형태가 보이고 서로의 맥락이 다르다는 구분을 제시할 수 있기 때문에 문장을 쓰는 경우 단순하게 줄만 바꿔서 써주는 것보다는 훨씬 더 깔끔해 보인다.

하지만 글머리 기호를 사용할 때는 몇 가지 지켜야 하는 철칙이 있다.

답답한, 막혀 있는	한 칸 띄운…
■ 육성 로드맵 작성	■ ✓육성 로드맵 작성
■ 교육 개요서 작성	■ 교육 개요서 작성
■ 개발업체 선정	■ 개발업체 선정
■ 중간보고	■ 중간보고
■ 마케팅 위원회	■ 마케팅 위원회
중간보고 및 수정 보완	중간보고 및 수정 보완

첫째, 글머리 기호를 사용하고 나서는 반드시 한 칸을 띄운 후에 문장을 시작하여 답답하게 느끼지 않도록 해야 한다. 많은 사람들이 이러한 것을 잘 모르고 글머리 기호 바로 뒤에 붙여서 글자를 쓰는 경우가 많은데, 정말 답답해 보인다.

둘째, 한 장의 슬라이드 너무 많은 글머리 기호를 사용해서는 안 된다. 보통 한 장의 슬라이드 내에 3개에서 최대 5개 정도가 가장 적절하다. 한 장의 슬라이드에서 보이는 글머리 기호가 너무 많으면 Mr. Big은 "다 중요하구나. 열심히 들어야지"라는 생각을 하는 것이 아니라 시각적으로 쏟아지는 정보에 중압감을 느끼고 질려버리기 때문에 슬라이드를 눈여겨보지 않게 된다.

원본 이미지의 훼손

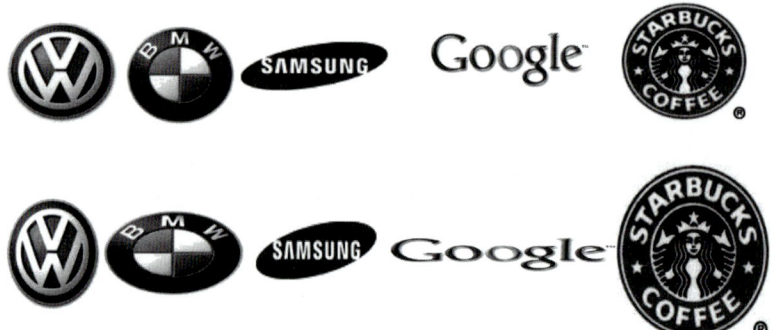

슬라이드에 이미지를 삽입할 경우에는 사용하게 되는 원본 이미지의 비율을 훼손해서는 안 된다. 많은 사람들이 원본 이미지를 삽입할 때 이미지의 크기를 조정하면서 원본 이미지가 가진 비율을 생각하지 않고 위, 아래의 높이 또는 좌우의 폭만을 조정하는 경우가 많은데 이렇게 되면 아주 웃기는 이미지가 만들어진다.

초보 발표자들이 만든 슬라이드 중 약방의 감초처럼 빠지지 않고 지적받는 것이 바로 원본 이미지의 비율을 고려하지 않고 조정하는 것이다. 일반적인 도형이나 그림들은 비율 조정이 잘못되어도 큰 문제는 없으나 자신의 회사 로고나 고객사 로고의 비율조정이 잘못된 경우에는 일이 상당히 커질 수 있다.

만약 거래처에 가서 프레젠테이션을 하는 경우에 슬라이드에 거래처의 로고가 찌그러져 있다고 한다면, 고객사의 사장님은 이런 생각을 한다.

"지금 우리 회사를 뭘로 보고 얼굴과 같은 로고 이미지를 저 따위로 훼손해서 보여주는 거야? 저러고도 우리와 거래를 하자는 건가?"

이렇게 비즈니스상에서는 원본을 절대로 훼손하면 안 되는 이미지들이 있기 때문에 최대한 원본 이미지의 비율을 그대로 유지하면서 사용해야 한다. 참고로 Shift 를 누른 상태에서 크기를 대각선으로 줄이거나 늘이게 되면 원래 이미지의 비율은 그대로 유지하면서 크기를 조정할 수 있다.

화면마다 들쭉날쭉한 배열들

파워포인트로 만든 프레젠테이션의 발표 자료는 공식 문서처럼 별도의 규격이나 형식이 있지는 않지만 전체적인 윤곽은 있어야 한다. 그림이 액자 속에 있는 경우와 액자도 없이 구깃구깃한 종이로 덩그러니 남아 있는 경우는 그 값어치가 많이 다르게 느껴질 수 있다.

전체적인 큰 틀 안에서 슬라이드의 구성요소 진열이 일관되어 있다면 훨씬 더 정갈해 보이고 화면이 바뀌는 과정에서도 훨씬 더 깔끔하게 보인다. 반대로 머리글(헤드라인)의 위치나 외곽 여백의 규격이 슬라이드가 바뀔 때마다 들쭉날쭉하면 이를 보는 Mr. Big은 당연히 무언가 불편함을 느끼게 된다. 많은 사람들이 '에이~ 설마 그게 표가 나겠어?'라고 생각하지만 슬라이드의 화면을 전환할 때 유심히 보면 정말 표가 난다.

보기에 편한 슬라이드를 만들기 위해 고민해야 할 몇 가지 질문들

전체적으로 봤을 때 너무 튀는 것은 아닌가?

새롭게 바뀌면서 제시되는 슬라이드들이 모두 제각각의 위치배열, 색상처리, 단락처리 방식을 가지고 있으면 이를 바라보는 Mr. Big은 불편함을 느낀다. 정보들이 일관성 있게 담겨 있으면 훨씬 신뢰감을 줄 수 있다.

새로운 주제나 단락이 바뀔 때에 슬라이드의 느낌이나 이미지를 약간씩 달리하여 다채로운 느낌을 줄 수는 있지만, 슬라이드가 가지고 있어야 하는 전체적인 통일성과 일관성은 놓치지 말아야 한다.

만약 20장 정도의 슬라이드가 있다면 각 장마다 담고 있는 내용이 다르더라도 전체적으로 한번에 펼쳐 보았을 때 동일한 형식 내에서 움직이고 있다거나 유사한 배열과 위치를 찾을 수 있는가를 고민해야 한다. 같지만 다른, 동시에 다르지만 같은 슬라이드를 만들어 내야만 하는 것이다.

통일성을 유지하기 위해서는 선택한 도형의 유형, 도형의 외곽선 처리, 사용하는 색상과 색상 간의 톤, 단어나 문장의 정렬방식, 들여쓰기, 내어쓰기, 단락의 구분형태 등에 일관된 약속을 가지면서 슬라이드로 표현해야 한다.

너무 많이 담은 것은 아닌가?

최소한의 투자를 통해서 최대한의 효과를 얻는 것을 경제성이라고 한다면 이 경제성은 슬라이드에도 반드시 적용되어야 한다. 즉, 최소한의 내용을 담아서 정보전달의 효율성을 극대화시켜야 한다.

경제성이 있는 슬라이드를 만들기 위해서는
- 내용전달을 위하여 꼭 필요한 요소만을 담아야 한다.
- 중요한 정보와 그렇지 않은 정보를 명확히 구분해 중요한 정보는 강조하여 처리하고 중요하지 않은 정보들은 버리든가 아니면 간결하게 묶어줄 수 있는 방법을 찾는다.

내가 설명하지 않아도 알아볼 수 있는가?

정보가 가지고 있는 맥락과 내용을 가장 잘 표현하고 있는 상태는 아무런 설명 없이 슬라이드를 그냥 보고만 있어도 그 내용의 70% 정도는 알 수 있는 상태이다. 물론 아무런 설명이 없어도 이해가 되는 슬라이드라 함은 설명할 내용까지 다 담아 너무 자잘한 자료로 일관된 것을 말하는 것이 아니고, 내용과 정보의 흐름을 최대한 부각시켜서 작성한 슬라이드를 말한다.

14
저 유치찬란한 색깔 봐라, 조잡하잖아
– 색으로 강조하라!

"어휴~, 이건 또 뭐야? 슬라이드에 완전히 무지개가 떴구만! 당신 색맹이야? 이거 뭐 색깔의 의미도 없고, 아무거나 손에 잡히는 대로 마구 썼네. 색깔에 통일성은 눈곱만치도 없고, 게다가 도형에 조잡한 색 처리 효과까지, 차마 눈뜨고 볼 수 없구만. 그리고 도형 사용한 거 봐라, 손에 잡히는 대로 아무거나 갖다 붙여 놓고 말이야, 내가 발로 만들어도 이거보단 잘 만들었겠다!"

많은 사람들이 슬라이드를 만들 때, 가장 애매하고 어려움을 느끼는 부분이 바로 색상 처리라고 이야기하는 경우가 많은데 색상사용에 있어 이렇다 할 공식과 정답은 없지만, 실패를 부르는 원칙은 있다. 이 실패의 원칙만 잘 피하면 디자이너처럼 섬세하고 창조적인 감각이 없다 하더라도 형편없고 조악한 발표 슬라이드는 피할 수 있게 된다.

슬라이드의 색상처리와 관련된 문제들의 근본적인 원인을 파고들어 보면, 대다수의 사람들이 파워포인트에서 지정해주는 도형이나 화살표 등의 색상을 그대로 사용하는 경우가 많다는 것이다. 속칭 '날로 먹으려는 수작'이다. 파워포인트의 기능 중에 도형을 삽입하거나 다른 파일에서 복사해서 붙여 넣게 되면 도형의 색상이 자동으로 정해지거나 기본으로 설정되었던 색상이 일괄적으로 적용된다. 이렇게 되면 색상에 대한 감각이 전혀 없는 1차원적인 컴퓨터에 의한 기계적 색상 배정이 진행되면서 정말 촌스럽기 그지없는 슬라이드가 만들어지게 된다. 말 그대로 조악해진다. 색상은 5살짜리 꼬마가 색칠공부 하듯이 손에 잡히는 색연필을 마음대로 쓰면서 일단 채우는 게 절대 아니다. 반드시 의도와 목적을 가지고서 전체적인 조화 속에서 사용해야 한다.

Mr. Big이 정말 싫어하는 슬라이드 작성원칙(색상편)

빨주노초파남보, 슬라이드에 무지개를 띄워라!

〈증상의 원인〉

요리할 때 일단 아쉬우면 소금으로 간을 하는 것처럼 자신의 슬라이드에서 뭔가가 부족하거나 아쉽게 느껴지면 내용의 흐름, 도형의 배열이나 위치 등을 바로잡을 생각을 하지 않고 일단 색깔부터 넣어보는 행위를 보인다.

〈해결방법〉

하나의 슬라이드에 사용되는 색상의 수를 가급적 3~6가지 색상 이내로 제한한다는 생각을 가져라. 슬라이드에 새로운 색상을 사용할 때마다 누군가에게 비용을 지불해야 한다면 색상 선택에 있어서 좀 더 신중을 기할 것이다.

하나의 슬라이드에서 사용되는 색상이 많아질수록 슬라이드는 복잡해 보이고 조악해지기 시작하며, 또한 슬라이드에서 일관성 없이 쓰이는 색상들은 시선의 흐름을 방해한다는 것을 기억해야 한다. 하나의 색상만을 선택해서 색상의 진하고 옅음을 조정하면서 시선 흐름을 유도하면 최대한 적은 수의 색상을 쓰면서 다양한 효과를 얻을 수 있다.

전체적인 색상의 통일성을 깡그리 무시하라

〈증상의 원인〉

파워포인트에서 '슬라이드 마스터'가 가지는 역할을 전혀 모르고 있는 사람이다. 파워포인트의 '슬라이드 마스터'는 전체 슬라이드들의 엄마 역할을 하는 것으로서 새로운 슬라이드가 추가될 때마다 '슬라이드 마스터'에서 지정해 놓은 똑같은 배경을 가지도록 지정해 주는 기능이다.

보통 발표 슬라이드를 제작하기 전에 '슬라이드 마스터'를 지정하면 전체 슬라이드의 색상이 정해지게 되는데, 문제는 각 슬라이드를 만들 때 '슬라이드 마스터'가 가지고 있는 색깔과 전혀 상관없는 색상을 사용하면서부터 참혹한 슬라이드가 만들어진다는 것이다. 슬라이드 마스터가 가진 색상과 전혀 무관한 색상을 가지고 있는 개별 슬라이드들은 그 근원이 묘연하여 부모님을 잃은 낙동강 오리알 신세가 된다.

〈해결방법〉

여성들이 하는 색조화장을 생각해보자. 전체적인 화장의 톤을 정하고 나서 눈에 바르는 아이섀도나 입술에 바르는 립스틱, 볼 터치 등은 전체적인 색조의 톤에 맞춰야 원하는 화장이 된다. 이를 지키지 않고, 눈은 푸른 톤의 아이섀도에, 입술은 꽃분홍색 립스틱을, 볼은 검은색 톤을 칠하게 되면 그야말로 도깨비가 따로 없다.

색상은 '슬라이드 마스터'를 따라야 한다. '슬라이드 마스터'에서 설정한 배경이나 기본 색상이 있다면 이와 같은 톤의 색상을 사용하는 것이 눈에 거슬리지 않고 통일성을 가지면서 훨씬 편안하게 보인다. 예를 들어, '슬라이드 마스터'의 기본 색상이 초록색이라면 각 슬라이드에서 사용하는 도형에서 사용하는 색상은 초록색 계열로 국한하여 사용하는 것이 좋다.

색에 아무런 의미를 두지 말고, 잡히는 대로 마구 써라

〈증상의 원인〉

색상을 사용하는 것은 단순한 치장이라는 생각을 가졌기 때문에 아무 고민 없이 닥치는대로 사용해서 일어나는 현상이다. 색상은 내용의 강조와 흐름을 위해서 사용하는 것이지 단순히 슬라이드를 예쁘고 화사하게 꾸미는 용도가 절대 아니다.

〈해결방법〉

정말 필요한 경우에만 색상을 절제하여 쓰되 붉은색 계통 등의 강렬한 색상은 남발하지 말아야 한다. 예를 들면, "이 색상은 중요한 곳에만 사용할거야"라고 생각하는 한 가지 색상을 미리 정해두고 강조하는 포인트에만 일관되게 사용해야 한다.

그러면 Mr. Big으로 하여금 그 색상이 나올 때 "저건 중요한 건가 보군"하는 인식을 유도할 수 있다. 앞 단락에서 이야기했던 소구성을 위한 색상을 미리 정해놓는 것이 필요하다는 말이다.

또한 색상의 톤이 옅은 곳에서 짙어지는 곳으로 시선이 움직이도록 유도할 수 있으므로 이를 적용하는 것이 좋다. 대부분의 컨설팅 회사들은 프레젠테이션의 슬라이드에서 많은 색상을 한꺼번에 쓰기보다는 하나의 색상을 정해놓고 톤을 조정하면서 사용하는 이유가 그것이다. 이러한 경우의 장점은 슬라이드를 흑백 프린터로 출력했을 경우에도 강조하는 요소와 색상이 그대로 부각되면서 인쇄되기 때문에 유인물을 제작할 때에도 유용하다.

문제해결을 위한 5단계 접근

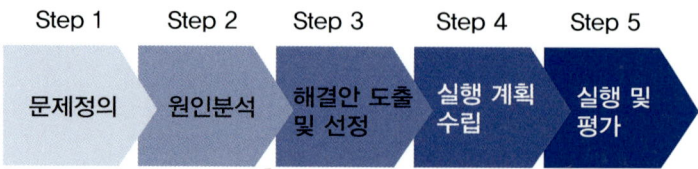

동일 색상의 톤을 조정하여 시선의 이동을 유도한 사례

파워포인트를 통해서 사용할 수 있는 색상이 약 80만 가지가 되는데 많은 컨설턴트들은 이중 79만 9,994개는 버리라고 훈련을 받는다고 한다. 나머지 6개의 색상은 검은색, 노란색, 파란색, 빨간색, 녹색, 흰색이며 이 6개의 색상만을 가지고도 충분히 슬라이드의 의도성을 살릴 수 있다는 것이다. 이 중에 빨간색과 녹색은 매우 큰 의도성을 띠게 되는데 빨간색은 적자·부족 등 비즈니스상의 부정적인 내용, 녹색은 흑자·초과 등 상대적으로 긍정적인 내용에 사용되는 경우가 많다.

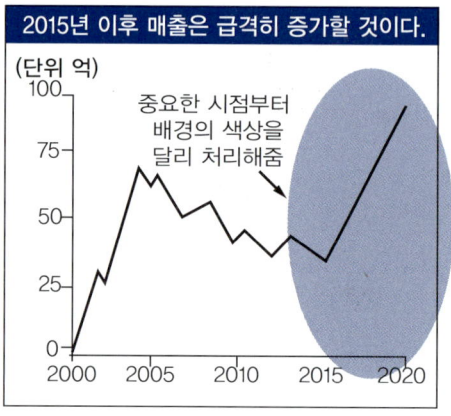

또한 보이는 내용 중에 시간의 차이를 나타낼 때에도 그 시간에 해당하는 배경의 색상을 달리하면 인식률이 훨씬 높아질 수 있다.

이렇게 색상에 의도성을 가지고, 일관되게 사용한 슬라이드는 그야말로 발표자를 도와주는 또 하나의 든든한 지원군이 된다.

여백이 있으면 성의 없어 보이므로, 일단 무언가 칠하라

〈증상의 원인〉

흰색을 색상으로 인정하지 않는 편견을 가지고 있을 때 이러한 현상이 발생한다. 슬라이드는 일단 무언가 칠해져 있어야 한다는 강박관념을 가지고 있으며, 자신의 슬라이드에 흰색이 있는 상태를 불편하고 불안하게 느껴서, 어떻게 해서든 채워야 한다고 생각한다.

〈해결방법〉

불안해하지 마라! 흰색도 색이다! 흰색도 색상임을 인정하고, 적극적으로 활용해야 한다. 흰색이 많으면 성의가 없다고 느끼는 것은 발표자가 가진 오해일 뿐이다. 발표자와는 다르게 Mr. Big은 꽉 차 있는 슬라이드보다 흰색과 여백이 많은 슬라이드를 오히려 시원하게 느끼는 경우가 많다. 우리나라 전통 회화에서 '여백의 미'를 강조하는 것처럼 적절하게 여유 있어 보이도록 남겨둔 비움의 공간에는 새로운 생각을 유도하게 만드는 채움이 있다는 원리를 당신의 슬라이드에도 적용하라.

강렬한 색상의 남발로 눈을 아프게 하라

⟨증상의 원인⟩

강렬하고 눈에 띄는 색상이 많을수록 Mr. Big의 마음을 파고 들 것이라고 착각을 하는 것에서 비롯된 현상이다. 강한 색상은 필요한 경우에만, 강조해야 하는 경우에만 사용하는 것이 좋다. 그외 기본적인 것은 전체적인 색상과 조화되는 선에서 사용하는 것이 좋다. 강한 대비의 색상을 가진 글자를 사용하면 Mr. Big의 눈을 쉽게 피로하게 만들며 그의 미간을 찌푸리게 한다.

⟨해결방법⟩

색상만 강렬하다고 해서 집중도가 높아지는 것은 아니다. 예를 들어 새빨간 바탕에 노란색 글씨를 쓴 경우에는 시선을 끌어들이는 주목성은 높아질 수 있으나 눈의 피로감이 높아지는 단점이 있다. 그렇다면 슬라이드의 바탕은 어떤 색을 사용하는 것이 좋을까? 전문가들은 진한 푸른 계열의 남색 바탕을 사용하기를 권장하고 있으며, 실제로 거의 대부분의 정통 프레젠테이션 전문가들은 푸른 계열의 바탕을 많이 사용한다. 푸른색 계통이 보는 이로 하여금 보다 이성적으로 느끼게 만드는 동시에 감정을 차분하게 만들어주는 효과가 있기 때문이다. 또한 푸른 계열에서는 흰색 글씨를 기본으로 활용할 수 있으며, 노란색을 강조의 표시로 너무 튀지 않게 활용할 수 있다.

> **명시성과 주목성**
> 색상의 적절한 활용으로 얻을 수 있는 두 가지가 바로 명시성과 주목성이다. 명시성은 멀리서도 잘 보이는 성질로서 색상, 명도, 채도의 차이가 클수록 높다. 예를 들면 검정색 바탕에 노란색, 녹색 바탕에 노란색, 파란색 바탕에 흰색을 사용한다. 주목성은 시선을 강하게 끄는 성질로서 명도나 채도가 높을수록 주목성이 높다.

중요한 포인트를 놓치지 않게 하는 Highlighting

유명 가수가 춤을 추면 백댄서를 보는가? 당연히 안 본다. 슬라이드도 마찬가지다. 중요한 단어를 부각시키면 다른 곳으로 시선을 빼앗기지 않게 되므로 제한된 시간에 메시지 집중도를 높일 수 있다.

슬라이드 하나에 담고 있는 분량이 많거나, Text 나 Data 위주의 표현일 수밖에 없는 경우에는 핵심 포인트 강조 일명 'Highlighting'이 필요하다.
아래의 슬라이드 예시를 보자.

수치, 비교 , 비유를 들게 되면...
Mr.Big의

- 관심을 높여준다.
- 주제를 기억하기 쉽게 해준다.
- 간접경험을 제공해준다.
- 추상적인 내용을 현실화 시켜 준다.
- 주제를 소화할 수 있도록 해 준다.

각각의 세부 내용을 제시할 때 중요한 단어만을 좀 더 크게 표현하였으며 튀는 색상으로 키워드에만 집중할 수 있도록 해주었다.

이렇게 핵심만을 더욱 강조하는 Highlighting을 하게 되면 크게 4가지의 장점이 존재한다.

1. Mr. Big이 슬라이드의 중요 포인트를 더욱 빨리 이해한다.
2. 강조해야 하는 내용을 놓치지 않고 설명할 수 있다.
3. 발표자가 슬라이드를 얼핏 보더라도 설명할 포인트를 빨리 파악할 수 있다.
4. Highlighting이 되어 있지 않는 곳에는 Mr. Big의 시선이 가지 않기 때문에 혹시나 있을 수 있는 오류나 논리적 비약이 숨겨질 수도 있다.

Highlighting을 부여할 때에는 글자의 크기, 색상을 활용할 수 있으며 간혹 Bold 처리(글자를 두툼하게 하는 것)를 할 수도 있다. 하지만 견고딕체와 같은 고딕 계열의 서체는 Bold 처리를 하지 않는 것이 좋다. 뚱뚱해 보인다.

> 슬라이드에 있는 메시지는 평등하지 않다.
> 센 놈·약한 놈이 분명 존재한다.
> 당신은 센 놈을 먼저 그리고 강력하게 팔아야 한다!

아무도 가르쳐주지 않았던 세련된 도형처리 방법

　슬라이드에 도형을 삽입해놓고 보면 참 촌스럽고 투박하게 느껴지고 뭔지는 모르겠으나 2%가 부족하게 느껴질 때가 있다. 이럴 때는 아래에 제시된 방법들을 염두에 두면서 체크하고 수정하면 좀 더 멋진 슬라이드를 만들 수 있다.

1. 도형은(특히 색상을 가지고 있는 도형은) 가급적 테두리를 없애주는 것이 훨씬 부드럽게 느껴진다.

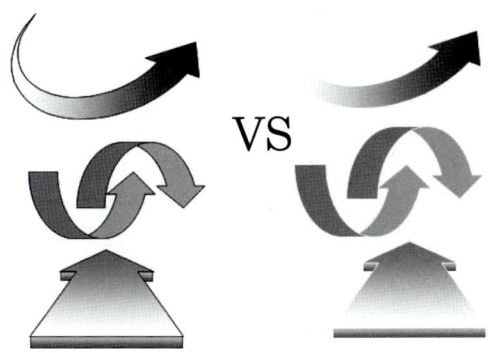

　위의 그림에서 왼쪽에 있는 도형들과 오른쪽에 있는 도형들은 모양과 음영변화(그러데이션)는 같은데 다른 느낌을 준다. 딱 하나 다른 것이 검은색선의 테두리를 가졌는가와 없는가의 차이이다. 왼쪽보다는 오른쪽에 있는 도형들이 훨씬 세련된 듯하고 부드러운 느낌을 준다.

중요한 도형에는 외곽선을 넣어서 강조하는 것이 필요하지만, 슬라이드에 보이는 모든 도형들이 외곽선을 가지고 있으면 답답하고 딱딱한 느낌을 준다. 때문에 가급적이면 도형의 외곽선은 쓰지 않는 것을 권장한다. 또한 도형의 외곽선을 쓰더라도 생뚱맞은 색상을 쓰지 않고, 도형이 가지고 있는 원래의 색깔에서 크게 벗어나지 않는 색상을 사용해야 한다.

2. 슬라이드에 있는 모든 도형에 그림자 또는 3차원 효과를 넣으려 하지 말아야 한다.

단적으로 말하면, 회사생활 16년 동안(피라미드 표현을 제외하고)3차원의 도형이 성공한 것을 본 적이 없다!

슬라이드에 보이는 모든 도형에 그림자 효과나 3차원 효과가 무분별하게 적용되어 있으면 슬라이드는 번잡스러워지고 지저분해 보인다. 필요하고 가장 중요한 부분에만 3차원 효과를 살짝 적용해야 강조하는 느낌이 살게 된다. 또한 만약 슬라이드에 있는 모든 도형들에 3차원 효과를 사용하여야 한다면 각도를 일률적으로 맞춰야 시각의 흐름을 불편하게 하지 않는다.

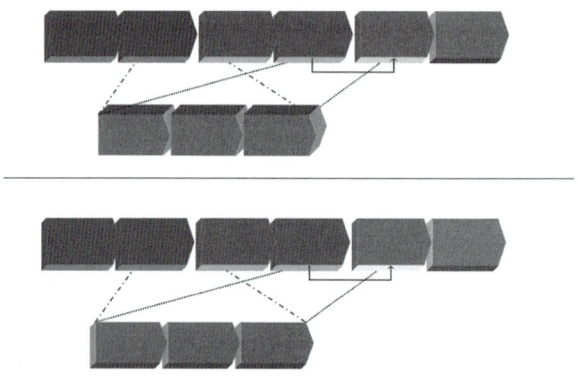

앞의 예시에서는 적용된 3차원의 각도가 다른 몇 개의 도형이 있는데, 이런 슬라이드는 뒤틀어져 있는 듯한 느낌을 주고, Mr. Big의 시선을 불편하게 만드는 원인이 되며, 프레젠테이션이 가진 완벽성에 대한 의문을 초래한다.

3. 시선이 이동하는 방향으로 색상을 짙게 표현한다.

도형을 삽입할 때 3차원 효과나 그림자 효과처럼 습관적으로 넣게 되는 것 중 하나가 색상의 음영변화(그러데이션) 효과인데, 색상의 음영변화는 시선의 이동을 유도하게 되므로 일관된 방향의 음영변화를 사용해야 한다.

예를 들면, 위에서 아래로 짙어지는 것을 선택했다면 다른 도형들도 동일한 유형을 적용해야 하며, 왼쪽에서 오른쪽으로 짙어지는 것을 선택했다면 이 또한 마찬가지로 다른 도형에도 똑같이 적용되어야 한다. 음영변화 효과는 시선이 색의 옅은 부분에서 짙은 부분으로 움직이는 것을 전제로 설정하여야 하는데, 일반적으로 초보 발표자들이 설정한 음영변화(그러데이션) 효과는 시선의 움직임을 전혀 고려하지 않고 맹목적으로 적용하는 경우가 많다.

두 가지 색상을 사용한 음영변화를 설정할 때에도 파워포인트가 자동으로 추천해주는 색상으로 설정하게 되면 도형의 색상은 의미 없이 휘황찬란해지면서 조악해진다. 파워포인트상으로 별다른 설정을 하지 않은 상태에서는 보라색에 파란색의 조합이 되는 경우도 있고, 붉은 색에 노란색의 조합이 되는 경우도 있다. 참으로 촌스럽기 그지없는 색상의 도형이 여기에서 만들어진다.

음영변화 효과 지정 시에 권장할 수 있는 두 가지 색상의 조합은 같은 계열에서 선택하는 것이 중요하다. 진한 색을 시선 흐름의 최종방향으로, 그리고 같은 계열의 색상 중 연한 색을 시선 흐름의 최초방향으로 배열하여 주는 것이 가장 무리가 없다. 그래야만 음영변화(그러데이션)가 가진 원래 목적을 만족시킬 수 있다.

4. 테이블 표를 넣을 때에는 양 옆을 틔워라.

슬라이드에서 엑셀형 테이블 표를 작성할 때에도 맨 마지막에는 테이블표의 양 옆에 있는 선을 없애주면 보다 더 세련되고 시원한 테이블표를 만들 수 있다.

구 분	내 용
기획 예산	• 정책과 계획의 수립 및 종합조정 • 중요업무계획 수정 • 예산 편성 및 진행조정
행정 관리	• 조직정원 관리 • 제도 및 제안 개선 관리
법무 관리	• 법령심사 및 소송사무 • 행정심판 및 법령집의 회신
비상 계획	• 국가비상사태 대비 계획 • 정부 비상훈련

VS

구 분	내 용
기획 예산	• 정책과 계획의 수립 및 종합조정 • 중요업무계획 수정 • 예산 편성 및 진행조정
행정 관리	• 조직정원 관리 • 제도 및 제안 개선 관리
법무 관리	• 법령심사 및 소송사무 • 행정심판 및 법령집의 회신
비상 계획	• 국가비상사태 대비 계획 • 정부 비상훈련

슬라이드에 세로 선이 너무 많으면 2가지 단점이 있다.

첫째, 바둑판 같은 느낌을 주어 답답해 보인다.
둘째, 시선의 흐름을 막아서 인식의 분절을 일으킬 수 있다.

하나의 슬라이드에 테이블표를 2개 이상 넣어야 하는 경우에는 꼭 이러한 양 옆의 트임 작업을 해주는 것을 권장한다. 사각형으로 막혀 있는 도형들이 여러 개가 동시에 나열되면 아주 답답해 보이기 때문이다. 표의 양 옆이 트여 있을 때와 막혀 있을 때의 느낌은 확연히 다르다.

15
뭘 이렇게 배배 꽈서 어렵게 썼어?
– 쉽고, 짧고, 익숙한 단어를 구사하라!

- ~ 하지 아니 할 수 없다고 말하기 어려움
- 전략적 투자 독립성 증대 · 확보를 위한 기준정립 및 역할향상방안 마련

"뭐야 이거? 뭐 이렇게 어려워? 꽈배기야? 엄청 꼬아놨네. 지금 무슨 법전 읽어? 조사 빼고는 죄다 한문이네. 저건 세네 번을 머리 싸매고 읽어야지만 이해가 되는 수준인데. 난 두 번 읽지 않을 권리가 있는 사람이야."

너무 어렵지 않게, 하지만 유치하지도 않게

슬라이드에 사용되는 글귀들은 반드시 누구나 쉽게 이해할 수 있도록 써야 하지만 이와 동시에 경박스럽거나 아마추어적인 문구가 들어가면 안 된다. 양쪽의 상반된 요구사항을 맞춰야 하는 것인데 초보 발표자들이 가장 많이 힘들어 하고 항상 고민하는 부분이 바로 '문장을 어렵게 써

도 안 되고, 그렇다고 너무 쉽게 써도 안 된다'는 것이다.

다음은 한 연구소의 연구원이 자신의 연구결과를 기자들 앞에서 발표를 했었는데 이 내용을 서로 다른 직업을 가진 3명의 사람이 다시 그 내용을 기술한 사례이다.

- 기자회견 시 배포자료 : 디셀포 비브리오로 폐수 속 중금속의 침전성공 (작성자 : 연구원)
- 신문기사 : 광산 폐수 미생물로 정화(작성자 : 신문사 기자)
- TV뉴스 타이틀 : 중금속 먹는 세균 발견(작성자 : 방송국 기자)

기자회견 시 배포된 자료에서는 어지러운 맥락 속에 전문적인 단어들이 마구 꼬여 있어서, 직접 작성한 연구원이 아니면 이 뜻을 한번에 이해할 수가 없었지만, 신문사 기자나 TV 방송국 기자들은 한 번만 읽어도 쉽게 이해할 수 있는 단어로 아주 정갈하고 쉽게 맥락을 풀었다.

이처럼 보는 사람의 입장에서 최대한 읽기 쉽고 친근한 단어를 선별하여 보여주어야 슬라이드의 직독성이 높아지고 Mr. Big과의 교감도 바로 일어날 수 있다.

하지만 이와는 반대로 너무 일상적인 단어 또는 도를 넘어서 너무 쉬운, 유치한 단어들을 사용하면 이 또한 Mr. Big의 심기를 건드릴 수 있다. 비즈니스 상황하의 프레젠테이션이라면 슬라이드에서 제시되는 단어들은 문어체로서 약간은 고풍스럽고 비즈니스적인 느낌을 가지고 있어야 하는데, 특히 신입사원들이 가장 난감해 하는 바로 이러한 적절한 비즈니스 용어의 선별이다. 슬라이드에 써넣을 문구를 찾을 때, 참고할 만한 비즈니스 용어들을 다음의 표에 정리해보았다.

[비즈니스 단어]

비즈니스		
	형용사	동(명)사
목적 관련	전략적, 계획적, 의도적, 종합적, 공식적, 체계적, 성과지향적, 실질적, 궁극적, 본격적, 유기적, ~를 기반(근간)으로 한, 확고한, 철저한, 유연한, 유효한, 효율적, 관리적, 미래지향적	달성, 도모, 촉진, 개선, 방식, 공유, 발전, 강화, 확보, 활용, 시도, 추구, 구축, 점유, 분류, 협업, 창출, 정착, 수익, 분석, 전개, 확산, 탐색, 기반, 함양, 필요, 극대화, 이슈해결, 확보, 발판, 활성화, 문제해결, Trouble Shooting, 설계, 개발, 도출, 시도, 마련, 제공, 수립, 접목, 발굴, 전파, 제시, 보강, 취약, 격차, 배양, 진행, 가능, 미흡, 감소, 증대, 성장, 하락, 적용, 육성, 검증, 저조, 제고, 제공, 준수, 정립, 유도, 발현, 편중, 투입, 도입, 인식, 습득, 강화, 고취, 유지, 절감, 상승, 접근, 진출
시간 관련	지속적, 장기적, 단기적, 영속적, 끊임없는, 단(분)절된, 주기적	

앞의 표 사용방법의 순서는 다음과 같다.

1. 슬라이드에 들어갈 적절한 문구와 단어를 구상한다.
2. 적절한 단어가 떠오르지 않으면 위에 제시된 단어의 표에서 적절한 용어를 선별하여 선택한다.
3. 필요한 경우, 앞에 있는 형용사와 조합하여 그 단어가 가진 뜻을 풍성하게 한다.
   (예 : 장기적＋절감 · 지속적＋유도 · 체계적＋발현)
4. 필요한 경우, 3개 정도의 단어를 조합하여 뜻을 풍성하게 한다.
   (예 : 수익＋극대화＋시도 · 수익＋발판＋마련)
5. 새로운 비즈니스 단어들을 접할 때마다 추가로 등록한다.

슬라이드에서 쫓겨나야 할, 문장의 칠거지악

과거 조선시대에는 칠거지악이라 하여 아내를 내쫓을 수 있는 7가지 이유나 허물을 규정하여 엄격하게 적용하였다고 했는데, 좋은 문화는 아니지만 슬라이드 작성 시에 대표적으로 범하게 되는 문장, 문구의 오류들을 7가지로 모아서 이에 칠거지악이라는 용어를 붙여 보았다.

Mr. Big이 가장 싫어하는 슬라이드의 유형별 특징을 모두 모아서 제시하였으므로 이러한 7가지의 잘못된 슬라이드 내 문장, 문구 유형만을 피해도 90점 이상의 슬라이드를 만들 수 있을 것이다.

> 진실에서 멀어질수록 중언부언이 필요한 것이다. "짧고 분명하며 명쾌하게 써라."

주절주절 길게 늘어지는 문구들

짧은 게 최선이다

이러한 형태를 속칭 '달리는 문장 또는 늘어지는 문장'이라고 한다. 너무 욕심부려서 핵심문구만을 제시하는 것이 아니라 자신이 마음속에서 하고 싶은 이야기까지 기술해 놓은 문장을 말한다. 이러한 경우에는 절반 이상이 사족(蛇足)이다. 따라서 Mr. Big 입장에서 냉철한 마음과 시각을 가지고 Mr. Big이 알아야 하고 봐야 하는 단어 위주로 정리, 즉 가지치기를 해주어야 한다.

당신이 프레젠테이션을 해야 하는 주제와 관련하여 Mr. Big에게 전보를 쳐야 한다고 생각해보라. 절대 중언부언하지 않을 것이며 핵심만 함축적으로 담고 있는 단어들과 단숨에 맥락을 이해할 수 있는 용어를 쓸 수밖에 없을 것이다. "전보 치듯이 써라."

중복되거나, 불필요한 음절을 가진 문구들

필요 이상으로 많은 문구들은 반드시 서로 충돌하게 되어 있다. 너무 욕심을 부려서 한 얘기를 또 하고 미사여구를 동원하여 동일한 의미를 가진 단어를 중복해서 사용한 경우 이를 '의미 없는 중복'이라고 부른다. 내용의 중요성을 Mr. Big의 마음속에 각인시켜주기 위한 의도적인 중복이면 모르겠으나 자신도 모르게 중복되는 단어를 남발하는 경우가 있다. 이러한 중복은 민감한 Mr. Big에게는 눈엣가시가 된다.

사 례
- 중요한 핵심 : '중요'의 개념이 중복됨
- 마지막 결론 : '마지막'과 '결론'이라는 개념이 중복됨
- 미래 계획 : '미래'라는 시점이 중복됨
- 각 계열사별 매출 : '제각기'과 '별도'라는 개념이 중복됨
- 수상자의 수상 소감 발표 : '수상'이라는 개념이 중복됨

이처럼 중복되는 의미들이 연결되는 문구도 좋지 않지만 전혀 의미 없는 음절이 섞여 있어서 문구의 의미를 흐리게 만드는 경우도 많다. 특히 슬라이드에 표현하는 문구들은 최대한 짧게 쓰는 것이 미덕이기 때문에 의미 없는 음절이나 중복되는 음절은 정리를 해주는 것이 필요하다.

사 례

- 서로 간의 주장이 상반됨 → 서로 간 주장이 상반됨
- A지역에 있어서는 → A지역에서는
- B지점 외의 모든 지점 → B지점 외 모든 지점
- ○○원인에 의하여 → ○○원인으로
- 고객으로부터 수렴한 → 고객에게 수렴한

어려운 단어, 전문용어들로 이루어진 문구

모든 신문과 잡지는 문맥과 단어들의 수준을 중학교 3학년 정도에 맞춘다. 슬라이드에 사용하는 문구를 선택할 때 자신의 지식이나 전문성을 자랑하기 위해서 어렵고 난해하거나 전문 용어를 남발해서는 안 된다.

쉽게 이해하기에 어렵고, 일반적인 사람들은 평소에 사용하지 않는 용어로만 구성된 대표적인 문구들을 법전에서 쉽게 찾아볼 수 있다. 법전은 오해의 소지를 최대한 배제해야 한다는 특수성을 가지고는 있지만 인간적으로 좀 심하다. 너무 어려운 용어들을 사용하고 있고, 같은 뜻을 가졌다 하더라도 훨씬 어려운 고급 난이도의 단어들로만 구성되어 있다.

다음의 법전 샘플을 보자.

"압류의 효력은 압류재산으로부터 생기는 천연과실 또는 법정과실에 미친다. 다만 체납자 또는 제3자가 압류재산의 사용 또는 수익을 하는 경우에는 그 재산으로부터 생기는 천연과실(그 재산의 매각으로 인하여 권리를 이전할 때까지 수취되지 아니한 천연과실을 제외한다)에 대하여는 미치지 아니한다."

도대체 무슨 소리를 하는 건지 한 번 봐서는 도통 이해하기 어렵다. Mr. Big으로 하여금 위의 예처럼 문구들을 읽으면서 별도의 '해석'을 하도록 만들면 절대 안 된다.

따라서 슬라이드에 들어갈 문구들을 작성할 때에는 글을 쓰는 것이 아니라 말을 다듬어서 써야 한다는 점을 생각해야 한다. 또한 Mr. Big을 포함한 프레젠테이션 참석자들을 '똑똑하지만 배경을 모르는 자'들로 간주하여 문구를 작성하고 검토해야 한다. 그리고 단어를 선정할 때에도 Mr. Big과 사전에 교류했던 단어가 아니면 아예 처음부터 사용하지 않아야 한다.

끝의 형태가 서로 다른 구미호형 문구

시작은 다르더라도 끝이 같다면 절도 있고 박력 있게 보인다.

각 단어, 문구들의 마무리에 통일성이나 일관성이 없고 서로 다른 형태로 끝나서 조악하게 느껴지는 경우를 말한다. 이러한 슬라이드를 읽다 보면 자신이 작성한 것이 아니고 여러 가지 자료들을 복사해서 조합해 놓은 듯이 원시적인 슬라이드라는 느낌을 갖게 되고, 결과적으로 각 문구에 대한 신뢰가 떨어진다.

슬라이드에 나오는 문구들의 끝은 동사 또는 명사로 정리하는 것이 좋다. 동사면 동사, 또는 명사면 명사로 통일하여 보여주는 것이 좋으나, 가급적 '임·음·함'으로 문구의 끝 단어유형을 통일하는 것이 좋다(필요함, 제시함, 했음, 추구함, ㅇㅇ임등).

- 일(一)
  - 하루에 1가지 이상의 핵심가치를 숙지/실천함
    (매일 일과 시작 前 OO 실천 계획 수립/일과 후 Review/기본원칙의 실천)
- 십(十)
  - 하루에 10명 이상의 새로운 사람을 내 사람으로 만듦
    (全 과정 중 모든 학습자와 Networking 유도 - 주 단위 조편성/방배정 순환)
- 백(百)
  - 하루에 100자 이상의 글을 쓰며 자신을 돌아봄
    (자신의 하루 일과 및 학습의 내용·느낌을 글로 표현)
- 천(千)
  - 하루에 1,000자 이상의 글을 읽으며, 학습에 임함
    (아침 독서/Braning Warming-Up 시간 운영/학습에의 몰입)
- 만(萬)
  - 하루에 1,0000보 이상의 걸음을 걸으며, 체력의 신장과 끈기를 가짐
    (강도 높은 아침운동/도전·극기·경쟁의식 함양)

단어의 허리가 잘려버리는 잔인한 문구

시선의 흐름에 따라 뇌도 같이 움직인다. 이를 끊지 마라!

　Mr. Big의 시선이 이동함과 동시에 이해가 되도록 하는 것이 가장 좋은 슬라이드인데, 이를 위해서는 물 흐르는 듯한 도형의 배열이나 위치 등도 중요하지만 슬라이드에 사용하는 단어도 많은 영향을 받는다. 읽고 있는 단어의 허리가 갑자기 끊기게 되면 그 단어는 인식 대상의 흐름에서 제외되기 때문이다.

　허리가 잘리는 문구란 예를 들어 정해진 넓이의 도형에 문구를 써넣을 때, 줄 바꿈을 하지 않고, 글자를 마구 집어넣어 해당 줄의 맨 끝에 걸리는 단어가 음절단위에서 잘려버리는 경우를 말한다.

　이런 경우에는 문구를 읽어가던 시선이 갑자기 의미가 없어지는 음절을 보면서 뇌가 잠깐 인식활동을 중지한다. 더구나 다음 줄에 있는 나머지 단어와 조합을 해야 하는 번거로움이 생기므로 슬라이드의 직독성을 현저히 떨어뜨리게 된다.

이럴 경우에는 아예 줄을 바꿔서 단어들이 온전하게 자리를 잡도록 해야 하는데 오른쪽도 도형에 맞도록 꽉 채워야 한다는 고정관념을 버리면 된다. '맥락적 줄 바꿈'이 필요한 것이다.

내용상 구분이나 위계가 전혀 없는 단락

시원해도 읽을까 말까 하는데, 빽빽하기까지 하다면?

슬라이드에 있는 문구들을 읽기 편하게, 그리고 빨리 읽을 수 있도록 하려면 유사한 단락이나 같은 맥락의 구절끼리는 서로 묶어주고, 다른 맥락을 가진 단락과는 일정의 간격을 벌려서 유지해 주는 '단락 짓기'에 신경을 써 주는 것도 좋은 방법이다.

단락 간의 줄 간격을 달리 해주는 것만으로도 보는 사람으로 하여금 슬라이드를 시원하게 느끼도록 해줄 수 있으며 간격이 발생한 단락은 서로 다른 의미라는 개념을 갖도록 도와준다.

이와 같은 개념이 들여쓰기인데, 왼쪽부터 오른쪽으로 들여써서 같은 단락 내에서 가지고 있는 위계를 표현을 해주는 것을 말하며 제목보다 제목의 세부항목을 좀 더 오른쪽으로 들여 쓴다.

```
1. 오픈목적
 (1) 대상층의 기호 변화 포착 후 대상의 요구에 즉시 대응
 (2) 신상품의 시장 투입시의 위험 감소를 통해
     대상층의 금일의 요구를 통해 내일의 신상품 경향을 정확히 예견
2. 시장조사
 (1) 거리에서 앙케이트 조사(정량 분석)
 (2) 그룹 인터뷰(정성 인터뷰) 9월 말일까지 조사
     다음 영업 기획 회의에서 [안테나 샵 오픈 계획서] 제출
```

```
1. 오픈목적
 (1) 대상층의 기호 변화 포착 후 대상의 요구에 즉시 대응
 (2) 신상품의 시장 투입시의 위험 감소를 통해
     대상층의 금일의 요구를 통해 내일의 신상품 경향을 정확히 예견
2. 시장조사
 (1) 거리에서 앙케이트 조사(정량 분석)
 (2) 그룹 인터뷰(정성 인터뷰) 9월 말일까지 조사
     다음 영업 기획 회의에서 [안테나 샵 오픈 계획서] 제출
```

오탈자와 잘못된 숫자가 난무하는 문구

지구에 종말이 와도, 바퀴벌레와 오타는 살아 있을 것이다.

 슬라이드는 발표자의 또 다른 얼굴이다. 프레젠테이션이 진행되는 시간동안 Mr. Big은 발표자의 얼굴과 슬라이드를 바라본다. 이렇게 시선을 많이 받게 되는 슬라이드에 제시된 내용이 잘못되었다는 것은 상당한 실례이며 창피한 일이다. 특히, 발표하는 내용의 중요성이나 진실성을 떠나서 오탈자가 3회 이상 발견된다는 것은 발표자의 정성과 신뢰도에 대한 강한 의문을 제기하게 만든다.

오탈자도 이 정도로 민감한데 부정확한 숫자인 경우에는 상황이 더욱 심각해진다. 비즈니스상의 프레젠테이션에서는 사업성이나 매출현황, 이익률, 시장점유율 등의 수치적인 자료들이 수없이 많이 제시되는데 제시된 숫자가 잘못되었다는 것은 프레젠테이션의 신빙성에 치명적인 독약으로 작용하게 된다. 숫자의 신빙성은 발표자에게 남은 마지막 자존심이어야 한다는 것을 기억해야 하며, 이것이 무너지는 순간 당신의 프레젠테이션은 순탄치 못한 길을 걷게 된다.

수치(특히 금전적 현황)가 틀렸다는 것은 프레젠테이션에 참석하여 들었던 모든 내용에 대해 검증을 해야 하는 것이 아닌가라고 생각하게 만드는 등 의심의 연쇄작용을 불러일으키게 된다.

예전부터 이런 말이 있다.

"오타는 살아있다."

자기가 작성한 슬라이드에서 오탈자를 찾지 못했더라도 제3자에게 찾아 달라고 하면 족집게처럼 정말 잘 찾아낸다. 오탈자를 최소화시키는 방법은 프린트물로 출력해서, 차가운 머리로 차근차근 직접 읽으면서 찾아내든가 정말 중요한 자료라면 제3자에게 찾아달라고 부탁을 하는 것이 좋다. 희한하게도 오탈자는 자기 눈에는 잘 안 보인다.

16
슬라이드편에서 얻은 교훈

 지금까지 당신은 Mr. Big이 했던 독설에 대해서 하나씩 그 사례와 이유를 살펴보았고 어떻게 하면 그러한 말을 듣지 않을까를 고민했다. 그리고 Mr. Big의 입에서 나왔던 각각 독설을 통해, 그를 피해갈 힌트를 얻게 되었다.

Mr. Big의 독설 : 저걸 보라고 만든 거야? 당신도 안 보잖아!

한 눈에 보이게 한다

 슬라이드는 문서와는 다르기 때문에 슬라이드는 한눈에 알아볼 수 있어야 하며 간결해야 하고 또한 단순해야 한다. 프레젠테이션 발표자 자료로의 명분을 가지려면 한눈에 모든 상황을 금세 파악하도록 해줄 수 있어야 하며 읽는 슬라이드가 아닌 보는 슬라이드 형태를 가지고 있어야 한다. 한눈에 보이도록 만들어야 Mr. Big도 알아보기 편하고, 발표자인 당신도 무대 위에서 참고할 수 있기에 편하다.

 '슬라이드는 쓰는 것이 아니고, 화면에 쏘아지는 그림을 그리는 것과 같은 것이다.'

Mr. Big의 독설 : 슬라이드 참 빽빽하기도 해라, 거 좀 시원하게 못 만들어?

3:7의 법칙, 슬라이드에는 3만 담아라!

설명해야 하는 내용이 아무리 많더라도 중요한 핵심만을 추려서 슬라이드에 담아내야 한다. 그리고 글로 많은 내용을 담기 어렵다면 많은 내용을 담을 수 있는 다른 방식을 찾아서 활용해야 하는데 그게 바로 그래프와 도해이다.

그래프와 도해를 잘 사용하고 작성할 줄만 알아도 훌륭한 슬라이드를 만들 줄 아는 것이지만, 이는 단순한 파워포인트나 엑셀을 다루는 기술적인 측면을 넘어서 훨씬 더 어려운 영역이다. 무엇이 핵심인지 어떤 방식으로 표현하는 것이 가장 좋은지를 알고 있는 상태여야 하며, 이에 대해 늘 고민을 하고 있어야 훌륭한 그래프와 도해를 담고 있는 슬라이드를 만들어낼 수가 있다.

Mr. Big의 독설 : 당신도 저거 보면 뭔가 불편하지 않아?

인식의 Baseline을 거스르지 않는다

슬라이드도 건강한 것이 있고, 시름시름 아픈 것이 있다. 모양이나 형체는 모두 갖췄는데, 보면 이상하게 뭔가가 아쉽고 한눈에 들어오지 않는 표현방식을 가지고 있는 슬라이드는 뭔가 병들어 있는 슬라이드라고 볼 수 있다. 이 원인을 잘 알고 처방을 잘 한다면 건강한 슬라이드로

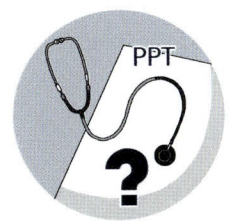

바뀔 수 있지만, 이러한 처방을 적용하지 않으면 당신이 만들 슬라이드는 평생토록 고쳐지지 않는 불치병에 시달리게 될 것이다.

사람들의 머릿속에서 생각하는 일반적인 상식과 인식의 흐름에 절대 도전해서는 안 된다. 달걀로 바위를 치는 것처럼 게임이 되지 않기 때문에 이를 적극적으로 수용하고 받아들여야 한다. 인식의 Baseline과 친해져서 늘 슬라이드 제작 시 반영해야 한다.

Mr. Big의 독설 : 저 유치찬란한 색깔 봐라. 조잡하잖아

색상은 명확한 의도를 가지고 필요한 경우에만 사용한다

당신이 디자이너가 아니더라도 슬라이드에서 사용되는 색상에는 책임을 질 필요가 있다. "저기에 저 색을 왜 썼어요?"라고 물었을 때 바로 답변을 할 수 있도록 고민하면서 색상을 사용해야 하며, 최대한 절제된 상태에서 색상을 선택하는 버릇을 가져야 한다. 파워포인트가 제공해주는 자동  색지정 기능을 온통 무시하고 순수하게 본인의 의도에 맞는 색상을 지정해야만 당신의 슬라이드에 쌍무지개가 뜨지 않는다.

Mr. Big의 독설 : 뭘 이렇게 배배 꽈서 어렵게 썼어?

보면서 바로 이해할 수 있도록 쓰고 편집한다

눈의 움직임과 동시에 뇌에서 일어나는 정보처리가 수반되지 않으면 Mr. Big은 다른 곳으로 눈을 돌려버린다. 슬라이드에서 보이는 내용들은 보기에도 쉬워야 하고 동시에 읽기에도 쉬워야 하는데, 이를 위해서는 슬라이드에 사용하는 문구나 단어들은 최대한 어렵지 않으며 함축된 단어로 사용하여야 한다. 사용되는 문장 또한 가급적 눈이 피로하지 않도록 계속 신경써야 한다.

슬라이드편을 마치며

단락에서 그림과 액자의 비유를 통해서 내용을 담아내는 슬라이드가 중요하다는 것을 언급했었다. 아무리 훌륭하고 좋은 그림이라도 종이 쪼가리처럼 둘둘 말려 있다가 사람들 앞에서 가서 꼬깃꼬깃한 것을 펼쳐들고 혹시 구매할 의향이 있냐고 묻는 것과 휘황찬란하고 네모반듯한 액자에 멋있게 표구하여 사람들에게 보여주며 혹시 구매할 의향이 있냐고 물어보는 것은 결과의 차이를 가져온다.

아무리 전달하고자 하는 내용이 세상을 뒤엎을 만한 놀라운 내용이라 하더라도 이 내용이 적절하게 표현되고, 눈에 잡힐 듯이 묘사되지 않는 다면 그 의미와 중요성은 크게 감소한다. 내용이 '50'이라도 보이고 포장되어 있는 상태가 훌륭하면 '100' 또는 그 이상의 완결성을 가질 수 있는 것처럼 프레젠테이션에서 절대로 간과해서는 안 되는 것이 바로 슬라이드이다.

본 파트에서 함께 알아봤던 프레젠테이션의 슬라이드 작성은 바로 '그릇'에 해당하는 영역이다. 앞에서 알아본 '전략'이 멋있게 담기는 '그릇' 말이다.

당신의 슬라이드는
- 충분히 함축적이고, 이해하기 쉽게 표현되어 있는가?
- 설명하지 않아도 쉽게 이해할 수 있고, 3초 안에 문맥을 이해할 수 있는가?
- 통일성을 가지며 세련되고, 완결성을 가지고 있는가?

이 3가지의 질문에 확실한 답을 못했다면 당신은 슬라이드를 다시 만들어야 한다.

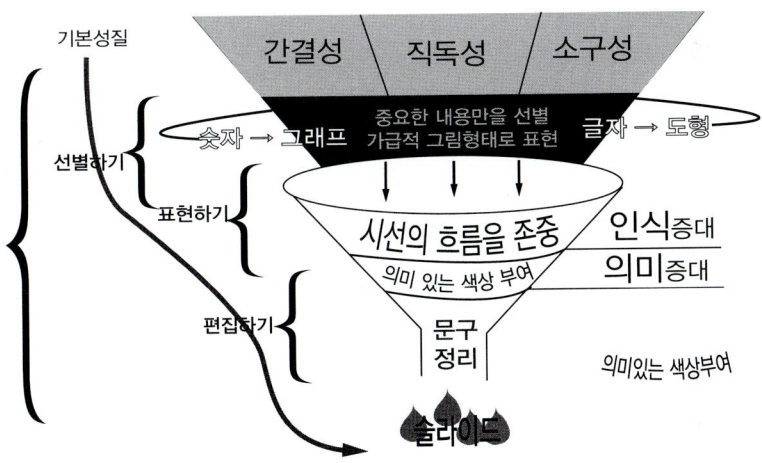

당신은 이제 무엇을 어떤 방식으로 말할 것인지에 대한 명확한 구성전략을 가지고 있으며, 이를 슬라이드에 간결하고 세련되게 담을 수 있게 되었다. 옆에서 동료는 이렇게 말한다. "우와, 이제 무대 위에 올라서 말만 잘하는 것만 남았군. 그까짓 거 뭐 대충 슬라이드 힐끔힐끔 보면서 생각나는 대로 그냥 읊으면 되는 거 아니야?"

하지만 당신은 "지금까지 내가 해온 게 얼마인데, 무대 위에서 대충 때워?"라는 생각으로, 무대 위 발표자의 모습, 행동 등이 어땠을 때 Mr. Big이 분노했었는지를 알아보았다. 그의 입에서 나온 독설은 다음과 같다.

"연습 안했어?"
"그렇게 할거면, 차라리 문서로 보고하지 그래?"
"동작 그만!"
"계속 웅얼웅얼댈래?"
"난 그냥 허수아비 청중이 아니란 말이야"

마침 다행히도 그가 이런 말을 했던 프레젠테이션을 촬영한 영상을 입수해 보기 시작했는데, 차마 눈뜨고 볼 수 없는 발표자들의 실수, 아니 만행이 쏟아져 나왔다. 이번에도 그가 했던 말들이 모조리 이해가 되었다.

그래서 당신은

"나는 기필코 무대 위에서 저러지 말아야지"라고 생각하며, 그러한 상황을 만들지 않기 위한 노력을 하기 시작한다. Mr. Big의 독설이 나왔던 상황을 정리하고, 어떻게 하면 그 독설을 피할 수 있는지를 자세히 알아보게 되었다. 그 과정에서 당신은 또 다시 피가 되고 살이 되는 교훈을 얻게 된다.

PART 4

Mr.Big을 몰입시키는 프레젠테이션(실행편)

17
연습 안 했어?

– 연습도 전략적으로 하라!

"(붉게 상기된 얼굴로) 오늘 제가 말씀드릴 주제는 (입이 바짝 말라 침을 꼴깍~) 중국사업진출에 대한, 그러니깐 아~(머리를 긁적긁적), 중국 사업의 진출 여부에 대한 타당성을 보~~~~~~고(염소 소리처럼 목소리가 떨리고) 드릴 것입니다.
(점점 핏기가 없어지고, 노랗게 질린 얼굴로) 슬라이드에서 보시는 것처럼 (레이저 포인터의 버튼을 누르지만, 심하게 떨리는 손 때문에 붉은색 레이저의 점이 요동치며) 현재 우리 회사 내에서는 중국 사업에 대한 의견이 (이마에 식은땀이 흐르며) 두 가지로 나누어지고 있습니다. (숨이 가빠지는 것 같이 숨소리가 거칠어지며) 새로운 기회 창출로(헉~헉) 바라보는 낙관적인 의견과….."

"당신 연습 안 했어? 유체이탈한 것 같아. 그 분이 오셨나? 당신도 당신이 무슨 말 하는지 잘 모르겠지? 나도 잘 모르겠어. 그러다가 심장마비로 쓰러지는 거 아니야?"

여러 사람들 앞에서 발표를 하거나, 연주, 노래, 연기 등을 할 때 심한 불안을 느끼는 것을 무대 공포증이라고 한다. 그런데 미국에서 실시한 연구조사에 따르면 프레젠테이션을 할 때 느끼는 무대 공포증은 일반적인 심리적인 압박감을 넘어서 자신이 물에 빠져 죽는 것을 상상하는 것보다도 그리고 불에 타 죽는 것을 상상하는 것보다도 더 큰 스트레스를 감내해야 하는 상황으로 느낀다고 한다.

심한 무대 공포증을 느끼게 되면 인간의 내면에서 느끼는 긴장감이 밖으로 표출되어 나오면서, 무대에 서 있는 동안 계속해서 부자연스럽고 보기에 불편한 모습을 보이게 된다. 문제는 이러한 무대 공포증을 한번 겪게 되면 좌절감과 두려움이 머릿속에 들어앉아서 이후에 프레젠테이션을 할 때마다 똑같은 심리적 증상을 반복하여 느끼는 경우가 많다. 그래서 한번 발병하게 되면 완치가 어려운 '비즈니스 난치병'이라고도 할 수 있다.

> "우리가 두려워 할 것은 두려움 그 자체일 뿐…. 그 이상도 그 이하도 아니다."
> – 루즈벨트 대통령의 1933년 세계 대공황 중 한 연설에서

무대 공포증! 우황청심환으로도 안 된다

무대 공포증으로 인한 심리적 느낌과 생각

- 나 스스로가 덜떨어져 보이는 것 같고, 앞에 있는 모든 사람들이 비웃는 것 같다.
- 세상에 혼자 남아 있는 듯한 극도의 외로움을 느낀다.
- 그분(?)이 몸속으로 들어오시면서 정신적 공황상태로 빠져들게 된다.
- 나 스스로도 무슨 이야기를 하고 있는지, 앞으로는 무슨 이야기를 해야 하는지 모르는 상태가 반복되며 점점 미궁 속으로 빠져드는 무념무상의 세계를 경험한다.
- 세상에 어떤 큰일이라도 생겨서 이 자리를 피할 수 있기만을 간절히 기원한다.
- 제발 시간이 빨리 갔으면 하는 바람이지만 1분이 1시간처럼 더디게 흐른다.

무대 공포증이 밖으로 표출되는 모습

- 심장이 평소보다 훨씬 빨리, 그리고 심하게 요동치며 뛰는 것을 스스로도 느낀다(100미터 달리기를 마치고 난 직후처럼).
- 입이 바짝바짝 마르면서 발음이 어눌해진다.
- 목소리가 염소처럼 떨린다(메~~).
- 아무하고도 눈을 마주치지 않고, 한곳만 응시한다.
- 불안함이 손으로 전이되며 손으로 무언가를 만지작거리거나 머리를 긁적이거나 손을 파리처럼 비빈다.

다음은 인터넷에서 UCC로 떠돌아다니는 영어 노래를 들은 적이 있어서 간단하게 옮겨봤는데, 무대 공포증을 느낄 때의 심정을 정말 잘 표현하고 있다(원본을 보고 싶다면 유튜브에서 'I hate public speaking'을 검색해보라).

난 프레젠테이션이 너무 싫어!
프레젠테이션을 할 때마다 나는 내가 아닌 딴 사람이 되는 것 같아.
사람들의 시선이 나에게 집중되어 있는 것이 너무 부담스러워.
내 몸속에 이상한 벌레들이 기어 다니는 것 같고, 말하다 보면 숨이 금방 턱에 차서 헉헉거리지.
내 머리 스타일이나 옷 입은 모양새 모두 촌티 나는 것 같아서 창피할 뿐이고, 시작하기 전에는 속이 너무 울렁거려서 화장실로 가서 토하고도 싶어.

난 프레젠테이션이 죽도록 싫어!
프레젠테이션을 할 때마다 나는 내가 아닌 딴 사람이 되는 것 같아.
너무너무 긴장해서 돌아버릴 것 같고, 내 목은 사막처럼 바짝 말라붙어서 목소리는 쩍쩍 갈라지고, 머릿속도 빈 깡통이 되지.
이제 말까지 더듬기 시작했고, 사람들은 수군대기 시작했어.
"저 바보 같은 놈~~" 제발 빨리 시간이 가기를 바랄 뿐이야.

난 프레젠테이션이 미치도록 싫어!
프레젠테이션을 할 때마다 나는 내가 아닌 딴 사람이 되는 것 같아.
나는 무언가에 홀린 것 같고, 내 몸이 내 몸 같지가 않아.
내 뇌도 그렇고, 내 입도 그렇고, 내 손이나 발도 그렇고, 내가 가진 명확한 논리들이 모두 하찮게 느껴져.
지금 나는 바보 같고, 너무 너무 외로워.

일반적으로 프레젠테이션과 관련된 서적에서는 이러한 무대 공포증의 원인을 초보 발표자들이 가지게 되는 현상으로만 치부하지만 사실은 그렇지 않다. 무대 공포증은 숙련자와 비숙련자의 차이에서 발생하는 증상이 결코 아니며, 단언컨대 프레젠테이션 숙련자들도 무대 공포증을 느끼고 있다. 단지 이겨내고 제어할 수 있는 능력을 가지고 있다는 것만 다를 뿐이다.

이 세상에 프레젠테이션을 하는 도중 무대 공포증을 느끼지 않는 사람이 있다면, 영화 〈터미네이터〉에서 나오는 기계인간처럼 아무런 감정을 느낄 수 없는 '사이보그'이던가 아니면 완전히 '정신이 외출해 버린 사람' 둘 중 하나이다.

숙련된 발표자에게는 공포라는 단어보다는 '긴장'이라는 단어를 쓰는 것이 적절할 수 있겠다. 하지만 사람이라면 누구나 이러한 무대 공포증을 느끼기 마련이며, 또한 항상 어느정도 긴장감이 있어야 생생하고 설득력 있는 프레젠테이션을 Mr. Big에게 선사할 수 있다.

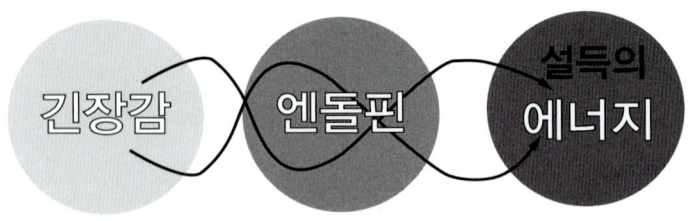

하지만 긴장감을 많이 느끼게 되면 내면적으로는 발표자가 가지고 있는 생각이나 의도까지 위축되어 부드럽고 유연하게 내용을 설명하기가 어려워지며 적절한 상황에서의 애드립이나 유머 등을 구사하기가 어렵다. 겉으로는 독일병정처럼 기계적인 모습을 보이게 되거나 반대로 사시나무 떨듯 떨면서 힘겹게 말하는 것처럼 보여서, Mr. Big으로 하여금 불편함과 안쓰러움을 느끼게 한다.

반대로 전혀 긴장하지 않고 있으면 자기 마음대로 휘황찬란하게 움직이는 손, 발, 자세가 내용을 의도하지 않은 방향으로 틀어놓아 프레젠테이션에서 지향하는 논점이 삼천포로 빠질 수 있고, 발표자의 모습 또한 가볍게 보이게 되어 신뢰도가 떨어진다. 프레젠테이션이라는 행위 자체가 굉장히 중요한 비즈니스 상황이기 때문에 막이 내려지고, Mr. Big이 퇴장할 때까지는 절대 긴장감을 늦춰서는 안 된다. 즉, 너무 풀어져도 문제가 발생할 수 있다는 이야기다.

이렇게 도를 넘어서지 않는 선에서 적절한 수준의 무대 공포증은 반드시 필요하며 프레젠테이션에 활력을 불어넣어 주는 비타민과 같은 역할을 한다.

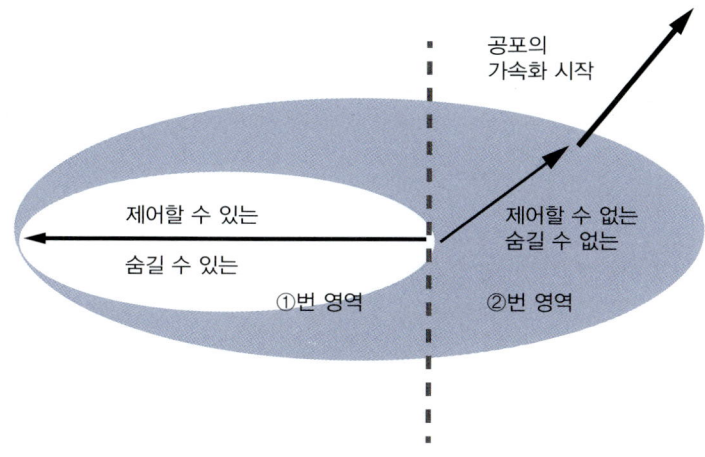

위 그림을 보면, ①번 원에 있는 발표자는 무대 공포증을 느끼지만 이를 스스로 제어하면서 적절하게 즐길 수 있는 발표자이다. 적절한 긴장감 속에서 자신의 생각과 논점을 놓치지 않으면서 여유롭게 프레젠테이션을 실행한다.

하지만 ①번을 지나서 ②번의 원까지 가버리게 되면, 즉 무대공포증을 통제할 수 없고 숨길 수 없는 수준으로 넘어서게 되면 위에 언급했던 공포증의 증상이 드디어 발동하여 밖으로 기어 나오기 시작한다. 그리고 이러한 증상들은 발표자를 더욱 난처하게 만들어 '공포의 가속화'를 만들어낸다.

숙련된 발표자는 ①번의 원안에서 최대한 무대 공포증을 묶어둘 수 있는 노하우를 가지고 있으며, 이것이 바로 숙련된 발표자와 숙련되지 않은 초보 발표자와의 차이이다.

잡아라! 무대 공포증

그렇다면 이러한 무대 공포증을 어떻게 적절히 관리할 수 있을까? 신체적인 통제기술과 정신적인 통제기술로 나누어 정리해 보면 아래와 같다.

아무도 가르쳐 주지 않던 신체적인 통제 기술

① 시작 전에는 가볍게 움직이면서 혈액순환이 잘 되도록 하는 것이 중요하다. 긴장된다고 해서 가만히 자리에 앉아만 있다가 갑자기 무대 위에 오르게 되면 심장이 더 빨리 뛰게 된다. 프레젠테이션 직전이라면 가만히 자리에 앉아 있기보다는 일어서서 손과 발을 움직이면서 가볍게 자리를 서성여 주는 것이 긴장 완화에 좋다.

② 시작 직전, 즉 무대 위에 올라서 말을 하기 직전에는 밖으로 보이지 않을 정도로 크게 심호흡을 한 후에 멘트를 시작하는 것이 좋다. 심호흡을 하면 마음이 안정되기 때문에 충분히 폐 속에 공기를 들이마신 후에 첫 멘트를 하면 좀 더 많은 이야기를 하나의 숨으로 소화할 수가 있다.

대개 긴장하게 되면 첫 호흡을 짧게 해서 약간은 숨이 찬 상태에서 말을 시작하게 되고, 말을 할수록 숨이 가빠지게 된다. 또한 첫 호흡조절에 실패하게 되면 발음이 불안해져 입속이 마르기 시작한다.

시작 전에 하는 깊은 심호흡은 여유로운 출발을 가능하게 한다.

③ 시작은 반드시 밝고 경쾌한 목소리로 힘차게 시작한다. 무겁고 조그만 목소리로 시작하면 가뜩이나 엄숙한 분위기를 더욱 가라앉게 만든다. 나중에 이를 밝고 경쾌한 목소리로 끌어올리기 위해서는 몇 배의 노력이 필요하다. 처음부터 경쾌하고 힘찬 분위기를 만든다면서 등장할 때 춤을 출 수도 없고 체면상 몸 개그를 할 수도 없으므로 오직 밝고 경쾌한 목소리로 Mr. Big의 첫 마음을 사로잡아야 한다. 유명한 레크레이션 강사들은 스스로를 긴장에서 자유롭게 벗어나고, 자연스럽게 시작하기 위해서 밝고 힘찬 목소리로 노래를 하면서 등장하는 경우도 있다고 한다.

④ 시작 직후에는 사전에 철저하게 준비한 가벼운 인사말과 위트 있는 유머 등 무겁고 어렵지 않은 주제로 시작하는 것이 좋다. 무대 공포증이 극에 달하는 시점이 바로 시작 이후 약 3분 정도이기 때문에 처음에 이야기할 내용이 가벼운 주제여야 머릿속이 정리되지 않은 상태에서도 기억하기가 쉬워 자연스러운 시작이 가능해진다. 어려운 주제는 많은 논리를 바탕으로 시작되는 경우가 많기 때문에 긴장이 어느 정도 완화된 프레젠테이션 중반부터 꺼내는 것이 좋다.

아무도 가르쳐주지 않던 정신적인 통제기술

① 성공한 체험을 되살릴 수 있는 물건을 가지고 임한다. 예를 들면 예전에 성공적인 프레젠테이션을 했을 때 가지고 있었던 기념사진이나 만년필 등 과거의 성공을 기억할 수 있는 구체적인 물건을 주변에 두거나 가지고 있게 되면 이는 마음속에서 수호신(守護神)의 역할을 하게 되어 자신감을 유지하는 데 도움이 된다.

② Mr. Big을 포함한 다른 청중들을 나와 친한 사람이라고 생각한다. 내가 실수를 해도 웃으면서 너그러이 이해해줄 수 있고 무슨 이야기를 해도 충분히 다 들어줄 수 있는 나의 막역한 선후배 또는 친구라고 생각하면 분위기를 좀 더 포근하게 느끼면서 프레젠테이션을 진행할 수 있다.

③ 천천히 시작한다. 등장과 함께 곧바로 어려운 이야기, 낯선 이야기로 바로 시작하면 긴장감이 고조될 뿐더러, Mr. Big도 어색함을 느낄 수 있다. 그러므로 바로 시작하지 않고, 천천히 그리고 편안한 멘트로 시작을 준비한다. 프레젠테이션의 모범이었던 스티브 잡스 또한 시작은 항상 편안히 그리고 천천히 시작하는 것을 원칙으로 하였다(본 내용은 구성편의 오프닝 메시지에서 충분히 언급을 하였다.).

④ 스스로를 칭찬한다. 시작 전에 화장실에 들러서 큰 거울에 비친 자신의 모습을 보며 스스로에게 "힘내라, 혁종아!", "달려라, 혁종아!", "해보자, 혁종아!"라고 자신만의 주문을 외치면서 정말 멋진 프레젠테이션을 하고 있는 자신의 모습을 상상하는 것도 좋은 방법이다. 이런 행동을 '이미지 트레이닝'이라고 하는데 상상을 통해 경험하게 될 상황을 미리 인지하고 그에 대한 적절한 처신이나 대응방법을 머릿속에 각인

시켜 둠으로써 실제 그 상황이 되었을 때, 자신도 모르는 사이에 자신이 생각해두었던 모습이나 기술을 발휘하는 것을 말한다. 실제로도 많은 효과를 내기 때문에 올림픽과 같이 큰 경기를 앞둔 선수들은 전문가를 통해서 별도의 이미지 트레이닝을 받는다고 한다.

⑤ 중요한 순간이라고 새 옷을 입거나 새로운 물건을 사용하면 오히려 익숙하지 않아서 더 긴장할 수도 있다. 중요한 자리일수록, 중요한 프레젠테이션일수록 익숙한 옷을 입고 익숙한 물건을 지니고 가는 것이 좋다. 예를 들면, 손에 익어야 편하게 사용할 수 있는 노트북이나 스마트 포인터(또는 레이저 포인터) 등의 장비들은 늘 자신이 써왔던 것을 사용하는 것이 좋다. 실제로 e-Sports계의 프로게이머들이 늘 경기장에 자신이 쓰던 마우스와 키보드는 꼭 가지고 다니는 이유가 바로 여기에 있다.

⑥ 프레젠테이션 장소에 약 30분 전에 도착해서 전체적인 분위기와 청중의 자리배열, 특히 Mr. Big의 위치 등을 사전에 파악해야 한다. 그렇지 않고 정각에 겨우 맞추어 장소에 허둥지둥 들어오게 되면 침착성을 잃은 채 무대 위에 설 수밖에 없으며, 이렇게 되면 팝의 황제 마이클 잭슨도 떨 수밖에 없다. 이렇게 시간에 빠듯하게 장소에 도착하여 급작스럽고 정신없이 프레젠테이션을 시작하게 되면 소변이 마렵다거나 넥타이가 풀어져 있거나 와이셔츠 단추를 채우지 않았거나, 심지어는 남대문을 열어놓은 채 헉헉대며 등장하는 등의 낭패를 당할 수도 있다. 최소 30분 전에 도착하여 전체적인 자리 구도를 보고 슬라이드를 직접 하나하나 넘겨가면서 체크한 후에 화장실에 가서 옷매무새를 다듬을 수 있는 시간적 여유를 가져야 한다.

> "아무도 당신의 동의 없이는 당신에게 정신적인 고통을 가하지 못한다."
> – 엘리노어 루즈벨트

초반 5분에 승부를 보라!

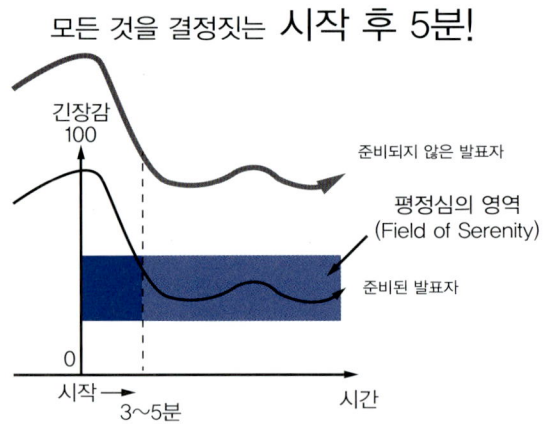

앞서 언급했던 것처럼 최고의 백전노장인 발표자라 하더라도 프레젠테이션에서는 긴장감을 느끼기 마련이지만, 이들은 긴장감을 조절할 줄 아는 능력을 지니고 있다. 이렇게 긴장감을 적당히 즐기고 창조적인 긴장감으로 활용할 수 있는 정도의 긴장 수준을 '평정심의 영역'이라고 부르는데, 이 평정심의 영역에 들어서면 자신의 마음이나 신체를 스스로 통제하면서 부드럽게 청중을 리드하고 프레젠테이션을 진행할 수 있다. 하지만 시작 후 5분간의 순조로움을 겪은 뒤에만 평정심의 영역에 안착할 수 있다.

숙련된 발표자는 프레젠테이션 시작 후 5분 동안의 순조로움을 위해 사전 연습시간 중 40% 정도를 할애한다. 시작 후 5~10분 동안 일어나게 될 상황과 자신의 멘트를 머릿속에 완벽히 각인시키고, 동시에 청중의 눈빛이나 분위기를 미리 마음속에 상상하는 등의 마음의 준비를 한다.

다시 말하면 처음 5분만큼은 완벽히 짜인 각본을 준비하여 큰 문제없는 상태로 어두운 긴장감의 터널을 지나 서서히 평정심의 영역으로 차근차근 걸어 들어간다는 것이다.
반면 충분히 준비하지 못한 발표자를 보면 사전 준비나 연습이 충분치 않아 오히려 프레젠테이션이 시작하기 전에는 아무런 긴장도 하지 않다가 시작 직전에 긴장감이 급격히 상승하면서 통제수준 밖의 긴장감이 표출되기 시작한다.

입이 바짝바짝 마르면서 다리에는 힘이 빠지고, 머릿속이 하얗게 되고 심장은 쿵쾅쿵쾅!! 그리고 시작은 했지만 자신이 어떤 말을 하는지, 앞으로 무슨 말을 이어가야 할지 모르고, 다음 슬라이드가 무엇인지 기억이 나지 않으며 설단현상(입에서는 단어들이 맴도는 현상)이 시작되어 "어, 저, 그래서" 등의 우물쭈물하는 말들이 튀어나온다.

이렇게 심한 긴장의 상태에서 5분이 지나가게 되면 프레젠테이션을 진행하는 내내 긴장감은 쉽게 떨어지지 않게 되며, 평정심을 찾지 못한 채 진행한 프레젠테이션은 아무런 효과 없이 끝나게 된다. 아니, 끝나기만 하는 게 아니고, 안 하느니만 못한 상태가 될 수 있다. 어떤 프레젠테이션이더라도 시작을 잘 준비해야 하며 그렇지 못한 경우에는 삼천포로 빠진다. 따라서 프레젠테이션은 초기 5분의 승부라고 해도 과언이 아니다.

왕도(王道)는 없다! 연습만이 살길이다

정말 맞는 말이다. 날 때부터 훌륭한 발표자로 태어난 사람은 아무도 없다. '얼마나 많이 연습했는가' 그리고 '얼마나 많이 프레젠테이션을 해 봤는가'가 그 사람의 실력을 좌우한다. 발표 경험도 없이 연습을 충분히 하지 않은 상태에서 좋은 프레젠테이션을 기대하는 것은 운전면허도 없이 교통신호를 읽을 줄도 모르는 상태에서 광화문 사거리에 차를 가지고 나와 우리나라 교통문제를 비판하는 것과 다를 바 없다.

이미 알고 있는 바와 같이 우리나라 평창 동계올림픽 유치를 위한 프레젠테이션을 준비하기 위해 수많은 사람들이 하나로 뭉쳐 거의 몇 년 간을 준비하고 연습에 연습을 거듭해서 무대에 올랐다. 이처럼 중요한 프레젠테이션의 경우에는 정말 치밀하고 엄청난 양의 연습이 수반된다. 멋진 프레젠테이션의 성공 포인트는 다름 아닌 처음부터 끝까지 계속되는 연습! 연습! 연습뿐이다.

> 지속적인 연습을 통해 발표자는 긴장감에 점점 무뎌지게 되어 그의 마음속에는 긴장을 심하게 느끼지 않을 수 있는 굳은살이 만들어진다.

왜 연습을 해야 할까? 연습을 많이 하면 어떤 효과가 생길까?
- 긴장감을 미리 체험하여 무뎌지기 위해서
- 자신감을 가지기 위해서
- 명확하게 기억하기 위해서
- 좀 더 보강하기 위해서

하지만 아무런 목적이나 방법 없이 맹목적으로 하는 연습에서는 일정 수준의 도움밖에 얻지 못한다. 그렇다면 어떻게 연습을 해야 할까?

무조건 큰 목소리로 진행한다

발표자의 목소리 크기는 자신감과 정비례한다는 것을 잊지 말아야 한다. 연습할 때 작았던 목소리가 실제의 무대 위에 올라가서는 큰 목소리가 될 수 있을까? 절대 아니다. 연습할 때 사전에 의도적으로 연습했던 힘찬 목소리는 실전에서 더욱 돋보이는 자신감 있는 목소리로 표출되기 마련이다. 그러므로 연습할 때에도 주눅들지 않고 소심하게 하지 말아야 하며, 실전에서와 같이 자신 있게 큰 목소리로 진행해야 한다.

많은 초보자들이 범하는 실수 중에 하나가 눈으로만 연습을 한다는 점이다. 프레젠테이션 슬라이드를 출력하여 볼펜으로 몇 자 끄적이면서 머릿속에 밀어 넣는 연습을 하지만 그리 좋은 방법은 아니다.

> 약 1~2시간에 걸쳐 진행되는 대통령의 기자회견은 사실상 한 달 전부터 철저한 조사와 더불어 엄청난 횟수의 리허설을 바탕으로 진행된다.

최대한 빠른 속도로 진행해 보며 전체 흐름을 인지한다

어느 정도 혼자 하는 연습이 끝나면 주변 동료에게(또는 거울을 보며) 요점과 주제를 잃지 않는 범위 내에서 최대한 빠른 속도로 예행연습을 해본다. 이때 최대한 빠르게 말하되 내용의 핵심을 놓치지 않고, 단락이 새로 바뀔 때마다 부연설명을 놓치지 않고 진행하여야 하며 진행 후에는 지켜본 동료들의 의견(무엇이 중복되었는지?, 무엇을 빠뜨렸는지?)을 수렴하여 반영한다.

이를 통해 다음을 알 수 있다.
- 프레젠테이션의 전체 구성내용이나 진행흐름을 인지할 수 있으며
- 중복되는 내용을 인식하는 동시에
- 좀 더 깊게 다루어야 하는 중요한 핵심내용을 파악할 수 있게 된다.

따라서 슬라이드 상으로 또는 머릿속에서만 존재하던 프레젠테이션 내용들이 구체적으로 손에 잡히는 상태가 되어 보다 실질적인 내용의 보완 작업이 가능해지고 결국에는 전체적인 내용구성을 이해하고 기억하기 쉬워진다.

> "챔피언은 경기장에서 만들어지는 것이 아니다. 챔피언은 자신의 내면 깊숙이 있는 소망, 꿈, 이상, 그리고 피를 토하는 처절한 연습에 의해 만들어진다."
> – 전 헤비급 세계 챔피언, 무하마드 알리

자신이 준비한 모든 내용을 리허설하며 시간을 재본다

자신이 준비한 내용의 전부를 모든 제반 효과(슬라이드 쇼, 질의 응답 시간 등)를 제외한 상태에서 실제 발표하는 속도에 맞춰서 진행하는 예행연습을 해본다. 이를 통해서 준비된 내용이 충분히 전달되었을 때 소요되는 예상시간을 측정해보고 전체적인 관점에서 시간 안배의 적절성을 판단한다.

초기에 너무 많은 시간을 쏟고 있지는 않는지 또는 특정 소주제에만 너무 시간을 낭비하는 것은 아닌지를 측정해본 후 적절한 시간을 다시 배분하여 프레젠테이션의 내용 중 늘이거나 줄여야 하는 부분을 도출하고 반영한다. 또한 사람들에게 약속된 프레젠테이션의 시간 안에는 단순히 발표자가 이야기하는 시간 외에도 Mr. Big을 비롯한 청중의 질문이나 의견을 받고 추가적인 정보를 설명해야 하는 시간도 포함되어야 하므로 질의응답 시간을 추가로 반영하여 예상시간 안에 모든 활동이 가능하도록 준비하여야 한다.

이를 통해
- 프레젠테이션에 소요되는 적절한 시간을 예측할 수 있으며
- 시간이 모자라면 내용을 압축하고 좀 더 중요한 내용에 집중할 수 있게 되고
- 시간이 남으면 추가적인 사례를 발굴하여 설명을 보강할 수 있게 된다.

제일 싫은 프레젠테이션 1위 "시간 초과"

프레젠테이션에 소요되는 예상 시간을 정확히 예측해내는 것이 중요한 이유는 무엇일까? 그냥 정해진 내용만 잘 전달하면 되는 거 아닌가?

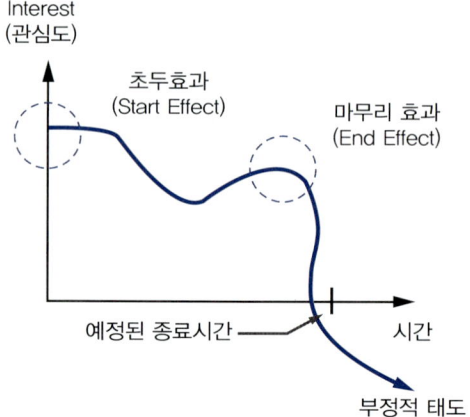

위에서 보는 그림처럼 Mr. Big의 관심도는 일반적으로 시작과 종료시점에 가장 높다. 앞 장에서 설명했던 프레젠테이션의 결승전(結承傳) 구성방식이 당신의 프레젠테이션에 잘 반영되어 있다면, 프레젠테이션 도입부에서 Mr. Big은 '음~~ 그래 무슨 말을 할 것인지 어디 보자!' 프레

젠테이션의 마무리에서 Mr. Big은 '음~ 끝나고 있구만. 무슨 말을 했는지 다시 한번 정리해 볼까?'하는 생각을 가지게 될 수 있다.

이처럼 프레젠테이션의 초반부와 후반부에 관심도가 상대적으로 증가되는 현상을 초두효과(Start Effect), 그리고 마무리 효과(End Effect)라고 한다. 하지만 당신의 이야기를 귀담아듣던 아군들은 약속된 시간을 초과하는 순간부터 바로 적군으로 돌변한다. 그리고 씁쓸한 표정을 지으며 자기의 손목시계 또는 벽에 걸려있는 시계를 쳐다보며 약속된 시간에서 5분 이상이 지나는 순간부터 Mr. Big을 포함한 모든 사람들은 더 이상 아무런 소리도 듣지 않고 이런 생각만을 하게 된다.

"뭐야…, 이거~ 약속된 시간보다 10분이나 지났네?"
"저 사람 저렇게 시간관념 없는데, 앞에 했던 말들을 잘 지킬 수나 있겠나?"
"다음에 있는 중요한 회의 가야 하는데…"

이 지경이 되면, 발표자는 어색하고 술렁이는 분위기에 당황하여 황급히 마무리지으며 프레젠테이션을 마친다. 한마디로 용두사미(龍頭蛇尾)형 프레젠테이션의 전형적인 모습이다.

시간 약속을 지키지 못하는 것은 자신의 프레젠테이션에서 담았던 훌륭한 제안이나 아이디어를 일순간에 물거품으로 만드는 자살행위와 같다. 때문에 자신에게 약속된 시간 안에 프레젠테이션을 충분히 진행하고 적절한 질의응답 시간까지 소화해내는 것도 정말 중요한 발표자의 능력이다.

> "시간 부족은 부족 그 자체가 아니라 관리의 문제다."
> – 피터 드러커

리허설을 하는 자신의 모습을 촬영한 후 분석한다

어느 정도 연습을 통해서 내용이 교정되고 자신감이 생기게 되면 실전을 가장한 상태에서 리허설을 해야 한다. 리허설 시에는 프레젠테이션을 할 장소에서 실제로 사용할 슬라이드와 기자재를 그대로 유지한 상태에서 해야 한다.

쉽게 말하면 청중의 자리, Mr. Big의 자리만 비어 있는 상태에서 실제로 프레젠테이션이 진행되는 모든 상황을 동일하게 연출하는 것이다. 리허설을 할 때에는 자신의 모습을 비디오로 촬영하여 이를 돌려 보면 그동안 자신이 인식하지 못했던 개선이 필요한 점들을 속속들이 볼 수 있다. 비디오 속 자신의 모습을 바라보는 것은 참으로 낯부끄러운 일이 아닐 수 없다. 하지만 제3자로서 바라보는 '발표자로서의 자신의 모습'을 보게 되는 것만으로도 굉장히 큰 힘이 되며 많은 개선 포인트를 얻을 수 있다.

목소리, 손동작, 자세, 외모, 위치의 이동 등 Mr. Big에게 비춰질 자신의 모습을 객관적으로 바라보면 실제로 발생할 상황에 익숙해지면서 긴장감이 완화되고 스스로를 교정하기 시작한다.

- 촬영 직후 평가 금물
- 잘한 점 3가지를 먼저 생각
- 목소리 자세를 따로따로 체크

비디오 촬영 후 포인트 도출에는 3가지 기본원칙이 있다.

1. 촬영한 직후에 바로 확인하는 것은 금물이다.

리허설을 하고 난 직후에는 스스로가 상당히 긴장된 상태에 있기 때문에 이 상태에서 자신의 모습을 담은 영상을 보면 정말 우스꽝스럽게만 느껴지기 마련이다. 이렇게 되면 오히려 좌절감만을 느낄 확률이 높아지며 오히려 무대 공포증이 더 심해질 수 있다.

2. 잘한 점을 먼저 생각하고, 이후에 고쳐야 할 점을 생각한다.

비디오 촬영을 나빴던 점만을 지적하는 것으로 오해하는 사람들이 많은데, 못한 점만을 들춰내게 되면 프레젠테이션을 준비하는 초보자는 심한 좌절을 느끼기 때문에 오히려 무대 공포증을 더 심하게 만드는 요인이 될 수가 있다. 따라서 지적 사항만을 들춰내는 용도의 비디오 촬영은 일정 수준 이상의 위치에 있는 유능한 발표자에게만 유용할 수 있다. 초보 발표자의 경우에는 잘한 점을 찾아 충분히 동기부여한 후에 개선점을 찾는 것이 적절한 순서이다.

3. 음향을 없애고 보면 자세나 동작에 더욱 집중할 수 있다.

음향이 있는 상태에서 영상을 보면 자신의 목소리와 자세를 동시에 체크하면서 의미 있는 내용들을 추출하기 어렵기 때문에 영상과 음향을 분리해서 보는 것이 좋다. 그래서 처음에는 음향을 없앤 상태에서 영상을 보고 난 후 나중에 음향이 들어간 영상을 보게 되면 목소리와 자세를 보다 집중적으로 체크할 수 있다.

프로페셔널의 연습방법 '실전테크닉'

초보 발표자가 흔히 하는 착각 중 하나가 "내 얘기를 다들 잘 들어줄 거야"라는 생각이다. 현실은 정반대다. 프레젠테이션에는 '시간의 상대성이론'이 존재한다. 쉽게 말하면, 말하는 사람한테는 1분이어도 듣는 사람에게는 5분같이 느껴진다는 것이다. 아무리 열심히 공들여서 이야기를 해도 그것은 전달자의 입장일 뿐이다. 상대방, 즉 청중의 입장에서는 매력적이고 간결하지 않은 이야기는 지루한 사족으로 느낄 뿐이다. 그래서 아래의 그림과 같은 메시지의 Loss가 발생하게 된다.

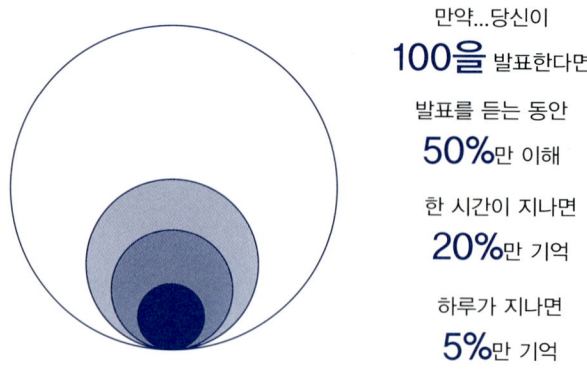

발표자가 100% 정도의 메시지를 말하고 있다면 Mr. Big은 단지 50% 정도만 이해할 수 있다. 나머지는 증발되고 사라진다. 그리고 한 시간이 지나면 발표자가 전해준 50%의 메시지 중 20%의 메시지만 Mr. Big의 머릿속에 남는다(이 정도 수준도 아주 성공적인 케이스다). 그리고 하루가 지나면 그중에서 겨우 5%의 메시지만 남는다.

이렇듯 프레젠테이션의 모든 것이 Mr. Big에게 소중하고 강렬하게 기억될 것이라는 것은 하나의 착각이자 망상이다. 이러한 상황을 고려했을 때 가장 큰 교훈을 얻을 수 있다. 바로 '메시지에 욕심내면 안 된다'는 점이다.

프리젠테이션 능력자들은 사전연습을 할 때 항상 이러한 생각을 한다.

"프레젠테이션이 끝났을 때 무엇을 기억하게 할 것인가?"

따라서 중요하지 않은 메시지를 체크하고 걸러내며 꼭 설명하고 언급해야 하는 메시지를 중심으로 슬라이드가 전개되고 있는지, 그리고 각 슬라이드별로 무엇을 어떤 순서로 언급할 것인지를 집중적으로 연습한다. 그렇다면 실제 프리젠테이션 능력자들이 연습하는 3단계의 연습방법을 소개해 보겠다.

제일 먼저 전체 슬라이드 출력본과 형광펜을 준비하라.

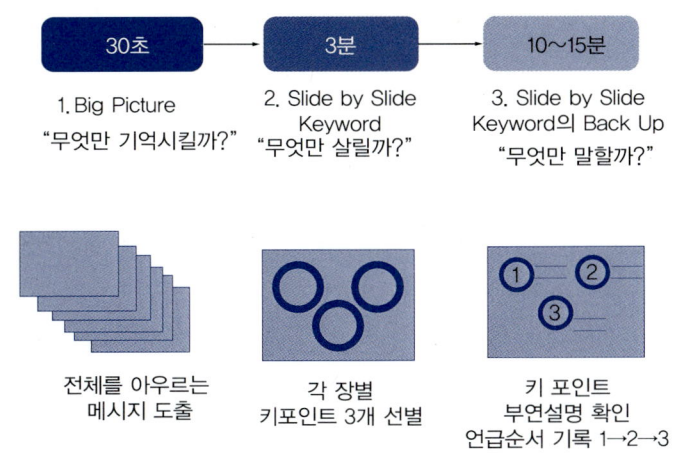

1단계. 가장 중요한 5%의 핵심 메시지를 골라낸다.

본 책의 앞에서 잠시 언급했던 '엘리베이터 스피치'를 하게 된다면, 즉 시간이 없어서 30초 내에 설명을 마쳐야 한다면 어떤 이야기를 할 것인지 정한다.

모든 발표 슬라이드를 모조리 버렸을 때 딱 30초간 Mr. Big에게 각인시켜야 하는 핵심 메시지는 무엇인지를 정확하게 규명한다.

"결국 어떤 이야기를 할 것인가"를 보는 눈이 필요하다.

2단계. 각 슬라이드별로 핵심 메시지를 골라낸다(전체 메시지의 20%가 이에 해당된다.)

이때부터 슬라이드 출력본과 형광펜을 사용한다. 각각의 프레젠테이션 슬라이드별로 메시지 선별작업을 진행한다. 만약 3분 내에 급하게 끝내야 하는 상황이라면 어떤 것만을 설명해야 하는지를 슬라이드별로 2~3가지의 포인트만 골라내는 것이다.

이 단계에서 중요한 것은 1단계에서 도출했던 30초간의 핵심 메시지와 연계성을 잃지 않으면서 각 장에서 설명해야 하는 포인트를 몇 가지만 골라내는 것이다.

"이 슬라이드에서 중요한 것은 무엇인가"를 보는 눈이 필요하다.

3단계. 각 슬라이드별로 핵심 메시지에 대한 부연설명 포인트를 골라낸다(전체 메시지의 50%가 이에 해당된다.)

앞서 진행한 2단계에서 각 슬라이드별로 핵심 포인트 2~3개가 선별되었다면 각각의 핵심 포인트를 뒷받침해주는 세부 요소를 선정하는 것이다. 이 작업은 각 슬라이드마다 진행하는데 각 슬라이드별로 언급해야하는 항목을 미리 골라 놓아서 형광펜으로 밑줄을 긋는다.

슬라이드의 모든 내용을 전부 설명할 수는 없기 때문에 핵심 메시지의 부연설명 포인트를 사전에 정리해 두면, 실제 멘트를 구사할 때에도 집중적으로 정갈하게 진행할 수 있는 장점이 있다.

약 15분의 실제 프레젠테이션 진행 시 언급해야 하는 상황을 고려하면서 선별해야 하며, 중요한 점은 언급순서까지 같이 기록을 해놓는 것이다. 언급순서를 미리 기록해 두면, 실제 발표 시에 원활하고 매끄럽게 메시지가 흘러가는지를 사전에 체크할 수 있다.
"이 슬라이드에서 어떤 것만 말할 것인가"를 보는 눈이 필요하다.

이러한 3단계의 연습을 진행하다 보면 준비된 프레젠테이션의 메시지의 흐름, 전체 슬라이드의 연결성, 각 슬라이드의 언급 포인트를 인지할 수 있다. 초보 발표자라면 상당히 도움을 받을 수 있는 연습방법이므로 적극 추천한다.

18
그렇게 할 거면
차라리 보고서를 가져오지 그래?

- 눈은 입보다 빠르다.

---

1. 프로젝트의 의미 및 목적
2. 프로젝트의 내용 및 접근 방식
3. 프로젝트의 세부과제, 일정, 조직
4. 프로젝트 단계별 세부 추진 과제

   A) 그룹 중국사업의 방향 및 의지 설정
   B) 중국사업 환경 분석
   C) 사업별 중국진출 기회 및 타당성 분석
   D) Needs와 계획과의 객관적 비교 분석
   E) 그룹의 High-level Portfolio 전략

"앞으로 약 한 시간 동안 말씀드릴 내용은 슬라이드에서 보시는 바와 같습니다. 먼저 프로젝트의 의미 및 목적을 말씀드린 후 프로젝트의 전체내용 및 접근방식을 설명하고 프로젝트의 세부과제 및 추진일정, 조직을 소개한 후 프로젝트 단계별 세부 추진과제에 대한 전반적인 말씀을 드릴 예정입니다. 세부추진과제는 첫째, 우리 회사의 중국사업방향 및 의지를 어디까지 둘 것인가를 설정하고, 두 번째로는 중국에서의 사업환경을 분석한 내용을 말씀드릴 것이며, 그 이후 세 번째로는⋯.

"(오 마이 갓! 저 친구 저대로 놔두면, 슬라이드를 계속 읽을 태세구만!)
잠깐! 지금 당신 발표하는 내용을 보아 하니 계속해서 슬라이드를 읽고 있는데 말이야. 나도 눈이 있고, 글을 읽을 줄 알아! 당신이 읽어주는 글을 눈으로도 보고 귀로도 듣고 있는 게 얼마나 화나는 일인 줄 아나? 내가 그렇게 한가한 사람으로 보여? 여기 있는 사람들이 장님인줄 알아? 이렇게 읽어줄 거면 차라리 문서로 보고하는 게 맞는 거 아니야?"

읽어주지 마라! 눈은 입보다 빠르다

 서툰 발표자들이 가장 많이 범하는 오류가 바로 '그대로 읽어주기'이다. 생각해보라! 정말 바쁜 업무시간 중 귀하고 귀한 시간을 빼서 당신의 프레젠테이션에 Mr Big이 참석했는데 발표자가 뚜벅뚜벅 등장해서 가벼운 눈인사 후에 슬라이드에 보이는 내용들을 하나도 빠짐없이 글자 그대로 똑같이 읽어주는 모습을…. 이런 경우에는 앞에 있는 발표자가 나를 무시하고 있다고 느끼게 되므로 Mr. Big이 아니더라도 정말 화가 나는 일이다.

 발표자는 절대로 '책을 읽어주는 사람'이 되어서는 안 된다. 자신은 친절하게 설명해준다고 생각해서 그대로 읽어준다면 Mr. Big의 머리는 이미 다른 생각으로 가득하게 되고, 눈을 감고 슬라이드를 보지도 않고 귀를 닫고 듣지도 않는다.

바람직한 슬라이드 설명방법

1. 슬라이드에 글자가 많은 경우에는 맥락을 중심으로 설명한다.

예를 들면 유명인사의 어록 인용구, 속담, 격언, 고객의 소리, 핵심 포인트를 대표하는 구절을 그대로 읽어주면 Mr. Big은 현실감을 느낄 수 있어 좋지만, 이를 제외하고는 슬라이드에 있는 내용을 그대로 읽어주는 경우는 거의 없어야 한다. 또한 필요한 경우 어쩔 수 없이 내용을 읽어주더라도 한 줄 이상의 문장을 그대로 읽지는 말아야 한다. 그렇다고 슬라이드에 보이는 글자와 전혀 무관하게 설명을 하는 경우에는 Mr. Big이 슬라이드의 어디를 봐야 할지를 모르므로 이 또한 권장하지는 않는다.

슬라이드를 설명할 때 60~70% 정도는 보이는 글자, 단어를 중심으로 한 맥락 중심의 멘트를 유지하되, 나머지 30~40% 정도는 슬라이드에 보이는 것 이외에 발표자의 의견이나 생각을 더하여 설명을 해주는 방식이 가장 좋다.

목표의 필요성

- 팀 전체의 업무방향을 결정한다.
- 팀의 에너지를 집중시킨다.
- 달성했을 때 성취감을 느끼게 한다.
- 역량 향상의 지침이 된다.
- 업무 우선순위를 결정한다.
- 평가의 기준이 된다.

예를 들어 위와 같은 슬라이드인 경우에는 글자 중심으로만 구성되어 있어 전체적인 맥락과 흐름이 표현되어 있지 않다. 이 경우에는 하나씩

문구들을 읽어가는 것보다는 슬라이드에 보이는 순서대로 설명하되 부연할 내용들을 녹여서 멘트를 하는 것이 좋다.

"명확한 목표를 가지고 있는 팀은 어떤 이점을 얻을 수 있는지를 설명해 보면 팀이 가지고 있는 모든 에너지와 단위업무들이 목표를 향해서 방향이 정렬될 수 있습니다. 또한 이를 통해 목표달성을 했을 때의 크고 작은 성취감을 느끼게 되며 무엇을 잘했는지 왜 그렇게 되었는지를 파악하여 앞으로 더 잘할 수 있게 되는 역량 향상의 방향과 지침을 얻을 수 있게 됩니다."

2. 비교적 복잡한 내용을 담고 있는 슬라이드인 경우에는 큰 것부터 먼저 설명하는 것이 좋다.

인지구조상 사람은 큰 것을 먼저 이해시키고 난 후 그 안의 작은 것을 설명해줄 때 훨씬 더 많은 것을 머릿속에 담아둘 수 있게 된다. 따라서 내용을 담고 있는 큰 구조를 먼저 설명하고 세부 내용을 설명한다.

하나의 슬라이드에서 담고 있는 5개 정도의 정보가 있으면 그 정보들을 엮어주는 큰 흐름이나 맥락, 관점, 구분항목을 먼저 이해시킨 이후에 각각의 정보를 설명하는 방식을 취해야 한다.

3. 다음에 나올 슬라이드의 내용을 사전에 파악하여 연결을 매끄럽게 한다.

요즘에 많이 들리는 '한 편의 드라마 같은 프레젠테이션'의 비결이 동영상을 많이 보여줘서 그럴까? 절대 아니다. 매끄럽게 진행되는 프레젠테이션을 보는 동안, Mr. Big의 머릿속에는 전체적인 스토리를 느낄 수 있으며 그 스토리가 단절되지 않고 계속해서 연결될 때 한편의 드라마를 보는 것 같은 느낌을 받게 된다.

따라서 슬라이드를 설명할 때 다음에 나올 슬라이드의 내용을 사전에 인지할 수 있게 하여 긴장감과 기대감을 계속해서 유지시켜 주는 설명 전략을 구사한다. 예를 들어 다음과 같이 말하고 슬라이드를 전환해 주면 Mr. Big의 마음속에는 "왜 그런 거지? 도대체 뭐길래 저렇게 말을 할까?"하는 기대감과 긴장감이 생기게 될 것이다.

"다음에 보시게 될 내용은 본 사업의 중국시장에 대한 분석결과입니다. 아마 때에 따라서는 충격적인 의외의 결과를 보실 수도 있을 것 같습니다. 그래서 그 결과들을 슬라이드에 담아야 하는지를 많이 고민하였지만 도움이 되실 것 같아 일단 소개를 드립니다."

또한 특별히 슬라이드의 내용을 주시하게 하고 싶은 경우, 이러한 멘트를 통해 미리 안내해 주면 배포된 참고자료나 유인물을 보고 있다가도 앞에 있는 모두가 고개를 들고 슬라이드를 보게 될 것이다.

눈을 맞춰라, 그러면 안 되는 것도 될 수 있다

Eye Contact, 1초의 대화

대부분의 초보 발표자들이 앞에 앉아 있는 사람들과 눈을 맞추는 대신 벽이나 책상, 컴퓨터 화면, 앞에 보이는 슬라이드에만 시선을 주는 경우가 많다. 이럴 경우 Mr. Big도 마찬가지로 발표자의 눈을 바라보지 않고 다른 곳으로 시선을 옮겨버리고 만다. 나를 쳐다보지도 않는 사람의 눈을 계속해서 바라보며 눈을 맞추려는 행위는 말 그대로 손해보는 장사인 '눈맞춤의 짝사랑'이라고 할 수 있다. 더구나 냉철하고 독한 Mr. Big이 뭐가 아쉬워서 이런 짝사랑을 할까? 절대 하지 않는다.

프레젠테이션을 진행하는 시간 중 80% 정도는 앞에 있는 청중과 시선을 마주쳐야 하며, 이 중 20% 이상은 Mr. Big과 시선을 마주치는 것이 좋다. 나머지 20%의 시간은 컴퓨터 화면과 슬라이드를 간혹 힐끔대거나 의도적으로 다른 곳을 바라보며 생각하는 모습을 보이며, 무대에 있는 자신의 모습을 연출하는 것이다. 프레젠테이션을 하면서 눈을 마주치지 않는다는 것은 앞을 보는 것이 아니라 차의 속도계만을 바라보면서 운전을 하는 것과 같이 정말 위험하고, 무책임한 행위이다.

Mr. Big에게 눈길을 주지도 않으면서 그가 날 쳐다보지 않았다고 실망하고 좌절할 것인가?

당신이 연예계 최고의 스타가 아니라면 "제발 저를 바라봐 주세요, 여기 좀 바라봐 주세요"라고 외치는 열광적인 팬은 아무도 없다. 발표자가 먼저 손을 내밀고 바라봐야 한다.

아이 컨택(Eye Contact)은

1. Mr. Big에게 다가가는 호의적인 행위이다.

프레젠테이션에 참석한 모든 사람들과 악수라도 하면서 "오늘 저 좀 도와주세요"라고 말하고 싶은가? 그렇다면 반드시 아이 컨택을 해야 한다. 물리적으로 모두와 악수를 하면서 친근함을 표현할 수는 없지만 오가는 아이 컨택 속에는 "나는 당신을 좋아합니다"라는 무언의 메시지가 숨어 있어 이를 통해 당신의 아군을 많이 만들 수 있기 때문이다.

2. 발표자를 더욱 돋보이게 하는 행위이다.

　발표자의 전문성이나 프레젠테이션 능력을 평가한 결과에 따르면, 발표자가 실시한 아이 컨택의 양에 따라서 상당한 차이가 있다.

아이 컨택(Eye Contact)의 양이 15% 이하일 경우
- 냉정하다.
- 변명한다.
- 미숙하다.
- 자신이 없다.
- 신뢰성이 결여되어 있다.

아이 컨택(Eye Contact)의 양이 80% 이상일 경우
- 성실하다.
- 친근하다.
- 능숙하다.
- 자신 있어 보이고 신뢰할 수 있다.

3. 아이 컨택은 발표자의 메시지를 더욱 강력하게 해준다.

　사랑하는 사람에게 문자 메시지를 통해 "사랑해요"라고 하는 것보다 더 강한 느낌은 전화로 "사랑해요"라고 말해주는 것이고, 이보다 더 강한 느낌은 만나서 눈을 마주치며 "사랑해요"라고 말하는 것이다. 아이 컨택을 하게 되면 사실의 교류를 넘어선 감정의 교감이 일어나고 자신이 말하는 내용을 보다 강하게 마음속으로 밀어 넣는 역할을 하게 된다.

> "어떤 사람을 끌어 들이려면 그의 눈을 향해 이야기해야 한다."
> – 나폴레옹

　옛날부터 '눈은 입만큼 말을 한다'는 말이 있을 정도로 '눈은 마음의 창'이라 하여 그 사람의 마음속에 있는 모든 생각과 감정이 모두 눈에 표현되며 진실함이 표출되는 하나의 통로로 생각되고 있다.

　프레젠테이션을 할 때에도 발표자의 초조함, 긴장감, 자신감의 결여 등은 반드시 눈으로 나타나게 된다. 발표자가 눈을 자주 깜박이는 것은 두려움, 공포를 나타내며 '제 의견을 거부하지 말아주세요', '제발 질문하지 말아주세요'라는 무언(無言)의 메시지를 전달한다.

아이 컨택의 올바른 방법과 꼭 사용해야 하는 경우

　그렇다면 아이 컨택은 어떻게 하는 것이 좋을까? 아이 컨택의 가장 좋은 방법은 청중들과 마치 일대일로 이야기하듯이 전체 청중의 오른쪽, 왼쪽, 중간 등을 고르게 눈맞춤하는 것인데, 다음과 같은 요령을 익혀 두는 것이 좋다.

- 한 사람씩 눈을 마주치면서 약 1~2초 정도 가능한 많은 시선을 주도록 한다.
- 모든 청중을 대상으로 시선을 골고루 준다(Mr.Big은 예외).
- 천천히 한 가지 생각이나 메시지를 전달한다는 기분으로 청중들에게 시선을 준다.
- 맨 뒤쪽이나 창문 가까이 자리 잡은 청중이 심리적으로 프레젠테이

션에 흥미 없는 사람이거나 관여도가 낮은 사람일지라도 이들과의 아이 컨택을 소홀히 해서는 안 된다. 잘못하면 이들이 적이 될 수 있기 때문이다.

프레젠테이션이 진행되는 동안에는 항상 청중과 아이 컨택을 해야 하지만 다음의 상황에는 반드시 특정인에게 아이 컨택을 해야 한다.

1. 질문에 대응할 때

질문에 대한 응답은 30% 이상이 눈빛으로 해결될 수 있기 때문에 질문을 수렴하거나 질문에 대한 답변을 해줄 경우에는 반드시 질문자를 쳐다보며 무언의 동조와 긍정을 요청해야 한다.

2. 부정적인 의견/상황을 이야기할 때

프레젠테이션의 주제에 따라서는 앞에 있는 청중들에게 부정적이거나 껄끄러운 의견을 제시할 경우도 있다(예를 들면, 현재 강하게 추진하고 있는 사업의 치명적 문제점 등을 부각시킬 때). 이때는 긍정적이고 호의적인 반응을 보이고 있었던 사람과 아이 컨택을 하면 부정적 내용에 대한 저항이 비교적 완화될 수 있다.

3. 강조할 때

무언가 중요한 메시지를 강하게 전달할 필요가 있을 때에는 다른 사람들보다 Mr. Big과 눈을 마주치면서 이야기해야 더욱 힘을 얻게 될 수 있다. 일반적으로 사람은 자신과 눈을 똑바로 마주 본 사람이 무언가를 이야기하고 있으면 동조해주고 맞장구를 쳐줘야 한다고 본능적으로 느끼고 반응한다. 때문에 Mr. Big과 눈을 맞추면서 강한 메시지를 이야기할 때 그가 고개를 끄덕일 확률이 높아진다. 또한 Mr. Big의 고개가 끄덕여지는 것을 지켜본 다른 청중의 마음속에도 심리적인 동요가 일어난다.

바람직하지 못한 아이 컨택의 유형

1. 책만 읽어주는 훈장 선생님 스타일

앞에 있는 학생들은 한 번도 쳐다보지도 않고 천자문 책만 보고 그대로 읽어 주는 훈장선생님은 "하늘 천, 땅 지, 검을 현, 누를 황~"을 하는 동안에 학생들의 마음은 모두 콩밭으로 가 버린다.

2. 노래 부를 때 피아노 너머의 허공을 바라보는 스티비 원더 스타일

앞에 있는 사람들을 전혀 쳐다보지 않고, 저 멀리에 있는 천장만을 바라보며 말을 한다. 허공에 있는 그분(?)과 이야기를 나누고 있는 모습을 보인다.

3. 자폐증 환자 스타일

누구와 시선을 맞추기에 상당한 불편함을 느끼는 것 같아 보인다. 앞에 있는 사람들의 눈을 자신 있게 마주치지 못하고 소심하게 힐끔힐끔 아이 컨택을 하며 대부분의 시간을 자신의 구두나 천정, 노트북, 벽에 걸린 시계만을 바라본다.

4. 무섭게 노려보는 한(恨) 많은 귀신 스타일

앞에 있는 사람들을 쳐다보되 온화하고 미소 짓는 얼굴이 아닌 심하게 경색되어 있거나 아니면 귀신처럼 무섭게 부릅뜬 눈으로 아이 컨택을 한다.

5. 무조건 딱 한 사람만 뚫어지게 쳐다보는 스타일

다양하고 폭 넓게 아이 컨택을 하지 않고 오직 한 사람만을 쳐다보면서 진행한다. 이렇게 되면 다른 사람들은 이방인이 되고, 시선을 받는 그 한 사람은 시선이 너무 부담스러워 고개를 떨구고 만다.

시선을 더욱 많이 이끌어 내고 유지하는 법

발표자는 자신이 적극적으로 아이 컨택을 해야 하는 의무도 있지만 자신이 받는 시선을 역(易)으로 즐길 줄도 알아야 하며, 의도적으로 시선을 이끌어낼 수도 있어야 한다.

집중적인 시선을 받으면 다소 부담스러울 수도 있으나 시선이 집중되어 있다는 것은 나에게 관심이 있다는 것이다. 또한 나의 이야기에 귀 기울이고 있다는 말로 해석할 수 있으므로 오히려 즐거운 현상이며 즐겨야 하고 더욱 이끌어내야 한다. 발표자를 바라봐 주는 사람은 100% 아군이다.
Mr. Big은 발표자가 싫거나 미덥지 않으면 절대 쳐다보지 않는다는 것을 기억하라.

1. 즐겁고 자신 있는 눈으로 같이 쳐다봐 준다.

프레젠테이션을 하면서 당신과 3회 이상 눈이 마주쳤다면, 그리고 그가 고개를 끄덕이고 있었다면 그 사람은 이제 당신 편이 되었다고 생각해도 좋다. 이럴 경우에는 "저도 당신을 의식하고 있습니다"는 느낌을 전달할 수 있도록 웃는 모습으로 눈을 맞춰 줘야한다.

2. 고개를 끄덕이며 나를 바라보고 있는 사람을 더 많이 쳐다본다.

나를 바라보며 고개를 끄덕이고 있다는 것은 나에 대해 매우 긍정적인 생각을 가지고 있다는 것이다. 이러한 최고의 아군에 대하여 마음의 접대인 아이 컨택을 해주면 프레젠테이션이 끝날 때까지 고개를 끄덕이며 당신을 바라봐 줄 것이다.

3. 적절한 속도로 지루하지 않도록 위치를 이동하여 Mr. Big의 눈만이 아닌 머리가 움직일 수 있게 해준다.

30분 동안 한곳만을 뚫어지게 바라보고 있는 것은 정말 피곤한 일이다. 아무리 대스타가 와 있다 하더라도 한곳에만 서 있는 사람의 얼굴을 계속해서 쳐다보는 것은 사실상 불가능하다. 따라서 한곳에만 서 있기보다는 무대 위에서 적절한 위치로 이동하기도 하고 적절한 제스처를 같이 병행해야 계속해서 바라볼 수 있는 인내심이 생기게 된다.

> 발표자는 자기의 눈을 통해 청중에게 귀를 기울여야 한다.

19
동작 그만!

– 제스처를 연출하라!

"(자신도 모르게 주머니에 손을 찌른 상태에서) 다음은 중국 내수 시장의 고객층 변동 추이입니다. (몸이 좌우로 살랑살랑 흔들리며) 보시는 바와 같이 기존의 기성세대 중심으로 편성되었던(다리를 까딱까딱) 소비계층이 점차 젊은 세대로 이전되어 오는 추세가 점점 짙어지고 있음을 보실 수 있습니다 (앞뒤로 흔들흔들)."

"동작 그만! 당신 주머니 손 안 빼? 지금 이 자리가 당신 친구한테 시시덕거리면서 말하는 자리야? 그리고 왜 이렇게 앞뒤로 흐느적거려! 여기가 캬바레야? 지금 블루스 추고 있어? 다리는 또 뭐야? 구부정하게 짝다리 짚고서 말이야…. 프레젠테이션하기 싫어? 최소한의 격식이 있어야지. 당신 지금 그러고 있는 거 영상으로 찍어서 본 적 없어? 정신 사납고 신경쓰여서 볼 수가 있어야지…. 딱딱하게 차렷 자세로 프레젠테이션하는 것도 좋은 건 아니지만 지금처럼 아무런 긴장 없이 흐느적거리고 있고, 주머니에 손 찌르고 프레젠테이션하는 건 기본이 안 된 거 아니야?"

'발표자'야 말로 최고의 시각자료이다

프레젠테이션이 진행되는 동안 Mr. Big은 어디를 가장 많이 보게 될까? 앞에 보이는 슬라이드에 40% 정도의 시간을 할애하며, 나머지 60% 정도의 시간에는 발표자를 바라보게 된다.

앞에 보이는 슬라이드도 슬라이드이지만 발표자의 눈과 얼굴, 그리고 그의 전체적인 동작과 움직임, 자세를 보면서 이야기를 듣는다. 따라서 Mr. Big은 발표자의 동작 하나하나, 눈빛 하나하나를 보면서 자신의 귀로 듣고 눈으로 보고 있는 발표자와의 이미지를 하나씩 머릿속으로 맞춰가면서 프레젠테이션에 빠져들게 된다.

> Mr. Big은 눈으로도 이야기를 듣는다.

제스처의 힘을 얕보지 마라

제스처는 멋있고 자연스러운 프레젠테이션의 분위기를 만들기 위해 필요한 조미료와 같아서 빠지면 심심하고 너무 많으면 짜게 만들어버리기 때문에 필요한 경우에만 넘치지 않을 정도로 사용하는 것이 좋다.

과거에는 그 자리에 독일병정처럼 꼿꼿하게 서서 로봇이 움직이는 것 같은 절도 있는 제스처를 선호한 적도 있었다. 최대한 움직임을 적게 하고 딱딱하게 프레젠테이션을 진행하는 모습이 힘 있어 보이고 진중하고 박력 있게 보여 좋다는 것이다. 이런 스타일은 군대에서 흔히 볼 수 있었으며 '사단장 보고형'이라고 부를 수 있다. 하지만, 여기는 군대가 아니지 않는가?

제스처는 잘 사용하면 발표자가 가진 생각을 더욱 더 실감나고 맛깔나게 이해할 수 있도록 도와주지만 너무 남발하여 사용하면 보는 사람으로 하여금 정신 사납게 할 수 있으며, 반대로 너무 사용하지 않는 경우에는 답답하고 경직된 듯한 느낌을 준다.

그렇다면 어떤 제스처가 좋은 제스처일까? 딱 부러지는 정답은 없지만 상황에 따라서 이야기의 내용과 흐름, 전체적인 분위기에 따라서 편안하고 자연스러운 제스처면 무난하다고 본다. 제스처를 사용할 때는 다음 사항을 유의해야 한다.

1. 손을 감추지 마라.
사람들이 악수를 하게 된 유래를 보면 "나는 당신을 공격하지 않겠습니다"라는 속뜻을 가지고 무기가 없는 서로의 빈손을 보여주는 행위가 그 시작이었다고 한다. 이처럼 손이 가지고 있는 의미는 서로에 대한 공격의지와 연관성이 있기 때문에 앞으로 보이고 있을 때와 손을 뒤로 숨기고 있을 때에는 상호간의 긴장감과 적대심에 차이가 존재할 수 있다고 한다.

이처럼 주머니 속에 있지 않으며 뒤로 숨어 있지 않고 항상 열려 있는 손은 '정직'을 상징하여 내용의 진실성을 가미해 줄 수 있다. 또한 '비무장'을 상징하여 Mr. Big이 당신에게 느끼는 신뢰성을 더욱 높여줄 수 있다. 손을 등 뒤로 숨기거나, 주머니 속으로 집어넣어 숨겨서는 안 된다. 항상 당신의 손이 어디에 어떤 모습으로 있는지를 볼 수 있게 해주어야 한다.

2. 동작은 과감하고 확실하게 하라.

　발표자가 취하고 있는 제스처는 자신이 하고 있는 이야기를 더욱 강조해주는 '악센트(Accent)'이기 때문에 제스처를 취할 때는 자신 있고 과감하게 해야 한다. 얼렁뚱땅 얼버무리면서 자신 없이 은근슬쩍 취하는 제스처는 자신감이 없어 보이고, 발표자가 떨고 있다는 인상을 준다.

　당신이 하고 있는 이야기와 궁합이 맞는 손동작과 움직임을 과감하고 확실하게 병행해주면 훨씬 더 이해의 폭을 넓힐 수 있으며, 청중들로 하여금 프레젠테이션을 보다 더 역동적으로 느끼게 만든다.

3. 불필요한 행동은 금물이다.
　제스처는 내용의 풍성한 이해를 도울 때 사용해야 의미가 있기 때문에 발표자의 생각과 함께 같이 움직여야 한다. 그런데 긴장된 마음이 몸으로 옮겨와서 발표자의 생각을 어지럽히는 순간 불필요한 제스처가 밖으로 튀어 나오게 된다.

　의미 없이 자주 손을 흔들면서 움직인다거나(일명 지휘자 자세), 두 손을 비빈다거나(일명 파리 자세) 또는 계속 손을 맞잡고 있는(일명 동요 자세) 행동처럼 단순하게 습관적으로 반복되는 제스처들은 발표자가 느끼고 있는 불안감과 긴장감을 그대로 보여준다.

　특히 머리를 쓸어올리는 행위, 귀를 만지거나 후비는 행위, 안경을 올려 쓰는 행위, 넥타이를 계속해서 만지작거리는 제스처는 그 어떤 의미도 없으며 시선을 더욱 분산시키기 때문에 금물이다.
　더불어 프레젠테이션을 하면서 습관적으로 손을 흔들거나 내미는 행위, 손을 위아래로 크게 흔드는 등의 정신없어 보이는 큰 움직임들은 최대한 지양해야 한다.

5. 발표자의 얼굴 표정도 막강한 힘을 가진 제스처이다.

　발표자의 얼굴에 비춰지는 표정은 이야기를 가장 실감나게 만들어주는 요소이다. 프레젠테이션 전문가들은 이를 Face Expression이라고 부른다.

프레젠테이션의 귀재라고 불렸던 스티브 잡스가 프레젠테이션을 진행할 때에도 그의 얼굴을 유심히 관찰해보면 그가 하고 있는 이야기와 연관된 모든 희로애락의 감정을 느낄 수가 있다. 새로운 제품 출시까지의 과정에서 많은 에피소드가 있었다고 이야기할 때에는 고개를 약간 숙이고 손을 턱에 가볍게 갖다 대며 일화를 회상하는 듯한 표정을 짓는다던가, 신제품의 특징 중에 장점을 말할 때는 환하지만 확신에 찬 표정을 짓고, 동시에 주먹을 꽉 쥐면서 이야기를 한다. 물론 슬프거나 안타까운 이야기를 할 때에도 위와 같이 비통한 표정을 지었다.

심리학의 일부 연구결과에 따르면 사람들은 자신이 바라보는 사람의 얼굴 표정을 무의식적으로 그대로 따라하게 된다고 하는데, 실제로도 프레젠테이션이 진행되는 동안 그 자리에 있는 청중의 얼굴을 자세히 살펴보면 발표자가 보이는 얼굴의 표정을 그대로 따라하는 사람들이 참으로 많다.

일상생활에서도 이런 모습들을 흔하게 볼 수 있다. 예를 들어 친한 친구와 마주보고 앉아서 이런저런 이야기를 나누다 보면, 친구가 웃는 표정을 지을 때 나의 얼굴에서도 나도 모르는 사이에 미소가 생기고, 친구가 심각한 이야기를 하며 인상을 찡그릴 때에는 그 표정이 나에게 고스란히 전이되어 오는 것을 느낄 수가 있다.

이처럼 발표자가 하고 있는 이야기의 감정이 그대로 묻어나고 있는 표정은 그 어떤 손동작과 움직임보다도 더 강한 느낌을 전달할 수 있다. Mr. Big의 감정을 의도적으로 조종할 수 있는 강력한 힘이 될 수도 있다. 당신을 바라보고 있는 사람들은 당신의 신체 중에 얼굴을 가장 많이 보고 있다는 것을 기억하라. 그 얼굴에 파란만장한 변화를 주는 순간 프레젠테이션 그 자리의 분위기까지 같이 변화한다.

6. 자연스럽게 서되, 의도를 가지고 자리를 이동하라.

손동작이나 얼굴 표정 등과 같은 소소한 제스처도 있지만 전체적인 이동과 서 있는 자세 또한 제스처에 속한다. 이렇게 서 있는 자세를 전문 용어로는 '스탠스(Stance)'라고 하는데, 프레젠테이션을 할 때에는 편한 자세로 흔들리지 않도록 두 다리는 곧게 펴서 적절한 넓이로 서 있는 것이 좋다.

두 발을 붙이고 있는 차렷 자세는 상당히 경직되어 보이며 몸이 앞뒤로 쉽게 흔들릴 수 있기 때문에 지양하는 것이 좋다. 또한 많은 초보 발표자들이 보여주는 다리를 불균형한 상태로 유지하는 일명 '짝다리'나, 어딘가에 기대서 다리를 꼰 채로 서 있는 자세가 많은데 이 또한 좋지 않다.

전문가들은 공간 내의 적절한 이동을 '무브먼트(Movement)'라고 부른다. 청중의 시선을 따분하게 만들지 않게 하며 발표자가 여유롭게 진행하고 있다는 느낌을 갖게 해주기 때문에, 프레젠테이션을 하는 공간이 허락한다면 한 자리에서만 서 있는 것보다는 자리를 의도적으로 바꿔가면서 진행하는 것이 좋다.

Movement의 경우에는 아래와 같은 경우에 활용하면 더욱 드라마틱한 모습을 만들 수 있다.

Chapter가 바뀔 때

"(위치를 이동하며) 지금까지 OO의 문제점을 소개드렸다면, 이제는 해결방안에 대해 소개드리겠습니다."

메시지의 흐름이 바뀌고, 전환될 때 발표자의 위치를 바꾸어 주의를 환기할 수 있다.

새로운 예시를 들 때

"(위치를 이동하며) 새로운 사례를 하나 들어 보겠습니다"

메시지를 강조하는 사례를 소개할 때 발표자의 위치를 바꾸어 사례 부문에 더욱 집중시킬 수 있다.

스크린을 직접 손으로 터치해야 할 때

"(위치를 이동하며) 화면의 그래프에서 이 부분(손가락으로 짚으며) 이 신제품에 대한 고객반응입니다."

레이저 포인터를 사용하는 것보다 잠깐 화면 속으로 들어가 이야기하는 내용을 정확히 손으로 짚고 나오는 것을 전문용어로 '스크린 터치'라고 한다. 매우 역동적인 모습을 연출할 수 있으며, 발표자가 위치를 이동하면서 동시에 사용하면 역동적인 느낌이 배가 된다. 단, 매우 제한적으로 정갈하게 사용해야 한다.

20
계속 웅얼웅얼댈래?

– 깔끔한 발음으로 신뢰를 높여라!

(어~~), (저~~) 중국의 시장에서는 (음~~) 우리 상품은요~~ 강한 시장 경쟁력을 갖고있기 보다는, (제 생각에는) (음~~) (뭐랄까) 아직은 (실제로) 걸음마 단계에 있는 상태 정도라고 보이고요.
(실제로) (어~) (제 생각에는) 좀 더 문화적인 고려를 충분히 해서요, (실제로) (말하자면), 중국인의 생활 패턴을 보다 (실제로) 심층적으로, (음~) 분석하여 (좌우간) 새로운 제품으로 다시 중국시장을 (실제로) 공략하는 (어~~) (실제로) 새로운 전략이 필요한 것 같아요.

"잠깐! 당신 지금까지 '어~' 라는 소리만 몇 번 한 줄 알아? 23번 했어. 시작한 지 10분 동안, '어'라는 소리만 23번 했다 이거야. 당신이 말하는 요점이 뭔지는 알겠는데, 계속해서 아무 의미 없는 말을 하니깐 자꾸 신경쓰이고 거슬리잖아. 그 말 좀 하지 않을 수 없어? 그리고, 그 '실제로'는 또 뭐야? 다른 건 실제가 아니야?
또 하나 더! 마지막에 '새로운 전략이 필요한 것 같아요'라니? 지금 초등학생이 흥부랑 놀부 중에 누가 더 착한지에 대한 의견 발표하나? 지금 해도 되고 안 해도 되는 상태가 아니잖아? 자신 있게 소신껏 좀 말해라! 당신은 책임 안 지겠다 이거지?"

특명! Filler Words를 잡아라. "잘 쓰던가, 줄이던가"

다른 사람이 프레젠테이션하는 것을 유심히 들어보면 발표자들은 자신이 이야기하는 내용과 전혀 무관한 의미 없는 단어들을 사용하는 경우가 많다(물론 프레젠테이션에서뿐만 아니라 일상의 대화에서도 많이 쓰지만). 이런 단어들을 전문용어로 Filler Words(군더더기 표현)라고 한다.

우리나라 사람들이 가장 많이 사용하는 Filler Words(군더더기 표현)의 예를 들어 보면 '어', '에', '아', '그러니까', '실제로', '제 생각에는', '음', '사실은', '좌우간', '~처럼', '일반적으로', '뭐~' 등이 있다.

Filler Words(군더더기 표현)는 무조건 나쁠까? 사실 꼭 그렇지만은 않다. 이러한 Filler Words를 너무 사용하지 않으면 말 자체가 딱딱해지지만 너무 많이 사용하는 경우에는 더 큰 문제가 발생한다. 말 자체가 경박하게 느껴지고, 핵심이 없어 보여 말의 내용을 부실하게 만드는 효과가 있기 때문이다.

다시 말해, 프레젠테이션에서 Filler Words를 잘 쓰면 그야말로 약방의 감초처럼 부드러운 윤활유가 되지만, 의미 없이 남발하며 습관과 버릇처럼 쓰게 되면 청중의 귀를 아주 거슬리게 하고, 발표자의 준비상태와 주제에 대한 전문성을 의심하게 만든다. 한마디로 프레젠테이션을 갉아먹는 '독'이 된다.

Filler Words를 너무 남발하게 되면 어떤 현상이 일어날까?

① Filler Words는 반복적으로 사용되는 의미 없는 거슬리는 단어로 바뀌게 되어 문구들은 Mr. Big의 귓속으로 들어가지 않고 맴돌게 되면서 의미 있는 다른 단어들의 이해를 막는다.

② 일부의 청중이 Filler Words를 세기 시작한다. 청중 중에는 발표자가 사용하는 Filler Words를 인식하게 되면서 몇 번 나오는지를 세기 시작하는 사람들이 꼭 있다. 내용을 듣기보다는 표면적인 소리만을 듣고 있는 것이다. 때문에 프레젠테이션의 목적인 설득과 이해는 이미 물 건너갔다고 해야 한다.

③ Filler Words만 들린다. 말 그대로 주객이 전도되어 있는 상태이다.

왜 Filler Words가 발생할까?

거의 대부분의 Filler Words는 생각하고 있을 때, 그리고 긴장했을 때 자신도 모르게 나오게 된다.

사람들은 머릿속에서 자신이 방금 무슨 말을 했는지 또는 앞으로 무슨 말을 할 것인지를 생각하면서 말을 한다. 그런데 말해야 하는 용어나 단어들이 갑자기 생각나지 않고 입에서 맴돌 때! 이 순간 자신도 모르게 습관적으로 튀어나오는 것이 바로 Filler Words이다.

예를 들면 "음~~" 이라는 단어는 "저는 지금 생각 중입니다.", "저는 지금 긴장해 있습니다"라는 말과 같은 의미를 지니게 된다.

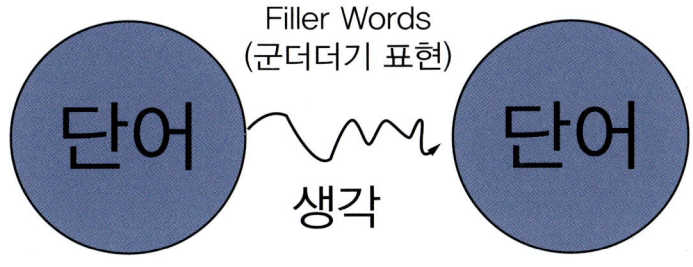

어떻게 하면 Filler Words를 줄일 수 있을까?

Filler Words의 주요 원인이 '생각'이라고 해서 생각을 아예 하지 말라는 것은 아니다. 생각을 하면서 프레젠테이션을 진행해야 다음에 어떤 말을 어떻게 할 것인지를 상황에 맞도록 구상할 수 있다. 그래야 기계적으로 달달 외워서 하는 것이 아닌, 멋지고 맛깔 나는 프레젠테이션을 할 수 있기 때문이다.

많이 준비하고 연습할수록 다음 메시지를 정확히 인지하며, 설명하고자 하는 단어 및 내용들에 익숙해진다. 그래야만 필요한 생각만을 하면서 진행할 수가 있고 Filler Words는 점차 줄어들게 된다. 이처럼 사전 연습의 양과 Filler Words의 양은 서로 반비례한다. 또한 무의식의 상태에 있는 Filler Words를 인식하게 되는 순간 진행이 매끄러워 진다.

다시 말해 많은 사람들은 자신이 Filler Words를 사용하고 있는지 그리고, 어떤 Filler Words를 사용하고 있는지도 잘 모른다.

자신이 이를 인식하고 있지 못한 상태에서는 자기도 모르게 계속해서 Filler Words를 사용하지만, 일단 인식하기 시작하면 점차 사용하는 횟수도 줄어들게 된다. Filler Word를 사용할 때 마다 머릿속으로 '앗! 또 나왔다.' 하는 생각이 들어 스스로 억제 하는 것이다.

Filler Words를 줄이는 방법

1. 내가 어떤 Filler Words를 얼마나 자주 쓰는가를 알아본다.

앞서 언급한 것처럼 많은 초보 발표자들은 자신이 어떤 Filler Words를 사용하는지를 잘 모르는 경우가 많다. 리허설을 할 때 이를 지적해주면 자신은 전혀 몰랐다고 하지만, 자신의 모습이 녹화된 모습을 보면 그제야 자기가 어떤 Filler Words를 쓰고 있는지를 깨닫게 된다. 자신이 어떤 Filler Words를 얼마나 쓰고 있는가를 알기 시작하는 순간부터 교정은 시작된다.

2. Filler Words가 나올 것 같으면 머릿속으로 삼켜버린다.

Filler Words가 나올 것 같은 생각이 들면 입을 닫아 버리거나 차라리 숨을 쉬면서 Mr. Big이 눈치채지 않는 정도로 '머뭇'하는 것도 방법이다.

3. 순간의 의도적인 짬을 가진다.

Filler Words를 계속해서 말하는 것보다는 눈치 채지 못할 만큼의 적막을 만드는 게 오히려 간결하고 깔끔하며 여유롭게 진행한다고 느낄 수도 있다.

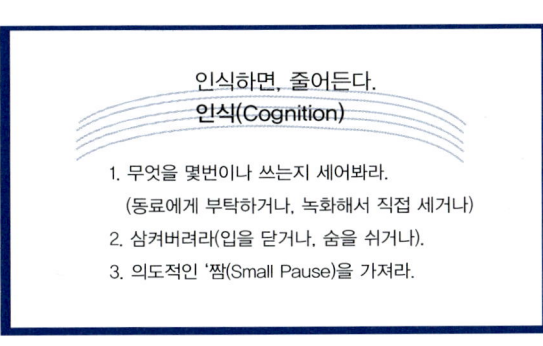

맛있게 들리는 목소리

- 크기(Loudness)
  - 힘있게 강조, 속삭이듯이 감정 전달
- 속도(Speed)
  - 빠르게 Skip/설명, 서서히 강조
- 고저(Pitch)
  - 높여서 강조/경쾌, 낮춰서 장엄

같은 이야기를 해도 재미없고 밋밋하게 말하는 사람과 무언가 다르게 재미있고 맛깔나게 말해주는 사람 간의 차이점 중 하나는 전달할 때 목소리에 말하는 사람의 생생한 표현과 감정이 들어 있느냐 없느냐에 있다고 볼 수 있다.

예를 들어, 114에 전화를 걸어 전화번호를 안내받을 때 "네~, 문의하신 번호는 ○○○국에 ○○○○입니다" 하며 들리는 기계음성의 경우에는 정말 매력이 없고 딱딱하며 계속 듣기에는 좀 부담스럽다. 더 나아가서는 들었던 번호조차 기억이 잘 나질 않는다. 이처럼 말하는 사람의 감정이 전혀 실려 있지 않으면 귀에만 들릴 뿐이지 머리나 마음까지 그 내용이 잘 전달되지 않는다.

마찬가지로 프레젠테이션을 할 때에도 기계가 읽어주는 것처럼 아무런 감정 없는 목소리는 Mr. Big을 미치게 만든다.

- 상황에 따라서
- 메시지에 따라서
- 내용의 중요성에 따라서

목소리의 크기와 속도, 높낮이가 달라야 한다.

강조할 때는 크고 힘 있게, 감정을 실을 때에는 속삭이듯이

프레젠테이션을 진행할 때 목소리는 크게 하는 것이 좋지만 힘이 없이 크게 소리를 지르는 것은 악을 쓰는 것처럼 보여 거부감이 들기 때문에 목소리가 큰 것과 힘이 실려 있는 것과는 다르게 생각해야 한다.

늘 힘 있는 목소리를 일관되게 유지하는 것도 필요하지만 다루는 내용에 감정의 이입이 필요한 경우이거나 인간적인 사례 등을 이야기할 때에는 감정을 실어서 속삭이는 듯한 톤을 구사하는 것도 좋은 방법이다. 힘찬 목소리 속에서 갑자기 속삭이는 듯한 톤을 듣게 되면 무언가 색다른 느낌으로 좀 더 집중되는 효과를 노릴 수 있다.

내용을 훑을 때에는 빠른 속도로 설명하고, 강조할 때에는 천천히

"눈은 입보다 빠르다" 그래서 슬라이드에 보이는 전반적인 내용, 즉 일반적인 흐름과 맥락을 설명할 때에는 평소보다 약간은 빠른 속도를 유지하는 것이 필요하다. 그러한 설명이 이어지는 중에 정말 중요한 메시지가 나오게 되면 그때는 천천히 (필요하다면 반복해서) 속도를 늦추어서 Mr. Big이 여유를 느끼며 받아들일 수 있도록 해준다.

높은 톤으로 강하고 경쾌한 느낌을 주고, 낮은 톤으로 장엄하고 엄숙한 느낌을 준다

일괄적으로 너무 낮은 톤으로만 프레젠테이션을 진행하면 웅얼거리는 느낌이 강해서 귀에 잘 들어오지 않고 허공 속에 묻히기 때문에 거의 자장가처럼 들린다. 반대로 너무 높은 톤으로만 진행되면 처음에는 경쾌하고 밝게 느껴지지만 계속해서 높은 톤을 듣고 있으면 좀 거북하고 귀에 거슬리며 내용이 가볍게 느껴지기도 한다. 따라서 다루는 메시지와 내용의 분위기에 따라서 높고 낮은 톤을 적절하게 섞어서 진행하는 것이 좋다.

너무 오버하지 않는 선에서 발표자의 감정을 실어야 한다

프레젠테이션을 진행하는 동안 감정의 이입이 없는 메마른 목소리를 꾸준하게 구사하는 것도 좋지 않지만 반대로 처음부터 끝까지 스스로의 감정에만 몰입해서 떠드는 듯한 목소리를 구사하는 것도 좋지 않다. 이 두 가지 버전의 비중을 적절하게 조절하여 역동적이면서 진중한 목소리로 구사하며 진행하는 것이 가장 좋다.

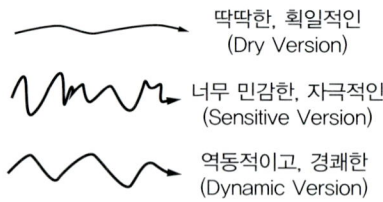

강조해야 하는 단어는 아주 힘 있게, 그리고 끊어 읽어라

다음은 미국의 전 대통령이었던 케네디(John F. Kennedy) 대통령의 유명한 연설에서 나오는 구절이다.

"당신이 이 나라에 무엇을 바라는지를 말하지 말고, 당신이 이 나라를 위해 무엇을 할 수 있는지를 먼저 말해라."

케네디 대통령은 어느 단어에 가장 힘을 실어서 강하게 그리고 끊어 읽었을까? 바로 '말하지 말고(Not)'를 아주 강하고 힘차게 강조해서 읽었다.

"Ask **not** what your country can do for you,
ask what you can do for your country."
-John G Kennedy

자신이 말하고 있는 메시지상에서 가장 강력하고 중요한 단어에서는 이처럼 화끈할 정도로 세게, 크게, 힘주어서 읽고 그 다음을 이어가면 그 중요한 단어가 뇌리에 박히게 된다.

> **TIP 발음만 정확해도 절반은 먹고 간다**
>
> 발표할 때 말의 끝은 가급적이면 "~니다"로 끝나는 것이 훨씬 더 신의와 확신을 가지고 말하는 것처럼 들리며, Mr. Big으로 하여금 "저 친구 딱 부러지는구만"하는 느낌을 가지게 한다. 하지만 일부의 발표자는 "~니다"체를 사용하지 않고 "~구요, ~했구요, ~이랬구요, 저랬구요, 같아요, 그래서요" 하는 "~구요"체를 사용하는 경우도 많다. 이러한 학생들이나 쓸 법한 어투를 일명 Student like Speaking 이라고 하는데 발표자의 추측, 즉흥적 생각, 미심쩍음을 나타낸다.
>
> 따라서 "구요"체는 "~니다"체보다 발표자의 자신감이 떨어져 보이고 불확실함을 전제로 이야기하는 것 같은 느낌을 준다. 더구나 "~같구요"로 이야기하는 것은 내용에 대한 정확성을 현저히 떨어뜨리는 변명의 어투로 프레젠테이션에서는 사용하지 않는 것이 좋다.

21
난 그냥 허수아비 청중이 아니란 말이야!

– Mr.Big도 프레젠테이션에 참여시켜라!

"네. 이것으로 제가 준비한 프레젠테이션을 마치도록 하겠습니다. 감사합니다."

~~ 짝짝짝짝 ~~

"(마음속으로) 뭐야, 이거, 나와는 눈 한번 안 마주치고 끝났네. 나를 챙겨주는 걸 바라는 건 아니지만, 여기 있는 사람들 중에 내가 최고 의사결정권자인데 나한테는 전혀 관심이 없구만. 난 여기에 앉아 있는 다른 사람들이보다 나름대로 더 중요한 사람이라고 생각하는데 말이지. 혹시 내가 누군지 모르는 거 아니야?"

Mr. Big을 가만히 내버려두지 마라!

모든 청중은 평등하지만 일반적인 청중과 Mr. Big은 분명 무언가는 다르다. 현명한 발표자라면 에너지와 열정을 쏟아야 할 곳과 그렇지 않아도 되는 곳을 명확히 구분하여 당신이 가지고 있는 모든 자원을 집중하는 접근이 필요하다! 당신이 진행하는 프레젠테이션의 목적이 설득이라면 더더욱 필요하다. 내용 구성에서의 강약 조절, 목소리에서의 강약 조절도 중요하지만, 청중을 대하는 데에서도 어느 정도의 강약 조절과 차별을 두는 것이 필요하다.

Mr. Big 자체만으로도 당신이 프레젠테이션을 하는 이유와 목적이 될 수 있기 때문에 프레젠테이션을 시작하기 전부터 그의 성향이나 특징을 면밀히 관찰하고 그가 물어볼 만한 질문에 대해서 미리 자료를 준비하여야 한다는 것은 이미 앞 장에서 설명했다.

사전에 준비하는 사항 이외에 프레젠테이션을 하고 있는 동안에도 그가 어디에 앉아 있는지, 그리고 누구와 함께 앉았는지, 어떤 메시지를 던졌을 때 고개를 끄덕였는지, 옆에 있는 사람에게 무언가를 이야기하는 시점은 언제였는지, 어떤 눈빛으로 나를 바라보는지, 어떤 심리 상태인지를 지속적으로 파악하고 있어야 한다. 또한 단순히 Mr. Big의 모습을 파악하는 데 그치는 것이 아니라 프레젠테이션이 진행되는 중에는 "나는 이 자리에 당신이 계신 것을 알고 있습니다. 저는 당신을 충분히 의식하고 있습니다"라는 간접적인 메시지를 표현하는 것도 필요하다.

예를 들면, 다음과 같은 멘트나 동작을 취할 수도 있다.

"이 자리에 계신 분 중에는 사장님을 비롯하여(이때 눈을 맞춘다) 정말 중요하고 대단하신 VIP들이 계십니다."

"이 분야에 대해서는 경영진(이때 눈을 맞춘다)의 의견을 수렴해 보았습니다."

"여기 계신 대선배님들(이때 눈을 맞춘다)께서~"

당신이 하는 이러한 멘트들은 아부성의 발언이 아닌, Mr. Big을 인식하고 있으며 Mr. Big의 권위를 인정한다는 공식적 표현의 방법으로서 프레젠테이션에 참석한 Mr. Big으로 하여금 긍정적인 긴장을 하게 만들며 스스로 청중을 대표해야 한다는 의무감을 갖도록 만든다.

이를 통해 프레젠테이션의 내용과 아이디어가 훌륭하고, 다른 청중의 반응이 좋을 경우에는 이러한 멘트의 힘을 빌어 의사결정을 받을 때에 강한 지원을 얻을 수 있게 된다. 단, 프레젠테이션의 내용이나 준비가 훌륭한 경우에만 해당된다는 것을 명심하라.

청중의 참여를 유도하라!

'A는 앞부터 자리가 차고, B는 뒤부터 자리가 찬다'

보통 A에 해당하는 것은 콘서트이다. 돈을 더 내고서라도 앞에 앉으려고 노력한다. B에 해당하는 것은 보통 설명회이다. 먼저 도착한 사람들이 명당이라고 찾아서 앉는 곳이 맨 뒷자리이다.

콘서트와 설명회의 가장 큰 차이점은 콘서트는 무대 위의 사람과 함께 들썩이고 호응한다는 점이고, 설명회는 일방적으로 듣기만 하는 점이다.

사람은 누구나 무엇인가에 참여하고 있다는 느낌을 원하고, 소속감을 갖기를 원한다. 프레젠테이션이 진행되고 있는 자리에 있는 사람들은 그러한 열망이 더욱 간절하다. Mr. Big이 아니더라도 자신이 좀 더 특별하게 보이기를 바라고 있으며 다음의 생각을 하고 프레젠테이션에 간접적인 참여라도 해보길 내심 바란다.

"나도 저 내용 아는데…"

"그냥 자리에만 앉아 있으면 꼭 마네킹 같은데"

"앞에 있는 발표자와 이야기를 주고받으면서 프레젠테이션을 참관할 수는 없을까?"

시중에 나와 있는 대부분의 책이나 도서들은 '프레젠테이션은 1대 다수 개념의 일방적인 의사전달활동'이라고 하지만 이는 사실상 참석한 청중이 가지고 있는 잠재적인 욕구를 무시한 말이다. 청중들은 누구나 참석한 그 자리를 즐기고 싶어 하고, 수동적인 입장이 아닌 능동적이고 주체적 입장에서 프레젠테이션에 좀 더 참여하고 싶다는 욕구를 가지고 있다는 것을 기억해야 한다.

다시 말하면 청중은 대개 프레젠테이션이 진행되는 시간 동안 아무 하는 일 없이 인파 속에 묻혀서 멍하니 앉아 슬라이드만 쳐다보며 발표자가 하는 이야기를 듣는 것보다는 기회가 된다면 좀 더 활동적인 참여를 하고 싶어 한다.

청중은 단순히 구경꾼으로서 프레젠테이션의 자리에 앉아만 있어야 하는 존재가 아니기 때문에 직접적 또는 간접적인 참여의 기회를 제공하여 프레젠테이션의 일부 멤버로서 끼워줘야 한다. 그러면 그들은 더욱 몰입하게 되고 긍정적인 반응을 보일 것이다.

청중을 프레젠테이션의 멤버로 끼워주는 방법

주제와 연결되어 있는 아주 단순한 질문을 하고 손을 들도록 한다

질문은 청중이 하고 답변은 발표자만 하는 것이라는 고정관념을 버려야 한다. 때에 따라서는 발표자가 먼저 질문을 던져서 청중이 고민하도록 유도할 수 있다. 이때 질문이 너무 복잡하고 고민해야 하는 질문, 또는 주관적인 의견을 묻는 질문 등은 가급적 삼가하고, 아주 간단하고 단순하여 바로 응답할 수 있는 질문을 하는 것이 좋다. 또한 반드시 프레젠테이션의 주제와 연결된 질문이어야 한다.

예를 들면,

"여러분 중에 골프를 쳐보신 분 계십니까?"
"혹시 2명 이상의 자녀를 가지신 분 계십니까?"
"오늘 아침 뉴스에서 크게 보도된 살인사건 기사를 보신 분 계십니까?"

이런 유형의 질문을 할 때는 그에 해당되는 청중의 손을 들도록 유도하여야 하는데 이때 발표자가 청중에게 기대하는 행동, 즉 손을 드는 행위를 직접 하는 동시에 질문을 하게 되면 청중이 자신의 손을 들어 응답할 확률이 50% 이상 향상된다는 결과도 있다. 그러므로 발표자가 먼저 과감하게 손을 들면서 질문을 해주는 것이 좋다.

그리고 반드시 손을 들어 준 청중에게 시선을 주며 그들이 몇 명인지, 어떤 사람들이 손을 들었는지를 인식하는 행위를 보여줘야 한다.

다음의 예를 보자.

> Step 1 : 질문을 하며 해당자의 손을 들게 유도한다.
>
> "여러분 중에 최근 1년 이내에 중국을 방문한 적이 있으신 분 계시다면 손 한번 들어보시겠습니까?"
>
> Step 2 : 손을 든 청중을 의미 있게 세어준다.
> - 인원이 적을 경우 : (전부 세어가며 눈을 마주치며)
>
> "아 이 중에서는 약 10분 정도가 방문해 보셨군요"
> - 인원이 많을 경우 : 눈대중으로 세고 있음을 표현한다.
>
> "네, 약 80% 정도가 방문해 보셨군요"
>
> Step 3 : 질문의 내용을 프레젠테이션의 주제와 연결시킨다.
>
> "오늘은 새롭게 출시한 OO상품의 중국진출전략에 대한 소개드릴 것이며, 엄청난 변화를 보이는 중국인들의 모습 속에서 OO 상품이 어떻게 빛을 발할 것인가를 집중적으로 조망해보겠습니다."

주제와 관련 있는 메시지를 품고 있는 퀴즈를 내본다

퀴즈는 단순하게 답변할 수 있는 수준이 아닌 알쏭달쏭한 내용을 던지는 것이므로 형식은 질문과 유사하지만 보다 고민하게 한다는 점에서 약간은 다르다. 퀴즈 또한 최대한 단순하고 간단하여야 하며, 퀴즈를 던질 때 반드시 지켜져야 하는 원칙은 바로 퀴즈의 답변은 생각했던 것을 벗어난 신선한 충격(들었을 때 "아~ 그래?"라는 생각이 들 수 있는)을 가지고 있어야 하고 신선한 충격이 프레젠테이션 주제와 직결되어 있어야 한다는 것이다.

퀴즈의 내용에 대해 한참 고민을 하면서 답을 맞춰봤는데 아무런 의미 없이 단순한 '레크리에이션 성격의 퀴즈'였다는 게 밝혀지면 이때부터 청중들은 입을 닫아버린다. 분위기 띄우려는 퀴즈는 하지 않는 것이 좋다. 아무 소용이 없으며 분위기를 더욱 썰렁하게 만들 확률이 높다.

> **설탕 섭취와 비만과의 관계도 분석**
>
> 질문 : "2015년 기준 국민의 설탕 소비량이 가장 많은 나라는 남아프리카에 있는 '스와질란드'라는 국가로 집계되었으며 1인당 1년 동안 설탕 97kg을 먹는다고 합니다. 1인당 쌀 한가마니가 넘는 양을 먹는다는 얘기인데 정말 엄청납니다. 그리고 미국의 1인당 연간 설탕소비량이 31.3Kg이라면, 우리 대한민국의 1인당 연간 설탕 소비량은 얼마일까요?"(청중들의 답변을 3명 정도 들어 본다.)
>
> 정답 제시 : (주요 국가별 설탕소비량과 국민 비만율을 비교한 슬라이드를 제시하며)"보시는 바와 같이 한국의 1인당 설탕 소비량은 약 23kg정도입니다. 생각보다 많이 드시고 계시지요?"
>
> 주제와의 연결 : 많은 분들이 설탕섭취량이 비만과 당뇨병 유발에 직결된다는 편견을 가지고 있는데 사실상 그렇지 않습니다. 화면에서 보시는 자료에서처럼 ~"

질의응답은 마무리시점에 그리고 마이크를 가진 자의 예의를 지킨다

 프레젠테이션에서 청중으로부터 질문을 받는 행위는 청중의 참여를 유도하는 가장 기본적인 방법이므로 질의응답은 반드시 공식적인 시간에 운영하여야 하며 이를 통해 청중들이 가지고 있는 생각을 담는 용도로 활용한다. 가급적 발표 중간에 질문을 받을 수도 있지만 준비되어 있는 전체 흐름을 이어가기 위해서는 "질문은 발표 후 한꺼번에 받겠습니다."라고 미리 알려주는 것이 효과적이다.

 중요한 질문에 대한 대응은 발표자가 가지고 있는 전문성과 신뢰성을 높일 수 있으며 또한 청중과 같이 호흡할 수 있는, 즉 두 마리의 토끼를 잡을 수 있는 절호의 기회이기 때문에 최대한 활용하고 잘 소화해 내야 한다. 그러기 위해서 사전에 예상 질문을 정리해두면 실제 질문을 받았을 때에도 자신감이 생길 수 있어 보다 수월하게 질문에 응답할 수 있다. 질의응답이 진행되는 동안에 청중이 소외감을 느끼는 경우가 많은데 이러한 상황을 묘사해보면 다음과 같다.

전체 100여 명이 모여 있는 장소에서 나는 강당의 오른쪽 뒤편에 앉게 되었다. 강당이 좀 크고 인원이 많은 편이라 프레젠테이션의 발표자는 육성 대신 마이크를 사용하고 있었다. 전체적으로 무난하게 진행되고 어느 정도 새로운 정보도 얻을 수 있었던 프레젠테이션이 끝날 무렵, 간단한 질의응답 시간을 갖겠다는 말을 마이크를 통해서 들었다.

맨 앞쪽에 앉은 한 남자가 손을 번쩍 드는 게 보였다. 그는 자리에 앉아서 발표자에게 뭐라고 묻고 있는 것 같았고, 발표자는 이야기를 듣고 난 후 마이크를 통해서 답변을 하기 시작했다. 근데 나는 무슨 질문에 대한 답변인지 잘 몰랐기 때문에 마이크를 통해 들리는 답변에는 별로 관심을 가질 수 없었고, 사실 무슨 소리인지도 잘 이해가 가지 않았다.

두 번째로 또 다른 사람이 질문을 했다. 이번에도 저 앞쪽에서 누군가가 손을 들지 않고 질문을 한 것 같았는데, 어디에서 어떤 사람이 말을 하고 있는지도 모르는 상태에서 중얼거리는 소리 정도만 귀에 들렸다. 중얼거리는 소리가 끝나자 발표자는 마이크를 통해 정말 좋은 질문이라는 말과 함께 답변을 하기 시작했다.

"뭐가 좋은 질문인지…, 저 내용은 뭐에 대한 답변인건지…, 나 원, 답답해서…."

지금 질의응답을 시작한 후 거의 6분 정도가 지났지만, 내가 마이크를 통해서 들은 건 알 수 없고 이해가 가지 않는 내용들이었다. 그 내용들이 어떤 질문에 대한 답변인지만 알았다면 나도 다시 한 번 내용을 정리하면서 몰랐던 게 있으면 더 깨우쳤을 것 같은데…, 좀 아쉽다.

세 번째로 또 다른 사람이 질문을 한다. 이번에도 중얼중얼하는 소리만 들린다. 이제 나는 그냥 끝나기만을 기다리면서 주머니 속 핸드폰을 꺼내서 김 대리한테 문자를 보낸다.

"김 대리, 대충 끝나가니깐 조금만 기다려, 금방 갈게, 오늘 삼겹살에 소주나 한잔 하자."

이 상황은 주인공에게만 국한된 특이한 상황은 아니었을 것이며 청중 100명 중 약 70~80명 정도는 이와 같은 느낌을 가지고 프레젠테이션의 장소를 떠났을 것이다. 그렇다면 위 상황에서의 가장 큰 문제점은 무엇이었을까? 발표자가 무엇을 잘못했길래 주인공처럼 느끼는 청중이 발생하였는지를 가만히 따져보면 발표자가 하지 않은 행동이 하나가 있다. 바로 '마이크를 가진 자로서의 예의'를 지키지 않았던 것이다.

무슨 말인가 하면 청중의 인원이 많을수록 일반적인 육성은 잘 들리지 않아서 마이크를 사용하기 마련인데, 프레젠테이션을 하는 동안에는 마이크가 발표자의 소유가 되지만 질의응답이 진행될 때는 이 마이크의 소유권을 질문하는 사람과 나눠야 한다.

질의응답 시간에는 가급적 여분의 마이크를 준비하여 그 장소에 있는 사람이 질문내용을 모두 들을 수 있도록 배려하는 것이 필요하다. 만약 상황이 여의치 않아 마이크가 준비되지 않았을 때에는 질문을 들은 발표자는 나머지 청중들에게 질문의 내용을 다시 한 번 정리하여 소개한 후 답변을 하는 것이 좋다. 이를 통해, 질문을 한 사람 이외에는 모두 방관자로 만들어버리는 상황을 막을 수 있다.

질의응답!

프레젠테이션에서 매우 중요한 요소이자 전문성을 뽐낼 수 있는 기회이지만, 자칫 잘못하면 많은 청중들의 마음을 놓칠 수 있는 시간임을 반드시 명심해야 한다.

지금까지 살펴본 청중의 참여를 유도하는 방법들은 아주 일반적인 방법에 불과하며 상황에 따라, 그리고 내용과 주제에 따라서 다른 방법이 더 유효할 수 있으므로 발표자 스스로가 아래의 질문에 대해 고민하여 답을 찾아야 한다.

"어떻게 하면 청중들이 자신의 눈과 귀와 입을 이용하면서 능동적으로 나의 이야기에 더 많이 몰입할 수 있을까?"

"어떻게 하면 발표자와 청중이 함께 이야기를 만들어가는 상황을 연출할 수 있을까?"

명심하라! 청중이 걸도는 경우 70% 이상의 책임은 발표자에게 있다. 그리고 프레젠테이션이 진행되는 그 자리에 당신은 Mr. Big을 비롯한 모든 청중의 몸만을 초대한 것이 아니고, 그들의 마음과 머리를 초대한 것이다.

> **TIP** Q&A Handling 방법
>
> 앞서 언급했던 바와 같이 질의응답 시간은 또 다른 메시지 전달의 시간이다. 어찌 보면 일반적인 설명의 시간보다 더욱 강렬한 인상을 남길 수 있는 시간이기도 하다.
>
> 보통 20~30분이 프레젠테이션의 시간이라면 이 중에서 80%는 실제 발표시간이며 나머지 20%는 질의응답을 진행하는 시간으로 나눠쓰는 것이 일반적이다. 따라서 Q&A를 진행하는 시간에도 프레젠테이션의 기술이 적용될 필요가 있다.
>
> 프로들은 질의응답 시간에 질문을 받았을 때 바로 답변을 하지 않는다. 그들은 질문을 받았을 때 응답하기까지 3단계를 거치면서 전략적인 연결을 시도한다.
>
> Q&A Handling
>
> 질문대응
>
> 1. 좋은 질문입니다.
> 2. ~~~ 내용의 질문이시죠?
>   (필요시)~~~란 어떤 것을 말씀하시는 걸까요?
> 3. 이는 말씀드린 내용(또는 앞으로 말씀드릴 내용)
>   ~~~에 해당되는 내용입니다.
>
> 단계 1. 질문에 감사를 표한다.
> "좋은 질문 감사합니다."
> 질문은 청중과 Mr. Big이 제시하는 관심의 표현이다. 당연히 고마워해야 하며 적극적으로 대응하고 해소해주어야 한다. 그리고 감사한다는 발표자의 멘트는 '청중에게 답변이 시작될 것이라는 주의환기'를 시켜준다.

단계 2. 질문의 내용을 정리·확인한다.
"~ 내용의 질문이지요?"

질문의 확인은 '정확한 질문의 의도를 확인'하는 목적이 있으며 또 다른 목적은 마이크로 질문의 내용을 다른 청중에게까지 공표하여 주는 것이다. 이를 통해 다른 청중들이 질문의 내용과 맥락을 놓치지 않도록 할 수 있다.

단계 3. 답변의 내용을 프레젠테이션 발표 내용과 연결해준다.
"이는 OOO 부분에서 말씀드린 내용(또는 앞으로 말씀드릴 OO 내용)에 해당하는 내용입니다."

바로 답변을 시작하지 않고, 프레젠테이션의 메시지와 연결성을 확인해 주는 것이다. 이를 통해 답변 내용이 따로 움직이는 것이 아니라 프레젠테이션의 메시지 중 하나임을 각인시켜 줄 수 있다.

이러한 3단계를 거치면서 답변이 진행되면 훨씬 더 전략적으로 질의응답 시간을 활용할 수 있으며, 더욱더 강한 메시지 전달의 포인트로도 활용할 수 있다. 이러한 질의응답의 방식을 전문용어로 'Q&A Handling'이라고 한다.

> **TIP 프레젠테이션 진행 시 Mr. Big의 고개를 들게 만드는 방법**
>
> 대부분 청중은 프레젠테이션 진행 시에 고개를 들고 있지 않는 경우가 많다.
>
> 원인은 2가지로 볼 수 있는데, 첫 번째는 발표하는 멘트와 슬라이드가 사전에 유인물(Hand out)로 배포되었을 때이다.
> 자신이 보는 슬라이드가 종이 출력물로 본인의 손에 있으면 다음으로 먼저 넘어가 보고 싶은 충동을 갖게 된다.
>
> 대부분의 사람들은 특히나 성질 급한 Mr. Big은 이러한 유혹에 쉽게 넘어간다. 유혹을 참아야 하는 이유나 명분도 사실 없다.
> 따라서 발표 슬라이드를 그대로 유인물로 제시하지 않는 것을 권장한다. 꼭 유인물이 필요한 경우에는 좀 더 디테일(Detail)한 자료 정도에서만 참고할 수 있는 수준으로 유지하는 것이 필요하다.
>
> 발표자를 통해서 큰 그림과 맥락을 이해할 수 있도록 하고 필요하면 세부적인 사항은 참고자료의 유인물을 보도록 하는 것이 적절하다.
>
> 두 번째는 뻔하고 교과적인 멘트로 연설형 프레젠테이션이 진행될 때이다.
> 사실 프레젠테이션이 진행되는 중간과정에서는 몰입도와 집중도가 떨어질 수밖에 없다. 이럴 때에 발표자가 던지는 몇 가지 멘트가 Mr. Big의 고개를 들도록 할 수 있다.
>
> 1. "지금부터가 중요합니다"
> 강조하는 포인트를 제시하는 멘트를 들으면 주의 환기가 일어난다.

2. "여기에서만 드리는 말씀인데요"
지금이 특별한 상황이라는 점은 사람들로 하여금 귀를 쫑긋하게 만드는 효과가 있다.

3. "여러분도 잘 아시는….”
사람들은 자신들이 존중받고 있다고 할 때 기분이 좋아진다. 그리고 '자신이 이미 알고 있는 그 무엇'에 집중하여 확인하려는 습성이 있다. 내심 마음속으로 "내가 알긴 알지…. 그런데 그게 어떤 거지?"를 떠올리며 확인하려 한다.

22
실행편에서 얻은 교훈

지금까지 당신은 Mr. Big이 했던 독설에 대해서 하나씩 그 사례와 이유를 살펴본 동시에 어떻게 하면 그러한 말을 듣지 않을까를 고민했다. 그리고 Mr. Big의 입에서 나왔던 각각의 독설마다 그를 피해갈 힌트를 얻게 되었다.

Mr. Big의 독설 : 연습 안했어?

긴장감을 당연하게 받아들이고 즐긴다

우리는 살면서 늘 긴장감을 느낀다. 지하철을 탈 때에도 환승을 하기 위한 생각을 한다거나 설거지를 할 때에도 현재 남아 있는 세제의 양을 본다거나 늦은 밤 TV를 볼 때에도 내일 일어나야 하는 시간을 생각한다거나 하는 것도 모두 다 적절한 긴장감에서 오는 행위이다. 이렇듯 적절한 긴장감은 삶에실수가 없도록 만들어 주는 의미 있

는 심리반응이다. 프레젠테이션을 하는 동안 이러한 일상의 긴장감보다 몇 곱절 높은 강도의 긴장감을 느끼는 것은 당연한 것이며 이때 긴장감을 전혀 느끼지 않는 것은 기계나 가능할 것이다. 차라리 이러한 긴장감을 받아들이고, 적절한 수위를 맞출 수 있도록 조절하려는 노력을 하는 것이 현명한 일이다. 긴장감은 사전연습의 양에 반비례한다는 것도 기억해야 한다.

Mr. Big의 독설 : 그렇게 읽기만 할 거면 차라리 문서로 보고하지 그랬어?

청중과 눈을 맞추어 서로의 마음이 흐르게 한다

세상에 열정보다 뛰어난 방법은 없다. 발표자가 가지고 있는 내용에 대한 확고한 열정과 간절한 의지를 보여주어야 듣는 사람의 입장에서 "저 사람이면 같이 잘할 수 있을 것 같다"라는 신뢰감을 줄 수 있다.

이렇듯 프레젠테이션에서 전달되는 것은 단순한 사실과 정보만이 아니다. 그 이면에는 서로에 대한 신뢰감, 확신 등과 같은 감정이 동시에 교환되는데, 정보의 전달은 입과 귀를 통해서 이루어지지만 감정은 눈을 통해서 이루어지게 된다. 프레젠테이션이 진행되는 모든 시간에는 눈으로 발표자의 감정을 말해야 한다. 그리고 눈으로 Mr. Big의 감정을 들어야 한다.

Mr. Big의 독설 : 동작 그만!

머리에 몸을 맡겨야 한다

Mr. Big은 슬라이드보다 발표자의 눈과 표정을 가장 많이 보고, 그 다음이 발표자의 상체 전반의 동작을 보게 된다. 이때 발표자의 자연스럽고 확실한 동작이 있는 경우에는 듣고 있는 주제를 보다 생생하게 느끼면서 들을 수가 있기 때문에 넘치지 않는 선에서 의도적인 제스처를 사용
해야 한다. 단, 모든 동작은 마음의 지배를 받지 않고 철저하게 이성의 지배를 받아야 한다. 이성이 지배하는 동작은 말의 내용과 정확히 일치하여 넘치거나 과하지 않고 동작 자체로서의 의미를 가질 수 있게 되므로, 마음에 몸을 맡기지 말고 머리에 몸을 맡겨야 한다.

Mr. Big의 독설 : 계속 웅얼웅얼댈래?

생각만을 이야기하되 감정을 실어야 한다

말은 해야겠는데 단어가 떠오르지 않아 입에서 맴도는 경우를 설단(舌端)현상이라고 한다. 이 한자를 풀어보면 혀끝에서 말이 끊어지는 현상으로, 생각이 차곡차곡 정리되어 있지 않은 상태에서 생각들이 입을 통해 나오다가 혀끝에서 엉키기 시작
한다. 그렇게 되면 의도하지 않은 단어들이 속수무책으로 튀어 나오게 되는데, 이러한 의미 없는 단어들은 프레젠테이션의 논리와 발표내용의 신뢰성을 갉아먹기 때문에 조심해야 한다. 생각을 충분히 정리하여 연습을 많이 하면 정갈한 단어들만을 사용해서 이야기가 깔끔하게 되고, 이 단어들은 입으로 나오기 전에 예쁘게 포장이 되어 맛있는 이야기의 흐름을 타게 된다.

Mr. Big의 독설 : 난 그냥 허수아비 청중이 아니란 말이야!

청중을 엑스트라로 만들지 않는다

프레젠테이션을 영화로 비유해보면, 중요한 역할을 하는 주연은 발표자에 해당하는 것이 자명한 사실이지만 조연과 엑스트라를 당연히 청중들이 해야 한다는 고정관념에서 벗어나야 한다. Mr. Big을 비롯한 청중들에게도 역할을 주고 좀  더 적극적으로 출연하도록 만드는 장치를 마련함으로써 서로 교류하고 소통하는 자리로 프레젠테이션을 연출하는 것이 필요하다. 프레젠테이션은 발표자 혼자서 주야장천 떠드는 게 아니다.

실행편을 마치며

　한 설문조사에 의하면 '말이 너무 능숙하면 그다지 신용할 수 없다'는 반응이 65%인 반면 '말보다 말하는 태도에 마음이 끌린다'는 반응은 75%에 이르렀다. 즉, 프레젠테이션에서 반드시 알아두어야 할 테크닉은 능숙하게 말하는 기술이 아니고 '듣는 이를 사로잡는 기술'이라 할 수 있다. 그리고 듣는 이를 사로잡는 기술에서 가장 중요한 핵심은 "진심과 향기" 2가지라고 한다.

진심!
　당신이 무대 위에서 마이크를 잡았다고 해서 당신에게만 이야기할 권리가 있고 나머지 청중에게는 당신의 이야기를 들어야 하는 의무가 있다는 생각을 등에 업고 무대에 오르려 하지 말아야 한다. 나의 이야기를 듣고 있는 사람들에 대하여 진실된 마음과 극진한 성의를 가지고 무대 위에 올라야 한다.

향기!
　발표자가 무대 위에서 뿜는 향기가 있다. 이 향기는 발표자 자신은 잘 느끼지 못하지만 청중은 발표자의 모습과 말과 동작을 보면서 향기를 느낄 수 있다. 이 향기는 코로 맡는 것이 아니고 마음으로 맡는 것이어서 발표자의 독특한 성격이 묻어나는 어투나 동작들을 통해서 맡을 수가 있다. 이 향기 또한 발표자가 어떻게 하느냐에 따라 좋은 향기인지 나쁜 향기인지가 판가름이 난다.

　Mr. Big은 당신의 진심과 향기를 느낄 수 있을까?

준비를 마치고 무대 위에 올라간다는 것은 이제 진검승부가 시작되었다는 것이다. 무대 위는 정말 외롭디외롭고, 그 누구의 따스한 손길이 없는 곳이다. 나를 도와줄 사람이 눈앞에 있어도 도움을 요청하는 손길을 내밀 수 없다. 모든 시선이 당신에게 쏠려 100여 쌍의 눈동자들이 말똥말똥 당신을 지켜볼 것이다. 그리고 모든 매듭이 지어진다.

고작 30분 안에 지난 3,000시간 동안의 땀을 보람으로 승화하게 만들기 위해서는 최대한 많은 사전 연습을 통해 일어날 수 있는 상황을 정확히 예측하고 만반의 준비를 해야 한다.

연습하고 노력하는 사람은 그 누구도 못 당한다.

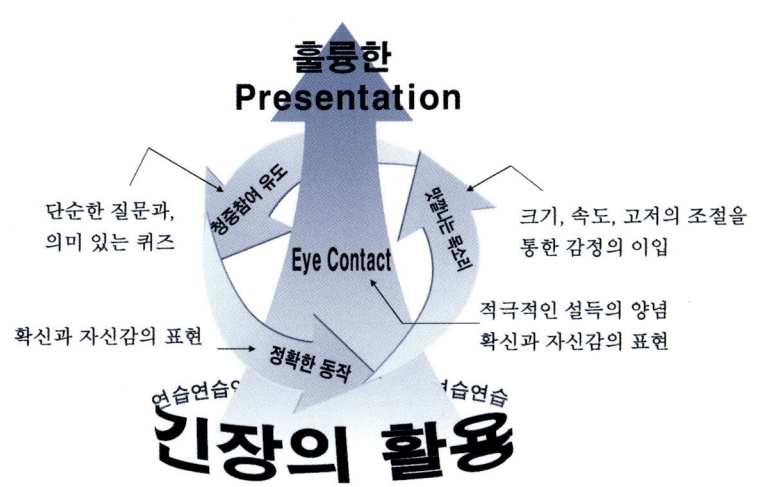

마무리 하며

이제 당신은 앞으로 남은 시간 동안 성공적인 프레젠테이션을 위해서 무엇을 어떻게 준비해야 하는지에 대한 감(感)이 확실히 잡히기 시작했으며, 이를 통해 머릿속에는 확신이 생기고 가슴속에는 자신감이 생기기 시작했다.

당신은 지금까지 알아봤던 모든 프레젠테이션의 사례들 속에서 굴욕적인 프레젠테이션의 특징과 속성, 그리고 훌륭한 프레젠테이션의 특징과 속성을 찾아보며 피가 되고 살이 되는 실질적인 교훈을 얻었다. 그리고 그 교훈을 바탕으로 전략적인 프레젠테이션을 본격적으로 준비할 수 있게 되었다.

좋은 책을 만드는 길
독자님과 함께하겠습니다.

도서나 동영상에 궁금한 점, 아쉬운 점, 만족스러운 점이
있으시다면 어떤 의견이라도 말씀해 주세요.
SD에듀는 독자님의 의견을 모아 더 좋은 책으로 보답하겠습니다.

www.sdedu.co.kr

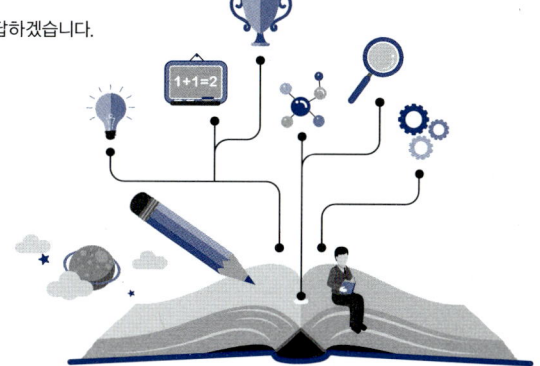

직장에서 주목받는 프레젠테이션 능력자

개정1판3쇄 발행	2022년 11월 05일 (인쇄 2022년 09월 14일)
초 판 발 행	2016년 09월 05일 (인쇄 2016년 08월 26일)
발 행 인	박영일
책 임 편 집	이해욱
편 저	박혁종
편 집 진 행	김은영 · 전다해
표지디자인	박수영
편집디자인	조은아
발 행 처	시대인
공 급 처	(주)시대고시기획
출 판 등 록	제10-1521호
주 소	서울시 마포구 큰우물로 75 [도화동 538 성지 B/D] 9F
전 화	1600-3600
팩 스	02-701-8823
홈 페 이 지	www.sdedu.co.kr
I S B N	979-11-254-4607-1 (13320)
정 가	13,000원

※ 이 책은 저작권법의 보호를 받는 저작물이므로 동영상 제작 및 무단전재와 배포를 금합니다.
※ 잘못된 책은 구입하신 서점에서 바꾸어 드립니다.